덫에 걸린 남자들

본 도서는 『당신도 성범죄자가 될 수 있다!』의 개정증보판으로,
제목 변경과 함께 유명인과 일반인의 성범죄 사례를 추가 수록하였습니다.

덫에 걸린 남자들 [개정증보판]

초판 1쇄 발행 2014년 7월 11일
개정판 1쇄 발행 2017년 7월 12일

지은이	배 승 희			
펴낸이	손 형 국			
펴낸곳	(주)북랩			
편집인	선일영	편집	이종무, 권혁신, 송재병, 최예은, 이소현
디자인	이현수, 이정아, 김민하, 한수희	제작	박기성, 황동현, 구성우
마케팅	김회란, 박진관, 김한결			
출판등록	2004. 12. 1(제2012-000051호)			
주소	서울시 금천구 가산디지털 1로 168, 우림라이온스밸리 B동 B113, 114호
홈페이지	www.book.co.kr			
전화번호	(02)2026-5777	팩스	(02)2026-5747
ISBN	979-11-5987-643-1 13360(종이책) 979-11-5987-644-8 15360(전자책)

잘못된 책은 구입한 곳에서 교환해드립니다.
이 책은 저작권법에 따라 보호받는 저작물이므로 무단 전재와 복제를 금합니다.

이 도서의 국립중앙도서관 출판예정도서목록(CIP)은 서지정보유통지원시스템 홈페이지(http://seoji.
nl.go.kr)와 국가자료공동목록시스템(http://www.nl.go.kr/kolisnet)에서 이용하실 수 있습니다.
(CIP제어번호: CIP2017015804)

(주)북랩 성공출판의 파트너

북랩 홈페이지와 패밀리 사이트에서 다양한 출판 솔루션을 만나 보세요!

홈페이지 book.co.kr • **블로그** blog.naver.com/essaybook • **원고모집** book@book.co.kr

위험에 빠진 무고한 남자들을 위한 위기관리솔루션

덫에 걸린 남자들

어느 날 갑자기 성범죄 사건의 가해자가 된 당신, 누구에게 손을 내밀 것인가?

성범죄 전담 변호사 배승희가 말하는 성범죄의 현실과 대안

배승희 지음

북랩 book Lab

추천의 글
1

  몇 년 전만 해도 연예인들은 법정에 들어설 때 혹은 경찰 출석 시에 얼굴을 가리고 인터뷰를 하지 않으면서 급하게 들어가는 모습을 보였다. 그런데 어느 순간부터 연예인들이 경찰에 출석할 때도 깔끔한 수트와 단정한 머리, 카메라를 향하며 조사를 성실히 받겠다는 말까지 한다. 이 놀라운 변화 뒤에는 바로 저자의 위기관리가 있었다. 나 역시 이러한 계기로 저자를 알게 되었는데, 이러한 활동 때문일까. 저자는 어느새 연예인 위기관리 선구자가 되어있었다.

  이런 저자가 몇 년 뒤 일반인을 상대로 위기관리를 접목하며 억울하게 성범죄자로 지목된 남성들을 변호하며 무혐의와 무죄를 받아내는 것을 보면서 그저 놀랄 따름이었다.

  최근 변호사들이 많아지면서 변호사 시장이 포화상태라고 하는데, 새로운 시장을 개척하며 성장해 가는 것이야말로 바람직한 청년 변호사의 모습이라 생각하며, 이런 면에서 저자는 변호사들 사이에서 새로운 모델이 되고 있다고 확신한다.

  이 책은 저자가 자신의 일에 혼신을 다하는 프로정신으로 이루어낸 성과를 반영한 결과물이라고 할 것이다. 특히 저자는 성범죄 피해에 대한 적절한 양형과 억울하게 누명을 쓴 피의자 혹은 피고인 사이에서 우리 사회가 어떠한 판단을 해야 하는지 묻고 있다.

저자의 이러한 노력은, 피해자가 잘못해서 범죄가 일어났다는 잘못된 인식을 바로잡고 성범죄를 양지로 끌어내 단발성 관심이 아닌 지속적인 사회적 관심을 촉구하는 데 목적을 두고 있다. 그런 의미에서 이 책은 우리 사회가 관심을 가지고 읽어야 할 책이라 생각된다.

<오마이뉴스> 연예부
이언혁 기자

저자를 대학교 시절부터 알고 지냈습니다. 저자는 다른 법대생들과 달리 자신이 직접 번 돈으로 배낭여행을 하면서 공부는 물론이고 사회경험까지 두루두루 챙기곤 했습니다.

저자가 말레이시아에서 유학원 사업을 하겠다고 했을 때도 '역시 배승희'라고 밖에 생각할 수 없었습니다. 당시 대학교 4학년으로 기억되는데 취업을 미루고 사업을, 그것도 말레이시아에서 하겠다고 하니 친구들이 다들 말렸던 것으로 기억합니다. 그러나 그녀는 언제 해외에서 살아보겠냐며 당당히 배낭 하나를 메고 동남아로 떠나 현지에서 사무실을 구하고 일을 했습니다.

그러던 중에 저자는 다시 한국에 들어와 갑자기 사법고시를 보겠다고 했습니다. 당시 저자의 나이가 이미 26살. 남들이 다하는 취직도 하지 않고 무슨 공부를 다시 시작하느냐는 주위의 조롱과 가족의 걱정 속에도 굴하지 않고 저자는 신림동으로 들어가 고시 공부를 시작했습니다.

저자는 단 2년 만에 사법고시를 당당히 패스하고 사법연수원에 입소했습니다. 당시 친구들도 이런 빠른 합격에 놀라워하였는데, 연수원 수료 후 남들이 가지 않는 국회의원 보좌진 자리로 첫 직장을 선택한 것을 보고 역시 남다르다 생각했습니다.

그런 저자가 변호사로 활동하면서 남들이 말하기 꺼리는 성범죄를 다룬 책을 펴냈습니다. 피해자와 억울한 피의자(피고인) 사이의 균형 있는 시각을 제시한다는 점에서 저자의 활동이 헛되지 않았다는 생각이 듭니다. 앞으로의 행보가 더욱 기대가 됩니다.

이비인후과 전문의
이준우

서문

　최근 몇 년간 유독 남자 연예인들의 성범죄 뉴스가 끊이지 않았다. 유명 아이돌 스타부터 유부남 연예인에 이르기까지 각종 형태의 성범죄가 일어났다. 예전과 달리 종일 뉴스를 틀어대는 종합편성채널의 실시간 보도로 고소부터 판결까지 전 과정이 보도된다. 피해여성으로부터 "남성 연예인이 성폭행을 했다."는 고소장이 접수됐다는 기사가 보도되자마자 언론은 실시간으로 보도를 시작한다.
　언론 보도가 되기 시작하면 해당 연예인의 사생활 보호보다는 국민의 알 권리란 명분으로 무차별 보도 전쟁이 시작되는 것이다. 해당 고소 여성의 인터뷰부터 해당 연예인의 가족부터 지인들까지 호기심을 자극할 만한 기사가 하루에도 수백 개씩 쏟아진다. 설사 고소를 당한 남성 연예인이 고소인을 성폭행하지 않았다고 하더라도 국민들은 이미 그를 성폭행범으로 낙인찍어 버린다. 연예인이란 대중들에게 이미지로 먹고사는 직업임을 감안하면 성폭력의 허위고소라 할지라도 사실상 연예인의 생명이 끝난다. 이러한 점을 악용해 일부 여성은 남성 연예인에게 그야말로 덫을 놓고 일부러 성관계하고 난 뒤 강제로 성폭행을 당했다며 고소하겠다고 협박해 거액의 합의금을 요구하기도 하였다.
　미디어의 영향은 실로 막강하다. 유사하게 일반인 사이에서도 상대의 약점을 이용해 성관계를 빌미로 합의를 요구하는 경우가 번번이 일어난다. 일반인들 사이에서도 합의금을 노린 허위고소가 빈번히 일어난다. 또 수사기관과 사법기관의 과도한 여성편의주의는 역으로 억울한 남성 피해자를 양산하기도 한다. 수사기관에서 성범죄는 남녀 둘 사이에서만 일어난 일이기에 고소가 접수되면 우선적으로 여성을 약자로 보고 여성의 편에서 수사를 진행한다. 그러나 억울한 남성도 반드시 있기 마련이다. 내가 본 사안 중에는 술에 취해서 택시승차장에 앉아있던 남성에게 여성 일행이 일부러 다가가 성추행을 했다면서 신고하고는 합의금을 요구한 경우도 있었다. 재판 과정에서도 피해자 여성이 원하는 경우에는 재판을 비공개로 해 재판을 받는 피고인조차도 피해자 여성이 진술하는 것을 듣지 못하는 경우도 있었다. 피고인 당사자가 피해자가 하는 말을 듣고 반박할 기회가 줄어들어 정당한 방어권을 행사하지 못하는 경우도 발생하는 것이다. 유독 성범죄의 피고인만 파렴치범으로 몰아 살인이나 강도 등의 피고인과 비교해 절차적인 면에서 불이익을 받는다.

또 성범죄자로 유죄의 판결을 받으면 전자발찌를 채우거나 신상정보공개명령을 하기도 한다. 연예인 중에도 징역살이하고 전자발찌를 차고 나온 경우도 있다. 이들에게 제기된 의문점은 이중처벌의 문제다. 그러나 이는 보안처분의 일종으로 이중처벌은 아니라는 것이 우리 사법부의 입장이다. 이처럼 성범죄자에 대한 처벌이 강력해지는 반면에 수사기관에서 피의자의 인권이나 재판과정에서 피고인의 방어권은 오히려 약해지는 추세다. 물론 모든 성범죄가 합의금을 목적으로 허위로 고소된 것은 아니다.

그러나 수사가 처음부터 강도 높게 진행되면 반드시 억울한 피의자도 나오게 되고 재판과정에서 억울한 피고인도 나오게 된다. 억울한 누명을 쓰고 살인자로 옥살이해 지금에 이르러서 재심을 받은 일도 있지 않은가. 또 실제로 성범죄에 있어서 그 고소가 무고죄로 처벌받는 비율이 높아지는 것도 사실이다.

　이러한 입장에서 이 책은 억울하게 성범죄자로 몰린 사례를 수집하였다. 이번 개정판에서는 지난번에 추가해 뉴스에 보도되었던 연예인 혹은 유명인 등도 살펴보았다. 일반인들 사이에서 일어날 수 있는 사안은 일부 각색한 것도 있고 또 일부는 예전 판례를 각색해 해석해 보았다. 사연에 나오는 남자, 여자의 이름은 전부 가명임을 밝혀둔다.

　성범죄 피해자 입장에서 보면 성범죄자들에 대한 처벌이 약하다고 평가된다. 나 또한 파렴치한 성범죄자, 죄질이 나쁜 범죄자에 대한 처벌이 현실적으로 약하다는 것에 동의하는 바이다. 그러나 성범죄자로 고소된 모든 피의자, 피고인이 전부 유죄인 것은 아니다. 진정으로 억울한 소수자도 있기 마련이다. 국회 입법에 따른 특별법으로 처벌이 강화되면서 다른 범죄에 대한 치벌과의 형평성 문제가 대두되고 있는 것도 그 때문이라 생각된다. 사건이 일어난 뒤에 처벌하는 것은 결국 사후약방문일 뿐이다.

　개정판이 나오기까지 3년이 흘렀다. 그 사이 우리 사회에 성에 대한 인식이 많이 달라졌음을 느낀다. 본서가 성범죄는 피해자의 잘못이 아님을 알려주고, 성범죄를 공론화하여 사회의 지속적인 관심을 유도함으로써 성범죄를 예방하는 데 기여할 수 있기를 바란다.

2017년 7월

배승희

목차

추천의 글 1 / 5
추천의 글 2 / 7
서문 / 9

CHAPTER 1. 일반인 성범죄 사례

01. 필름이 끊긴 후 / 16
02. 모텔에 먼저 들어가 놓고는… / 21
03. 네가 차에 태웠잖아 / 24
04. 지하철에서 성추행범으로 몰린 공무원 / 29
05. 너도 다 해놓고는… / 36
06. 교수님 이러시면 안 돼요 / 39
07. 도우미와 하룻밤 / 42
08. 클럽에서 마약을 / 46
09. 아는 사람끼리 / 49
10. 뭐? 네가 고등학생이라고? / 53

CHAPTER 2. 유명인 성범죄 사례

01. 누명에 운 한류스타 / 60
02. 유부남 연예인 / 63
03. 무고는 정말 큰 죄 / 69
04. 전자발찌를 차게 된 연예인 1호 / 73
05. 뭐? 지검장이? / 79
06. 합의하에 촬영된 영상 / 81

이런 행위도 처벌되는 건가요?

01. 장애인에 대한 강간이 되는 건가요? / 86
02. 이것도 강제추행인가요? / 94
03. 음란물 제작죄가 되나요? / 99
04. 직접 촬영한 것도 아닌데 죄가 되나요? / 106
05. 합의하에 성관계를 맺었는데 장애인강간죄가 되나요? / 111
06. 아내가 남편을 강간죄로 신고할 수 있나요? / 120
07. 신체적인 접촉이 없어도 강제추행이 되나요? / 142
08. 성인배우에게 교복을 입혔는데 아동·청소년 이용 음란물로 처벌되는 건가요? / 149
09. 알고 보니 13세 미만 미성년자 강간, 억울합니다 / 155
10. 성기를 보여주는 것만으로도 강제추행인가요? / 164
11. 재판을 받던 중 피해여성이 진술 시 피고인은 왜 나가야 하나요? / 172
12. 음란물 유포가 되나요? / 181
13. 잠깐 스친 것도 강제추행이라고 볼 수 있나요? / 191

형벌 이외의 부과처분은?

01. 성충동약물치료명령에 대해 궁금합니다 / 208
02. 신상정보공개명령은 언제 저지른 죄부터 적용되는 건가요? / 221
03. 성범죄를 저지른 사람은 누구든지 전자발찌를 차게 되나요? / 235
04. 접근금지명령과 과도한 주류음용금지는 언제까지 지켜야 하나요? / 242
05. 항소심을 받을 때 성인이 되었는데 신상정보 공개명령 및 고지명령의 대상이 되는 것인가요? / 248
06. 소년보호처분도 성범죄 전과에 포함되나요? / 256
07. 군인에게 전자발찌를 채울 수 있나요? / 279
08. 우발적 범행, 신상정보공개만은 피하고 싶습니다 / 287
09. 대체 신상정보 고지 명령의 대상이 누구인가요? / 295
10. 소년범으로 재판을 받고 있는데 전자발찌가 부착될 수 있나요? / 304

 ## 실제 상담 사례

01. 회사에서 지위를 이용한 성관계 사례 / 314
02. 성인 남녀간 강간 사례 / 316
03. 성인인줄 알고 성관계를 하였는데 알고 보니
    청소년이었던 사례 / 322
04. 지하철 출근길에 억울하게 성추행범으로 몰린 사례 / 324
05. 인터넷을 통한 옛 연인의 사진 유포 사례 / 327
06. 길거리에서 옷을 벗고 활보하는 장애인 여성을 찍은 사례 / 329
07. 인적사항을 모르는 여성의 알몸을 찍어 인터넷에
    게시한 사례 / 331
08. 공중화장실에서 성추행 사례 / 332

 ## 반드시 알아두어야 할 법률지식

01. 형사사건의 개괄 / 334
02. 성범죄 법적 구조 / 336

부록: 성범죄 용어해설 / 341

CHAPTER 1

일반인
성범죄 사례

01. 필름이 끊긴 후

　직장인 진봉 씨. 진봉 씨는 이제 갓 결혼한 신혼이다. 유부남의 길로 들어섰다. 진봉 씨는 지금 신나 있다. 룰루랄라. 얼마나 오래갈지는 모르겠지만 진봉 씨는 신혼생활이 너무 좋다. 진봉 씨는 사실 키 180cm에 훈남인 외모로 여성들에게 인기가 많았다. 회사 내에서도 친절하고 일도 잘해 평판도 좋다. 그런 그가 결혼하고 웃는 모습을 지켜보는 영희 씨는 속이 쓰리다. 영희 씨는 진봉 씨에게 몇 차례 고백했지만 차였다. 신혼생활을 즐기는 모습을 옆에서 보고 있자니 기분이 우울해진다. 그래도 어쩌겠나 싶어 웃으면서 인사하며 지내고 있다.

　오늘은 회식이 있는 날이다. 영희 씨는 기회는 이때다 싶다. 진봉 씨는 아내에게 전화를 걸어 오늘은 회식이 있으니 늦게 간다고 자상하게 전화를 한다. 옆에서 지켜보는 영희 씨. 부장님을 필두로 한 1차 회식은 끝났다. 영희 씨는 집에 가겠다는 진봉 씨를 붙잡고 남은 동료들과 2차를 가자고 한다. 진봉 씨는 어차피 마신 술 한 잔 더 한다고 달라질 것도 아닌데 동료들과 오랜만에 2차 술집으로 향했다. 폭탄주가 이어지고 파도도 타고 재미있는 술자리가 이어진다. 영희 씨는 죽기 살기로 진봉 씨에게 술을 권하고, 진봉 씨는 이제 술에 취해 혀가 꼬였다. 동료 일국 씨는 이제 슬슬 마무리하고 집에 가자고 한다.

　일국 씨가 진봉 씨를 데리고 나와 택시를 잡는 순간, 영희 씨는 "저도 같이 타고 갈게요." 하며 뒷자리에 올라탔다. 일국 씨는 '영희네 집 방향이 같았나?' 하고 이상하게 생각했지만 영희 씨가 막무가내로 탄다고 하니 타라고 하였다. 택시 뒷좌석에 일국-영희-진봉 순으로 앉았다. 택시는 출발해 영희 씨를 내려주고 방향이 달라 차량을 돌려 그렇게 돌고 돌아 일국 씨가 먼저 내리고 진봉 씨가 가장 마지막에 내렸다. 진봉 씨는 카드로 택시를 결제하고 집에 들어갔다.

다음 날, 결제 내역을 확인한 진봉 씨는 '무슨 택시비가 이렇게 많이 나왔지?'라고 생각했다. 술을 너무 마셔서 정신이 없는 진봉 씨는 회사에 도착했다. 진봉 씨가 오자마자 영희 씨는 진봉 씨에게 조용한 곳에서 잠깐 이야기 좀 하자고 한다. 무슨 일인지 모르는 진봉 씨는 영희 씨가 또 왜 이러나 싶다.

영희 씨는 진봉 씨에게 "어떻게 하실 거에요?" 하고 묻는다. 진봉 씨가 어리둥절한 몸짓을 하자, 영희 씨는 "어제 택시 안에서 저 치마 속으로 만지셨잖아요. 강제로 뽀뽀까지 하고는 모르는 척하시는 거에요?"라고 한다.

진봉 씨는 어이가 없다.

"무슨 소리야?"

"이렇게 나오시면 저 고소할 거에요. 당장 오늘 가서 고소할 거에요."

진봉 씨가 황당해하는 표정을 짓자 영희 씨는 "됐어요. 그냥 경찰서에서 봐요." 하고는 사무실로 들어가 버렸다.

그렇게 일주일 뒤. 진봉에게 걸려온 전화.

"○○경찰서입니다. 최영희 씨가 강제추행죄로 고소했습니다. 나와서 조사를 받으셔야 할 것 같네요."

사안 해결

진봉 씨는 마음이 다급해졌다. 영희 씨가 진짜로 고소할 줄 몰랐다. 진봉 씨는 자신도 모르게 욕이 나오고 있다. 답답한 마음에 담배까지 물었다. '아 진짜 와이프가 알면 어떻게 하지.' 별별 생각이 스쳐 지나간다.

우선 인터넷에 들어가 검색을 하기 시작했다. 성추행, 강제추행, 무고 등 여러 검색 끝에 억울하게 성범죄로 고소당한 남자들을 변호한다는 변호사를 찾았다. 그렇게 진봉 씨는 우리 사무실에 왔다.

진봉 씨의 이야기를 들은 나는 우선 경찰과 전화해 날짜를 조정하라고 하였다. 이런 사건은 증거가 생명이다. 증거를 우선 확보해서 첫 경찰 조사에 임해야 한다. 자초지종을 들어보니 생각보다 증거가 많은 사건이었다. 택시에서 결제를 카드로 했기 때문에 카드 영수증을 통해 택시를 찾을 수도 있었다. 동료인 일국 씨도 때에 따라서는 증인이 된다. 여러 가지 증거를 빠르게 수집했다. 물론 증거를 가지고 가도 수사기관에서는 기소의견으로 될 가능성이 매우 높다. 그렇기에 수사를 받을 때 꼭 변호사를 대동하거나 변호인 의견서가 필요하다.

진봉 씨는 아내에게 사건을 전부 설명했다. 진봉 씨와 나는 우선 혐의없음에 초점을 맞춰 주장하기로 하고 나는 혹시 모를 기소의견에도 대비하자고 하였다. 진봉 씨는 내 말을 믿고 관련 증거를 잘 찾았고 많은 증거를 수집해 왔으며 기소의견에도 대응할 수 있게 정상자료를 많이 가지고 왔다. 진봉 씨가 경찰에 조사를 받기 전에 내가 우선 경찰에 의견서를 제출하면서 경찰에게 의견을 설명했다. 그리고 진봉 씨가 조사를 받았다. 경찰은 변호인 의견서를 토대로 진봉 씨의 입장을 정리했다. 얼마가 지나서 진봉 씨에게서 전화가 왔다.

"변호사님 감사합니다. 무혐의라고 전화 왔어요."

진봉 씨는 아내와 함께 고맙다며 사무실에 찾아왔다. 영희 씨는 그 뒤 회사를 그만두었다고 한다.

사건 후기

영희 씨는 그 날 술을 먹고 일부러 진봉 씨 옆에 앉았다. 택시 안에서 아무런 일도 없었는데 진봉 씨가 술에 취해 기억이 안 나는 점을 이용해 진봉 씨에게 추행을 당했다고 말했다. 영희 씨는 당시에 카드빚으로 생활이 어려웠는데 이 기회를 틈타 진봉 씨로부터 합의금을 받으려는 목적이 있었다. 그리고는 합의금을 받으려고 경찰에 거짓 고소까지 하게 되었다. 진봉 씨가 유부남이고 경찰 조사를 받으면 으레 겁을 먹고 합의하자고 하면서 합의금을 주지 않을까 생각해서다. 그런데 진봉 씨가 변호사까지 선임하고 무혐의를 받아버린 것이다. 결국, 영희 씨는 회사를 그만두고 다른 회사로 옮겼다고 한다.

The 알아보기

술을 많이 마셔서 기억이 안 난다구요?

아는 사람 사이에서는 성추행 사건이 꽤 많이 일어난다. 회사 내 직장 동료가 술을 먹다가 갑자기 가슴을 만진다든지, 허벅지를 만진다든지 하는 일이다. 이런 경우에는 피해 여성이 고소하면 오히려 회사 내에서 여성이 문제를 일으킨 사람으로 찍혀 피해 여성이 직장을 그만두는 경우도 많다. 아직도 사회가 그런 분위기다.

그래서 수사기관에서는 대부분 피해 여성의 주장대로 기소한다. 재판부도 이러한 입장을 잘 알기 때문에 피해 여성의 입장에서 판결을 내리는 경향이 있다. 이때 무죄를 주장하려면 객관적인 증거가 필요하다. 대부분 이런 경우 남성이 변호사에게도 무조건 자신은 한 적이 없다고 주장한다. 이유도 비슷하다. 술을 먹고 기억이 안 난다는 것이 주된 이유다.

상담하다 보면 남성들의 경우 술을 먹고 전혀 기억이 나지 않는다면서 여성이 허위로 주장하는 것이라고 하는 경우가 꽤 있다. 일단 유부남의 경우 자신의 아내에게도 변명해야 하거니와 자식에게 창피하기 때문에 '술 때문이다'라고 핑계를 대는 것이다. 또 일반적으로 술을 마신 후에는 이상하게 용기가 생기거나 용감해져서 술기운에 과감하게 행동하다 보면 범죄로 이어지는데 그 경우 주된 핑계가 바로 '술 먹어서 기억이 나지 않는다'는 것이다.

그런데 어느 경우에나 술을 먹고 기억이 안 난다는 주장은 수사기관이나 재판과정에서 전혀 통하지 않음을 알아야 한다. 다른 재판에서도 이렇게 주장하는 경우를 꽤 봤는데 전혀 통하지 않는다. 오히려 판사는 술을 먹었으니 그렇게 했을 것 같은 편견을 갖게 된다. 나조차도 술 먹고 기억이 안 난다며 주장하면 일단 그 주장은 재판과정에서도 변론하지 않는다. 물론 실제로 필름이 끊기거나 할 수도 있다. 그런데 수사나 재판은 필름이 끊겼는지는 입증할 수가 없기에 아예 판단의 대상이 되지 않는 것이다.

한 번은 남성이 술에 만취한 것이 여성이 제출한 블랙박스 영상에 그대로 녹화되어있었음에도 남성에게 유죄를 선고한 경우도 있었다. 남성은 술에 취해 몸을 가누지 못할 정도였고, 여성은 술을 마시지 않아 그 자리를 피할 수 있었음에도 여성의 손을 들어준 경우도 있었다. 그만큼 술에 취했다는 주장은 쉽게 받아주지 않는다. 그러니까 술에 취해서 몰랐다고 주장하려면 변호사와 일단 상담하기를 권한다.

02. 모텔에 먼저 들어가 놓고는…

이제 갓 회사에 취직한 기원 씨. 간절히 기도한 탓일까. 대학 졸업 후 몇 년간의 백수생활 끝에 드디어 회사에 취직했다. 친구들에게 취업 소식을 알리고 흥분된 기원 씨. 친구인 일국 씨가 취업한 기념으로 술을 사라고 한다.

아직 일국 씨는 취업이 안 됐다. 마음 약한 기원 씨는 일국 씨에게 위로주 겸, 자신의 취업 축하주 겸, 겸사겸사 술을 사주겠다고 하였다. 기원 씨는 일국 씨만 술자리에 나올 줄 알았는데, 기특하게도 여자 사람을 데리고 나왔다. 기원 씨는 이런 일국 씨가 기특하다. 여자 두 명은 일국 씨랑 잘 아는 사이였다. 중학교, 고등학교 동창이라고 한다. 기원 씨가 어색하지 않게 일국과 여자친구 두 명은 게임을 하면서 술을 먹였다.

"술, 술, 술, 술이 들어간다. 쭉쭉~"

여자 두 명 중 한 명인 영희 씨가 기원 씨는 마음에 들었나 보다. 영희 씨는 기원 씨 앞에 앉아서 처음 봤지만, 마음에 든다는 표시를 해댔다. 기원 씨도 영희 씨가 꽤 마음에 들었다. 그렇게 몇 시간의 술자리가 이어졌다. 일국 씨는 술을 퍼먹더니만 역시나 곯아떨어졌다. 일국 씨는 그렇게 집에 가고 영희 씨가 자신의 친구를 먼저 집으로 보냈다. 영희 씨와 기원 씨 둘이 남았는데, 영희 씨가 아까부터 자꾸 눈빛을 보냈다. 기원 씨는 침을 삼키며 속으로 외쳐 본다.

'그래, 나도 성인이야. 이제는 직장인이야.'

그렇게 둘은 서로에게 이끌려 술집 근처 모텔에 가기로 하였다. 영희 씨는 꽤 적극적이었다. 기원 씨가 계산하는 도중에도 빨리 들어가자며 손을 잡아당겼다. 카운터 종업원이 보고 있는데도 아랑곳하지 않았다. 방값 계산이 끝나기가 무섭게 영희 씨가 기원 씨의 손을 잡아끌며 방으로 들어갔다. 그렇게 둘은 밤을 보내고….

　기원 씨가 눈을 떴을 때는 영희 씨는 이미 없었다. 영희 씨는 아마도 먼저 간 듯했다. 기원 씨는 찝찝한 기분으로 모텔을 빠져나와 일국 씨에게 전화를 건다.

"야, 해장이나 하자."

　그러자 일국 씨가 "야 인마, 너 이 자식이, 왜 그랬어?" 하고 소리쳤다. 기원 씨는 갑자기 소리를 질러대는 일국 씨가 이상하다.

"무슨 소리야?"

"야, 너 영희 강간했다며, 영희 울고불고 난리 났어. 너 미쳤어?"

　기원 씨는 잠시 정신이 멍해진다.

사안 해결

　기원 씨는 당장에 일국 씨를 만났다. 일국 씨의 말로는 기원 씨가 모텔에 가자고 끌고 가 강제로 성관계하기에 영희 씨는 이것이 무서워서 기원 씨가 잠들기만을 기다려 먼저 빠져나왔다고 한다는 것이다. 기원 씨는 어이가 없다.

"일국아, 영희가 먼저 들어갔는데, 진짜 영희가 너한테 그렇게 말해?"

　영희 씨한테 전화를 해보니 받지도 않는다. 일국 씨의 말로는 오늘 영희 씨가 고소한다고 한다.

"경찰에 고소한다고?"

　기원 씨는 당장 회사에 알려질까 걱정이다. 어떻게 들어간 회사인데 걱정이 앞선다. 기원 씨는 인터넷 검색 끝에 우리 사무실에 찾아왔다. 훈남 외모에 적당한 체격의 기원은 상당히 풀이 죽어있었다.

"변호사님, 저 정말 어렵게 취업했어요. 이거 고소당한 거 회사에 알려지면 어떻게 해요?"

"일단 차근히 들어봅시다."

사건을 들어보니 역시나 기원 씨가 수집해야 할 증거는 많았다. 다행인지 불행인지 영희 씨가 고소한 기간이 사건 다음 날이어서 기원이 경찰 조사 전에 수집할 수 있는 증거가 많았다. 술집에도 CCTV가 있었고, 종업원의 증언도 수집할 수 있었다. 다행히 모텔에도 CCTV가 있었다. 기원 씨와 상의 끝에 수사과정에서는 무혐의를 입증하자고 합의를 보았다. 기원 씨는 회사에 알려지면 안 되기에 가급적 빠르게 끝내고 싶어 했다.

사건의 당사자야 하루가 한 달 같고 시간이 오래 걸리는 것 같지만 그래도 모든 것이 순서가 있다. 수사기관에 아무리 빨리해 달라고 독촉해 봐야 소용이 없다. 그래서 가급적 첫 조사에 끝낼 수 있게 준비하는 것이 필요하다. 경찰 수사가 이루어지면 경찰에서 끝나는 것이 아니라 사건은 반드시 검찰에 송치하게 되어있다. 그런데 이때 경찰에서 무혐의 의견으로 검찰에 의견서를 보내면(바로 이 과정이 '송치'다) 대부분은 조사 없이 검찰에서도 무혐의 결정을 내리고 사건이 종결된다.

기원 씨의 입장을 충분히 이해하기에 경찰에서 한 번의 조사로 끝날 수 있게 변호인 의견서와 함께 경찰을 만났다. 조사야 기원 씨가 받지만 나도 나름의 역할을 한다. 그렇게 수사가 이루어지고 결국 무혐의를 받았다.

사건 후기

기원은 회사에 알려지지 않고 경찰 조사로 마무리해 무혐의를 받았다. 그런데 성공보수를 주는 과정에서 갑자기 태도를 바꾸어 지급하지 않으려 했다. 이런 황당한 일이 있나 싶었다. 그래서 나는 결국 기원 씨의 월급 압류 조치 고고.

03. 네가 차에 태웠잖아

여론조사 기관에서 과장으로 근무하는 정욱 씨. 선거철이 다가오자 후보들이 여론조사를 의뢰하느라고 정신없이 일하고 있다. 아내는 사업을 하는데 수입이 일정하지 않아 매우 어려운 형편이다. 당장에 전셋값도 올려달라는 주인 말에 돈을 어디서 구해야 하나 매일 걱정스러운 나날을 보내고 있다.

회사에 일이 많이 들어오면서 부장님이 부하 직원들과 함께 회식하자고 한다. 그렇게 1차 회식이 끝났고, 부장님은 가시고 정욱 씨와 직원만 남아 따로 2차를 가기로 했다. 아직 미혼인 화연 씨. 화연 씨는 술은 못 하지만 회식자리가 좋아 남아있었다. 정욱 씨는 이미 1차 자리에서 술을 많이 마셔 2차에서는 필름이 끊겼다. 그런 정욱 씨를 화연 씨가 데려다주겠다며 차에 태웠다. 사실 2차 술자리에서 정욱 씨가 화연 씨의 허벅지를 만지고 더듬어 화연 씨는 기분이 좀 나빠 정욱 씨에게 하지 말라고 하였다. 그런 화연 씨가 정욱 씨를 자신의 차에 태워 집까지 모셔다드린다고 한다. 그렇게 차에 타고 강남역에서 이수역까지 와 정욱 씨는 집으로 갔다. 다음 날 회사에 가니 부장님이 정욱 씨를 부른다.

"자네, 화연 씨한테 도대체 무슨 짓을 한 건가. 조용히 처리하게."

"네?"

자초지종을 들어보니 정욱 씨가 차 안에서 화연 씨를 만졌고 화연 씨는 어떻게 하면 좋을지 부장님과 상의를 하였던 것이다. 화연 씨는 이미 차량의 블랙박스에 증거까지 가지고 왔다. 부장님은 화연 씨에게 잘 합의하라고 하였지만, 화연 씨는 경찰에 고소한다고 한다. 정욱 씨는 회사에서 시끄러워지는 것이 싫어 다음 날 사표를 냈다. 모범생으로 살아온 정욱 씨는 이런 일이 발생하자 피해버린 것이다.

　정욱 씨는 화연 씨가 주장한 것이 맞겠거니 생각했다. 자신은 술에 취해 전혀 기억이 나지 않기 때문이다. 얼마 후 경찰에서 조사를 받으라 했다. 경찰 조사를 받으면서도 화연 씨가 한 말이 맞겠지 생각하고 모든 사실을 인정하며 죄송하다는 말만 하였다. 수사 기간 동안 화연 씨는 정욱 씨의 전화도 받지 않았다. 화연 씨에게는 피해자 변호사가 선임되어 정욱 씨는 피해자 변호사를 통해 연락할 수밖에 없었다. 그러나 정욱 씨가 피해자 변호사에게 연락해도 돌아오는 대답은 언제나 합의는 안 한다는 것밖에 없었다. 그렇게 정욱 씨는 재판에까지 넘겨졌다.

사안 해결

　정욱은 재판과정에서도 자신의 범행을 인정해야 하는지 고민했다. 재판 과정에서 국선변호인을 신청한 정욱 씨는 그렇게 나를 찾아오게 되었다.

　나는 두 가지를 지적했다. 우선 화연 씨는 왜 2차 술자리에서 정욱 씨가 추행했음에도 차에 태워서 갔는지, 그리고 그 블랙박스를 확인해 보았는지 물어보았다. 정욱 씨는 그저 이런 일은 처음이고 회사에서 문제가 될 것 같아 기억이 나지 않지만, 화연 씨가 그렇게 주장하면 그것이 맞겠거니 생각했다고 한다. 여러 가지 의문점이 있었고 나는 그 의문점을 토대로 여성이 왜 자신의 차를 태워갔는지 의문을 품었다.

　정욱 씨는 이제야 자신의 입장을 밝힐 수 있고 객관적인 사정으로만 평가받을 수 있다는 안도감에 적극 의견을 개진했다. 변호 과정에서도 블랙박스 영상을 볼 필요가 있겠느냐는 판사님의 핀잔 아닌 핀잔도 있었으나 정황상 여성이 술자리에서 자신을 만진 남자를 태워 집에 가는 것은 이례적인 점을 주장하여 결국 영상을 법정에서 확인까지 하였다. 보통 이러한 영상물이 있어도 재판과정에서 확인하지 않은 경우도 많기 때문이다.

영상 확인 결과, 정욱 씨는 너무 취해있었다. 누가 보아도 만취 상태였음이 확인되었다. 화연 씨는 이러한 정욱 씨를 자신의 차에 태워 정욱 씨에게 계속 말을 걸었다.

"과장님, 이러시면 안 돼요.", "과장님, 나쁜 손", "이러면 내일 어떻게 봐요?", "어디서 내려드려요? 더 가요?" 등.

오로지 화연 씨의 목소리뿐이었다. 피고인이 실제로 만졌던 장면은 나오지 않았다. 오히려 화연 씨가 구체적인 추행을 소리 내어 말하는 게 이상할 정도였다. 이러한 점을 주장하여 피고인의 억울함을 호소할 수밖에 없었다.

사안 후기

정욱 씨는 사실 굉장히 소심한 성격의 소유자였다. 평소에는 말도 목소리가 들리지 않을 정도로 작게 한다. 그런데 당시에는 술을 먹고 평소 자신의 억눌렀던 것이 풀린 기분이었던 것 같다. 일이 많은 시기에 야근도 많이 해 오랜만의 회식자리에서 자기 평소 주량 이상으로 술을 마신 게 화근이었다. 궁금한 점은 그렇게 술에 취해 비틀거리는 정욱 씨를 왜 화연 씨는 자신의 차에 태워 데려다줬냐는 것이다. 아직도 재판이 진행 중인 이 사건의 결론이 나 또한 궁금해진다.

사실 상담을 하다 보면 직장 동료 성추행 사건은 회식자리 자체에서는 잘 일어나지 않는다. 회식한 이후에 이동하는 과정에서 술기운에 접촉이 일어나 성범죄로 이어지는 경우가 많다. 같이 회식한 여성은 그 당시에는 술기운에 자신도 모르게 당하다가 다음 날 복기를 하면서 성적 수치심을 느끼고 고소를 하는 것이다. 그러니까 남성분들은 술을 먹고 난 후에는 여자와 어지간하면 같이 차를 타지 않고 따로 이동하는 것을 권한다.

비교 사례

　이 사안은 택시 기사가 손님을 성추행한 사건이다. 택시 운전사는 홍대 클럽 앞에서 젊은 여성을 태웠다. 젊은 여성은 술에 취해있었지만 그렇다고 술에 만취해 정신이 없는 것 같지는 않았다. 뒷좌석에 탄 여성 손님은 목적지를 말하고 이내 스마트폰으로 친구들과 카톡을 하였다.

　택시 기사는 젊은 사람들이 스마트폰을 하면 도통 말을 안 하기에 심심한 듯 운전을 하고 갔다. 여성 손님은 뭐가 좋은지 키득키득하면서 카톡을 하고 있다. 목적지에 도착했을 무렵 여성 손님은 카드로 계산하겠다고 했다.

　"카드 단말기는 앞쪽에 있는데."

　"네, 여기요."

　그렇게 여성 손님이 몸을 앞쪽으로 내밀자 갑자기 택시 기사가 여성 손님의 볼에 뽀뽀했다. 여성 손님은 당황했지만 웃으면서 내렸다. 그리고 카톡을 하고 있던 친구에게 곧바로 메시지를 남겼다.

　"야야야, 대박. 택시 아저씨가 뽀뽀했어."

　"뭐? 미친 x."

　"아 진짜 기분 더럽다."

　그렇게 친구와 카톡 메시지를 하니 친구가 신고를 권했다. 결국, 여성 손님은 몇 시간 뒤인 아침이 되어서 경찰서에 고소장을 제출했다. 택시 기사는 수사 기간 내내 사실관계를 부인했다.

　택시 기사의 주장은 여성 손님은 내릴 때가 되어서 기분이 좋았는지 외국의 여성처럼 (택시 기사의 주장이다) 볼에 가볍게 뽀뽀하는 인사를 하고 내렸다는 것이다. 여성 손님의 주장은 택시 기사가 계산할 때가 되자 카드 계산기가 앞에 있다며 몸을 앞쪽으로 오게 한 뒤 손을 잡고 앞으로 당겨 얼굴을 가까이 한 뒤 기습적으로 뽀뽀했다는 것이다. 상반된 두 사람의 주장 중에 과연 어떤 것이 사실일까?

- 비교 사안 해결 및 후기

택시 기사는 수사 기간 내내 자신은 허리가 아파 움직일 수도 없었다고 하면서 택시 안 블랙박스는 녹화가 하루 정도밖에 지속되지 않는다며 객관적인 증거가 없다고 하였다. 수사기관에서는 여성 손님이 사건 직후 친구에게 보낸 카톡 등을 증거로 택시 기사를 기소했고 공판 기일이 진행되었다. 나를 만난 것은 이때였다.

나는 택시 기사의 말을 듣고 과연 오른쪽 뒷좌석에 있던 여성 손님의 얼굴이 택시 기사가 움직이지 않았을 때 거리에 닿을 수 있는지 같은 차량으로 실험을 여러 번 했다. 그리고 기록을 꼼꼼히 봤다. 아무리 읽어도 택시 기사가 거짓말을 하는 것 같다는 느낌을 받았다. 택시 기사는 상담 때부터 허리가 아프고 경제적으로 어렵다는 말만 되풀이했다. 나도 억울한 사람을 많이 상담해 봤기에 어느 정도는 거짓말을 하는 사람은 느낌이 온다. 그래서 택시 기사에게 여러 차례 물어봤다.

"진짜 안 했어요? 나는 도저히 이해가 안 되는데요."

"저 돈 없어요. 벌금 좀 적게 나오게 해주세요."

"하셨죠?"

"네. 저 허리가 아파서 하루에 버는 돈도 적어요. 변호사님 벌금 좀 적게 나오게 해주세요."

"네, 알겠습니다."

결국, 거짓말로 일관하던 택시 기사는 재판이 진행되어서야 자백하였다. 피고인이 억울하다고 아무리 주장해도 주장하는 사실관계로 무죄가 아닌 것을 무죄로 만들 수는 없다. 이럴 때 변호인으로서는 피고인에게 형사처벌의 범위를 설명하고 자백을 시켜 처벌 수위를 낮추는 방향으로 변호하는 것이 현명하다고 생각한다.

로스쿨이 도입되고 변호사 시장이 어려워지면서 변호사 업계도 각박해지고 있다. 그래서일까. 결과가 뻔히 보이는 사건의 결과를 감추고 수임료를 받기 위해 일단 수임하고 보자는 변호사들이 우후죽순 꽤 많이 보인다. 또 형사사건을 하다 보면 무죄나 기소유예 등 유리한 결과를 장담하고 의뢰인에게 고액의 수임료를 받거나 일단 적은 수임료라도 받고 사건을 진행하는 경우가 많은데 나로서는 수임을 못 하더라도 결과를 제대로 알려주고 의뢰인에게 최선의 결과가 혹은 차악의 결과를 받게 하는 것이 변호사의 도리가 아닌가 생각한다.

04. 지하철에서 성추행범으로 몰린 공무원

오랜 연애 끝에 결혼한 배달 씨. 배달 씨는 지금 과천에서 근무하는 공무원이다. 서울대입구역에 신혼집을 마련하고 배달 씨가 지하철을 타고 과천까지 출·퇴근하고 있다. 지하철 2호선을 타고 사당역까지 가서 4호선을 갈아타는 코스다.

월요일 아침, 기분 좋은 배달 씨는 오늘도 어김없이 지하철을 타러 가고 있다. 2호선 서울대입구역에서 지하철을 기다리는데 오늘은 무언가 느낌이 이상하다. 담배를 하나 사고 지하철을 타기 위해 기다리는데 뒤편에 남자 몇 명이 서성인다. 배달 씨 뒤에 바짝 선 남자가 신경 쓰이지만, 월요일 출근길이 이러니 어쩔 수 없지 않나 생각한다. 지하철 2호선 출근길은 사람이 많아도 너무 많다. 신도림부터 꽉꽉 채워진 사람들. 밀려 탈 수밖에 없다. 지하철이 승강장으로 도착했다. 배달 씨는 평소와 다름없이 줄을 선 순서 그대로 사람들에 밀려서 지하철에 탑승했다. 하필 오늘 지하철 앞에서 무료로 나눠주는 신문을 그대로 들고 타 손을 어디에 둬야 할지 모르겠다. 괜히 손을 잘못 움직였다가 앞에 있는 여성이 오해할까 걱정이다.

'아, 왜 자꾸 뒤에서 밀어 대는 거야.'

오늘따라 뒤에서 남성이 자꾸 배달 씨를 미는 느낌이다. 잠깐의 틈이 생겨 들고 있던 신문을 밑으로 내렸다. 팔도 한결 편해졌다. 이제 사당역이다. 문이 열리고 내리자마자,

"경찰서로 같이 가시죠."

"네?"

"아가씨, 이 사람이 뒤에서 만졌죠?"

배달 씨는 황당해서 말을 잇지 못했다. 뒤에 서 있던 남성이 갑자기 배달 씨를 잡더니 앞에 서 있던 여성의 엉덩이를 만졌다면서 현행범으로 같이 경찰서로 가자는 것이었다. 배달 씨는 한동안 멍하니 있다가 여성과 함께 4호선에 있는 성범죄신고지구대를 가게 되었다. 출근 시간이 늦어져 회사에 전화하고 일단 조사를 받았다. 여성은 배달 씨가 자꾸 뒤에서 만졌다면서 고소한다는 의사를 밝히고 빠르게 나갔다. 배달 씨는 자신을 무조건 성추행범으로 의심하며 조사하는 이 경찰이 의심스럽다. 무조건 아니라고 하고 자신도 조사를 마치고 회사에 출근했다. 회사에 출근한 배달 씨는 대학교 법대 선배 중에 변호사로 활동하는 남자 선배에게 전화했다.

"형, 오늘 지하철에서 성추행범으로 몰려서 조사받았어요."

선배는 자초지종을 듣자마자, "야 그냥 합의해." 하고 합의를 종용한다.

"형, 내가 하지도 않았는데 왜 합의를 해요."

"그럼 일단 사무실로 와."

사무실에 간 배달 씨는 선배와 논의 끝에 무죄를 주장하기로 했다. 형만 믿고 있었던 배달 씨. 그러나 1심은 유죄. 배달 씨는 공무원 신분 때문에 반드시 무죄를 받아야만 했다.

'아 씨, 형만 믿었는데. 아 망하는 것 아냐?'

배달은 아내와 함께 인터넷을 뒤지기 시작했다. 억울해도 너무 억울하다. 지하철 뒤편에 있던 남성이 경찰이 지하철 타기 전부터 사진에 동영상까지 촬영하면서 자신을 성추행범으로 몰아간 것 같아 더 억울했다.

"여보, 항소심은 배 변호사한테 맡기자."

사안 해결

그렇게 1심에서 유죄를 받고 나를 찾아왔다. 배달 씨와 아내의 첫 느낌은

알콩달콩한 신혼부부에 평범하고 선한 느낌이었다. 1심 기록을 쭉 살펴보고 나서 성범죄를 다뤄보지 않은 예전 변호사가 그저 다른 사건 하던 대로 진행해 결과적으로 유죄를 받을 수밖에 없었던 이유를 설명했다. 우리는 2심에서 전략을 바꿔 피해자를 더 부르지 않기로 했다.

배달 씨한테 지하철 타기 전부터 내려서 조사를 받을 때까지 상황을 다시 재연해보자고 하였다. 그리고 나는 현장을 몇 차례나 찾아가서 조사하기 시작했다. 항소심에서는 경찰이 제출한 사진과 동영상을 법정에 틀어 과연 성추행하였는지 제대로 보자고 하였다. 여러 차례 공판이 진행되고 배달과 노력한 결과 항소심 판결일이 다가왔다.

"피고인은 무죄."

배달 씨와 아내는 법정에서부터 울기 시작했다. 억울함도 억울함이지만 이제 공무원 신분을 유지할 수 있는 안도감도 있었을 것이다. 그리고 사무실에 찾아와 연신 감사하다고 하였다.

사안 후기

배달 씨와 아내는 나에게 많은 사람을 소개하겠다고 하였지만, 그 뒤로 오지 않았다. 사실 '법 없이도 살 사람이다'라고 하면 해당될 사람들이었다. 주변 지인들도 비슷할 것이다. 그리고 자신의 사건이 성범죄와 관련되다 보니 말하기 껄끄러웠을 것이라는 생각이 든다. 그래도 다른 사건 소개해주셔도 되는데 아쉽다.

The 알아보기

공무원 징계와 관련하여

최근 공무원 시험에 관한 관심이 높다. 공무원 시험에 관심이 높은 이유는 공무원이 되면 정년이 보장되는, 직장에 대한 안정성 때문일 것이다. 이것은 우리나라에만 있는 현상이 아니다. 세계 어느 곳이나 안정된 직장으로서 제일 첫 번째로 꼽는 것이 공무원이기 때문이다. 성실히만 근무하면 휴가도 자유롭고 퇴임하면 공무원연금으로 편하게 살 수 있으니 이만한 직장이 없다. 물론 정년까지 별 탈이 없다면 말이다.

공무원 신분과 관련하여 우선은 국가공무원법에 규정되어 있다. "국가공무원(이하 '공무원'이라 한다)은 경력직 공무원과 특수경력직 공무원으로 구분한다. 경력직 공무원이란 실적과 자격에 따라 임용되고 그 신분이 보장되며 평생 동안(근무기간을 정하여 임용하는 공무원의 경우에는 그 기간 동안을 말한다) 공무원으로 근무할 것이 예정되는 공무원을 말하며, 그 종류는 일반직 공무원(기술·연구 또는 행정 일반에 대한 업무를 담당하는 공무원)과 특정직 공무원(법관, 검사, 외무공무원, 경찰공무원, 소방공무원, 교육공무원, 군인, 군무원, 헌법재판소 헌법연구관, 국가정보원의 직원과 특수 분야의 업무를 담당하는 공무원으로서 다른 법률에서 특정직공무원으로 지정하는 공무원)을 의미한다. 특수경력직 공무원은 쉽게 말하면 선거를 통한 선출직 공무원 등을 의미한다."

공무원은 신분이 보장된 만큼 국민의 봉사자로서 활동해야 하는데, 신분에 대해서는 법이 세세하게 규정되어 있다. 일단 공무원은 국가공무원법 제73조의3에 따라 ① 형사 사건으로 기소된 자(약식명령이 청구된 자는 제외) ② 성범죄 등 대통령령으로 정하는 비위행위로 인하여 감사원 및 검찰·경찰 등 수사기관에서 조사나 수사 중인 자로서 비위의 정도가 중대하고 이로 인하여 정상적인 업무수행을 기대하기 현저히 어려운 자에 해당되면 일단 직위를 해제한다. 물론 그 사유가 소멸되면 다시 직위가 부여된다. 그러다 금고 이상의 실형을 받으면 공무원 결격사유가 된다. 금고 이상의 형을 받고 선고유예가 되더라도 마찬가지다. 그리고 형사처벌 이외에 징계위원회로부터 징계를 받아 파면이나 해임이 되면 공무원 결격사유가 된다. 이 경우는 성범죄라도 금고 이상의 형이 기준이 되는데 만약 자신의 지휘를 받는 부하 직원을 성폭행한 경우 300만 원 이상의 벌금을 받게 되면 결격사유가 된다. 그래서 공무원이 성범죄에 휘말리는 경우 웬만하면 변호사를 선임해야 한다.

지하철 성추행 유죄 사례

지하철에서 꽤 많은 사건이 발생한다. 아무래도 사람이 많으니 그만큼 사건도 많다. 사안은 비슷한 것 같아도 형사적으로 결론이 달라지는 경우도 빈번하다. 다음은 벌금형을 받은 사례다.

- 사안 내용

결혼을 앞둔 기웅 씨. 4호선 수유역부터 길음역을 지나가는 구간은 그야말로 마의 구간이다. 승강장 문이 열리면 내리는 사람은 없고 타는 사람이 많아져 점점 숨이 막히는 구간이다. 그래서 기웅 씨는 웬만하면 자가용을 이용해 출·퇴근을 하는데 오늘은 비도 오고 길도 막힐 것 같아 지하철을 이용하기로 했다.

비가 부슬부슬 내리는 가을날. 오랜만에 지하철을 타니 사람이 많다는 게 느껴진다. 앞에 서 있는 여자는 가을임에도 짧은 바지를 입고 있다.

'요즘 젊은 사람들은 역시 다르군.'

기웅 씨는 별다른 신경을 쓰지 않으며 백팩을 메고 앞에는 우산을 들고 귀에는 이어폰을 꽂았다. 여간 힘든 게 아니다. 뒤에서 밀려들어 앞에 여자한테 계속 부딪히는 것 같아 미안한 생각이 들었지만 어쩌겠는가. 사람이 많은 지하철인데. 그렇게 몇 정거장이 지나자 앞에 선 여자가,

"제 엉덩이 그만 좀 만지시지."

"네?"

"여기 이 사람 잡아주세요, 성추행범이에요!"

짧은 바지를 입고 있던 여성은 기웅 씨의 왼손을 잡아채며 성추행범이라고 내리라고 소리를 지른다. 주변 남자들도 기웅 씨를 잡고 경찰이 오기를 기다리고 있다. 기웅 씨는 당황해서 도망가려는 모양을 취했다. 더더욱 의심을 받았다. 시민들이 경찰이 오기를 기다려 기웅 씨를 경찰에 넘겼다.

경찰서에서 앞에 선 여성은 기웅 씨가 자신의 허벅지를 바깥쪽에서 안쪽으로 만지고 뒤쪽 왼쪽 엉덩이를 만지고 잡기에 처음에는 딱딱한 것이 자신의 가방인 줄 알았는데

알고 보니 손인 것 같았다고 하면서 기웅 씨의 왼손을 잡았다고 진술했다. 그 이야기를 듣던 기웅 씨는 경찰에서 조사를 받으면서도 닿았을 수는 있었지만, 의도는 없었다고 주장했다.

기웅 씨가 고의로 한 것이 아니라는 취지로 조사에 응하자 경찰은 더 안 좋게 본 것인지 그 여성을 나중에 다시 불러 조사했다. 기웅 씨에 대한 범죄를 입증하기 위함이었다. 그리고는 기소의견으로 검찰에 송치했다. 결국 기웅 씨는 검찰 조사를 받지 않고 재판까지 넘겨졌다.

- 사안 후기

기웅 씨는 첫 공판 기일이 진행된 후 나에게 찾아왔다. 나에게 상담을 와서도 줄곧 '앞에 선 여자의 뒤편에서 자신의 몸이 닿았다.', '닿았지만 그 여자가 주장하는 것처럼 내가 허벅지를 만지거나 엉덩이를 쓰다듬었다는 것은 아니었다.', '그 여자가 주장하는 것은 상식적으로 말이 안 된다.'고 주장했다.

우선 나는 형사사건 기록을 보기 시작했다. 흥미롭게도 그 여성은 기웅 씨가 자신의 뒤편에서 자신의 오른쪽 허벅지 바깥쪽에서 안쪽으로 손을 넣어 만졌으며, 다시 엉덩이를 만지기도 했고 뒤편에서 기웅 씨가 바지 지퍼를 열고 손을 움직여 자위하는 것 같았으며, 자신이 옷의 움직이는 소리를 들었다고 진술했다. 어찌 보면 상상을 진술한 것 같기도 하였다. 일단 사실관계 중 중요한 것은 기웅 씨도 인정하듯이 기웅 씨의 몸이 여성의 뒤쪽 몸에 닿았다는 것이다. 다만 성추행의 의도가 없었고, 여성이 주장하듯이 허벅지나 엉덩이를 만지거나 한 것은 아니었다는 것이다.

이 사건은 이미 1심이 시작되고 공판 기일이 지나 나에게 왔기 때문에 수사단계에서 한 진술을 바꿀 수는 없었다. 어쩔 수 없이 여성을 증인으로 불러 진술이 맞는지를 확인하는 방법밖에 없었다. 증인으로 나온 여성의 주장은 일부 허구도 있었다. 증인의 증인신문 과정에서 경찰 조사와 다르게 진술한 부분도 많이 나왔다. 우리는 지하철의 당시 상황을 동영상으로 만들어 제출까지 하면서 여성과 닿을 수 있었던 상황도 설명했다. 그리고 끝내 검사는 징역 1년을 구형했다.

기웅 씨는 조만간 결혼식을 앞두고 있어 어찌 됐건 간에 재판을 빨리 끝내고 싶어 했다. 또 그럴 가능성은 적지만 결혼식을 앞두고 있기에 신체적 구속이 되는 것은 무조건 피해야 하는 상황이었다. 그렇다고 무죄를 주장하면서 피해 여성과 합의를 할 수도 없었다. 물론 합의금도 넉넉지 않았다. 그렇게 재판이 끝났다. 그리고 선고날. 재판부는 결국 벌금형을 선고했다.

벌금형의 선고 이유는 이것이다. 어쨌거나 신체접촉이 있었고(기웅 씨와 여성의 진술 일치), 그 접촉으로 인해 여성이 추행으로 느꼈다는 것이다. 비록 여성의 주장이 일부 허위사실도 있었지만, 신체접촉이 있었던 이상 강제추행으로 인정할 수 있었다는 것이다. 또 기웅 씨가 처음 여성이 성추행범으로 몰았을 때 도망가려고 했던 정황도 성추행했었다고 추론할 수 있다는 것이다.

기웅 씨는 결혼식을 앞두고 신체구속이 되지 않은 점에서 나에게 감사했다. 당사자로서는 꽤 고민했을 법이다. 그런데 나로서는 애초에 지하철에서 만지지 않았다면 변호사를 대동해 조사를 받겠다고 하고 대응책을 찾았으면 어땠을까 생각한다. 앞선 사례의 경우 당사자가 끝까지 여성을 만지지 않았다고 주장했다. 그런데 기웅 씨는 자꾸 여성에게 몸이 닿았다고 한 것을 보면…. 여기까지만 쓰겠다.

05. 너도 다 해놓고는…

    일승 씨는 아버지 회사에서 편하게 일하는 사실상 백수다. 아버지는 아들을 포기한 상태이다. 젊었을 때는 여성과 문제도 많아 강제추행으로 고소당하기도 했다. 물론 합의해서 고소 취하서를 제출해 공소권 없음의 결정을 받았다.

    하루하루가 무료하던 어느 날, 스마트폰을 만지작거리다가 소개팅 앱을 발견했다. 소개팅 앱에는 많은 여성이 만남을 원하고 있었다. 일승 씨는 자신의 스타일인 여성을 발견하고 만남을 요구했다. 여성은 22살의 회사원이었다. 일승 씨가 잠실역에서 만나자고 하자 여성은 흔쾌히 그곳으로 가겠다고 했다.

    회사가 끝나고 온 여성은 블라우스에 치마를 입고 출근복장으로 잠실역에 왔다. 일승 씨는 자신이 가던 이자카야에 여성과 함께 가 이런저런 이야기를 나누었다. 이자카야는 각 테이블이 보이지 않게 칸막이가 되어있었다. 오붓한 시간을 보내며 서로 호감을 느껴서일까. 여성은 일승 씨의 옆자리로 와 앉더니 양다리를 일승 씨의 무릎 위에 올리기도 하고 키스를 하기도 하였다. 종업원은 안주를 갖다 주면서 이러한 장면을 목격하기도 했다.

    그렇게 3시간 정도 술을 마시고 집에 가기로 했다. 일승 씨는 술을 마시지 않아 일승 씨가 계산하고 여성을 집으로 데려다주기 위해 차를 운전했다. 여성의 집은 성남이었는데 일승 씨가 자신의 집인 잠실 근처로 운전을 시작했다. 여성은 특별한 반항도 하지 않고 일승 씨의 집에 가기로 했다. 차 안에서 일승 씨는 핸드폰을 만지작거리는 여성이 조금 아쉬웠다. 일승 씨는 급기야 핸드폰을 빼앗았다. 그 순간 여성이 소리를 지르기 시작했다.

"핸드폰 내놔."

"싫어."

"내놓으라고."

"그럼 이야기 좀 하자."

"내놓으라고."

그렇게 실랑이가 30분간 이어지자 여성이 소리를 지르기 시작했다.

"살려주세요, 성추행당했어요!"

얼마나 목소리가 컸는지 주변의 사람들이 하나둘씩 나오기 시작했고 이내 경찰이 왔다. 경찰이 오자 여성은 "이 사람이 강제로 뽀뽀하고 의자를 뒤로 젖히면서 가슴을 만졌어요."라고 주장했다.

일승 씨는 어이가 없었다. 핸드폰을 안 주었을 뿐인데 이게 무슨 소설인가. 그러나 차 안에는 블랙박스도 없었다. 일승 씨는 그렇게 경찰서에서 수사를 받게 되었다.

사안 해결

일승 씨는 일전에도 강제추행의 전과가 있어 내심 걱정했다. 첫 조사를 받으러 가니 역시나 경찰이 예전 전과를 들먹이며 성추행범으로 몰아가고 있다. 아무리 아니라고 해도 강제추행을 했다고 예단하고 조사가 되고 있었다. 그렇게 수사는 진행되고 기소까지 되어 이제 재판을 앞두고 있다.

그 시점에 나를 찾아왔다. 자초지종을 들은 나는 우선 여성이 일승 씨와 함께 술자리에서 진한 스킨십을 한 것을 입증해야 한다는 생각이 들었다. 강남에서 잠실까지 차를 타고 가면서 별일 없었던 것도 입증해야 했다. 그리고 경찰이 왔을 때의 상황을 다시 한 번 점검할 필요가 있었다. 여성을 불러 증인신문을 하면서 진술이 앞뒤 맞지 않는 부분을 많이 찾아냈다.

역시 증인신문 중 어느 순간에 여성이 거짓말을 한 것이 나와 버렸다. 솔직히 내가 증인을 불러 신문하면 검사보다 더하다. 공판검사는 실제 사건을 수사한 검사가 아니기에 추궁하는 정도가 약하기 때문이다. 또 나의 증인신문 기술 중의 하나이긴 한데 사안마다 달라 설명은 좀 어렵다. 어쨌거나 진술이 거짓으로 일부 증명되었지만 그래도 부족하다 싶어 차량의 이동 거리, 그리고 술집 증인, 경찰이 최초에 신고받았을 때의 정황 등 강제추행을 할 상황이 아니었음을 입증하였다.

결과는 무죄.

사안 후기

이후에도 일승 씨는 또다시 강제추행 혐의로 문제가 있다며 찾아왔다. 습관적일 수도 있으나 미루어 짐작하기로는 여성과 많이 어울려서 문제가 생기는 것 같았다. 일승 씨의 경우가 문제가 되는 것은 아무리 본인이 아니라고 해도 동종 전과가 있기에 더 수사가 시작되면 수사기관에서는 무조건 범인으로 의심하고 수사를 시작한다. 사실 수사를 받아보거나 형사재판을 보면 내가 법대 시절, 사법연수원 시절 그토록 배웠던 형사법상의 대원칙인 '무죄 추정의 원칙' 따위는 판결 순간까지도 잘 적용되지 않는다는 것을 느꼈다. 그러하더라도 나는 무죄를 만들어 냈다. 무죄의 결과는 나의 변호도 변호지만 사법부의 현명한 판단 덕이라 생각한다.

06. 교수님 이러시면 안 돼요

　지방의 ○○대에서 교수로 재직 중인 김 교수. 김 교수는 어지간한 스트레스에 쌓여있다. 학교에서는 성적을 올려달라는 학생들로 스트레스를, 학과장은 논문으로, 총장은 총장 선거로…. 여기저기 연구에만 몰두가 안 됐다. 그렇게 스트레스를 받아 '불금'인 오늘 스트레스를 풀러 술집에 가자고 친구를 불렀다. 지방의 술집은 한가하다. 시내라고 하더라도 서울과는 다르다. 주인인 미경은 오랜만에 손님이 와서 신이 났다.
'오늘은 양주 한 병 팔아보나?'
"어이, 김 교수. 오늘은 20년산 한 번 먹어보자."
"어머 그래요. 양주 한 병 드셔요."
미경은 손님이 대학교 교수라는 말에 귀가 쫑긋한다.
'교수라고?'
　그리고는 시킨 술, 안 시킨 술 여러 개를 테이블에 쫘악 깔았다. 일단 같이 마시면 끝이라는 생각이었다. 아니나 다를까 두 남자는 술을 들이켜기 시작했다. 미경도 옆에서 한 몫 거든다. 몇 시간 후, 김 교수는 완전히 취했다.
　김 교수는 자신의 카드를 꺼내 계산을 요구했다. 미경은 시킨 것 이상으로 결제했다. 김 교수는 완전히 필름이 끊겼다. 다음 날 무언가 찝찝한 기분이 들어 다시 술집에 찾아갔다.
"결제가 너무 많이 된 것 같은데요?"
"아니 교수님, 무슨 말씀이세요. 다 드셔놓고는…."
그런가 싶어 김 교수는 발길을 돌렸다. 미경은 김 교수의 뒷모습을 바라보며 힘 좋은 동네 깡패한테 교수 이야기를 한다. 깡패는 이 기회를 놓쳐서는 안 된다며 미경에서 작전을 설명한다. 그 작전은 뻔하다. 술에 취했으니 성폭행을 했다고 협박해 합의금을 받아내자는 것이었다. 미경은 생각한다.

'어차피 필름도 끊겨서 기억도 못 할 텐데 무슨 상관있겠어?'

그리고는 다시 교수를 불러 이야기한다.

"교수님, 기억 안 나세요? 저한테 몹쓸 짓 하셨잖아요. 합의금을 안 주면 학교에 알리겠어요."

"무슨 말이에요?"

"경찰서에서 봐요."

미경은 김 교수가 방으로 불러 간단히 맥주를 마셨는데 기억이 안 나고 눈을 떠보니 자신의 옷이 벗겨져 있고 김 교수만 자신의 위에서 자고 있었다는 내용으로 고소장을 작성해 경찰에 제출했다. 김 교수는 어떻게 될까.

사안 해결

교수라는 신분 때문에 이러지도 못하고, 저러지도 못하는 김 교수다. 그리고 김 교수는 형사처벌이라도 받으면 교수직을 잃게 될 것이다. 그러한 점을 알고 일부러 협박성 고소를 한 것이다. 이 사건은 꽤 오래된 사건인데 그 당시에는 강간죄가 친고죄여서 합의만 하면 사건이 종결되었다. 그 점을 노린 것이다. 예전 사건 중에는 이렇게 합의로 끝내려는 사건이 많았다.

포털사이트에 지하철 강제추행을 치면 묻고 답변하는 글 중에 고소 여성과 돈을 주고 합의하고 취하서 받으라는 예전 답변도 종종 볼 수 있다. 성범죄가 친고죄인 시절에는 일부 여성들이 실제로 합의금을 노리고 유부남에게 고소하겠다고 협박하거나 고소한 뒤 합의금을 받고 취하서를 내준 경우도 많았다. 실제 내 지인 중에는 회사에 알린다고 하여 3,000만 원을 합의금으로 받아간 경우도 있었다. '그러게 왜…' 한숨만 나오는 지인들이다.

또 일부 사례는 사회적 지위 때문에 알려지면 직장을 잃는 경우에도 협박의 수단으로서 성범죄로 고소한 경우가 많았다.

　이 사건도 김 교수는 술을 마시고 기억이 나지 않아 계산한 것도 기억을 못 할 정도가 되자 미경이 동네 깡패와 함께 짜고 경찰에 고소한 사건이었다. 연예인 사건 중에도 성매매 여성이나 술집에서 사건이 일어나면 남자 공범이 대부분 있다. 이렇게 남성이 공범으로 합동하게 되면 합의금이 더 높아지고 협박 수위도 더 올라가는 것 같다.

　어쨌거나 김 교수는 대학에서 징계를 받게 되는 경우 교수직을 잃는 것은 물론이거니와 국내의 다른 대학에서는 직장을 구할 수 없기에 무조건 무죄를 주장해야만 했다. 그리고 그것을 더더욱 입증하기 위해서 오히려 역으로 미경을 무고죄로 고소했다. 사건을 병합시켜 한 번에 재판을 진행해 사실관계를 알아보고자 한 것이다. 불구속으로 진행되는 사건은 시간적 여유가 있기에 이러한 상황이 가능한 것이다.

사안 후기

　미경은 재판과정에서 일관되지 않는 진술을 했다. 미경은 당시 자신은 맥주 2잔 정도를 김 교수가 주기에 마셨는데 술집을 운영하면서 평소에도 술을 잘 마시는 미경이 그 날만 유독 맥주 2잔을 마시고 술에 취했다는 것은 재판부도 믿기 어렵다고 하였다. 설사 맥주 2잔에 취했더라도 갑자기 기억이 나지 않을 정도로 취해서 정신을 잃고(소위 필름이 끊기고) 잠에서 깨어보니 옷이 벗겨져 있었다는 것은 더더욱 믿을 수 없다고 판단했다.

　알고 보니 미경은 당시 술집 운영이 매우 어려운 상황이었다. 김 교수가 술에 취해 어떻게 계산하는지도 모르는 것을 보고 다음 날 동네 깡패와 합심해 김 교수를 협박에 합의금을 받아낼 심산이었다고 한다. 김 교수는 무죄. 그리고 미경은 무고죄로 유죄를 선고받아 징역을 살았다.

07. 도우미와 하룻밤

　성진 씨는 스킨스쿠버 강사다. 여름에는 눈코 뜰 새 없이 바쁘지만, 겨울에는 이렇게 한가할 수가 없다. 한가하다 보니 겨울에 하는 일은 친구와 술 먹는 게 전부다. 성진 씨는 스킨스쿠버 가게를 함께 운영하는 민철 씨와 오늘도 술을 한잔하러 나갔다. 민철 씨는 웬일인지 자신이 잘 아는 가게를 가자고 하였고 성진 씨는 아무 생각 없이 따라가게 되었다.
　민철 씨는 자신의 친구라며 여자를 소개했다. 한 명은 친구고, 한 명은 노래방에서 도우미로 일하는 여성이었다. 도우미 여성은 자신을 제이라고 불러 달라 했다. 제이는 성진 씨가 마음에 들었는지 자기는 새벽 4시에 끝나니까 영업이 끝날 때까지 기다려 달라고 하였다. 딱히 할 일도 없는 성진 씨는 그럼 영업이 종료될 때까지 여기서 술을 먹고 함께 나가자고 제안했다. 민철 씨도 딱히 할 일이 없으니 그럼 같이 먹으면서 기다리자고 하였다. 그렇게 새벽 4시가 됐다. 민철 씨와 여성 친구는 가고 이제 성진 씨와 제이만 남았다.
　제이는 성진 씨가 꽤 마음에 들었는지 근처 모텔로 가자고 하였다. 몇백 미터를 걸어 모텔로 갔다. 아직 어둑어둑 하지만 새벽에 지나다니는 사람들도 꽤 있었다. 자연스럽게 성진 씨가 계산하고 모텔에 들어간 두 사람. 제이는 성진 씨에게 벗은 신발은 탁자에 놔달라고 하였다. 성진 씨는 그저 시키는 대로 하였다. 그리고 제이는 담배를 피우기 시작했다. 성진 씨는 함께 담배를 피우며 이런저런 이야기를 하였다. 아침이 되자 제이는 이제 가봐야 한다고 나섰다. 성진 씨도 혼자 있어 봐야 찜찜하니 같이 나가자고 하였다. 그렇게 제이를 바래다주고 집에 왔다. 그리고 며칠 후.

"○○경찰서입니다. △△△ 아시죠? 강간죄로 고소했습니다."

"네?"

성진 씨는 황당하다. 고소한 사람이 제이라니. 아니 자기가 먼저 기다리라고 같이 가자고 해놓고는 이게 무슨 일인가 싶다. 민철 씨에게 전화를 걸어 무슨 일인지 확인했다. 민철 씨는 자신이 알아본다고 하면서 전화를 끊었다.

"아, 그 여자 황당하네. 너 진짜 강제로 안 했지?"

"내가 무슨 강제로 하냐."

"그 여자 합의금 1,000만 원 달래."

"뭐? 1,000만 원? 미쳤나."

"와, 장난 아닌가 봐. 야, 일단 만나서 얘기해."

민철 씨와 성진 씨는 머리를 맞대고 이건 완전 덫에 걸린 거라고 흥분했다. 성진 씨는 도우미로 부른 여성이 먼저 성관계를 갖자고 자신의 퇴근 시간까지 기다리라고 해놓고는 이렇게 뒤통수를 치다니 욕만 나오는 상황이 된 것이다. 민철 씨가 그때,

"아, 내가 아는 여자 변호사 있는데, 그 성범죄 주로 하는 사람이야. 동생이 알려 준 사람 있는데…."

사안 해결

그렇게 민철 씨가 나에게 전화를 걸어 자신의 친구인 성진 씨를 소개하여 주었다. 제발 잘 좀 해달라며, 그 여자가 나쁜 여자라고 욕을 해댔다. 소개를 받은 나는 성진 씨를 일단 사무실로 불러서 사정을 들어봤다.

그저 듣기에도 조금은 이해가 안 되는 상황이었다. 성진 씨가 노래방에서 나와 모텔로 간 거리와 아침에 모텔에서 나와 지하철까지 간 거리 등을 살

샅이 살펴보았다. 그리고 모텔의 CCTV 영상을 찾아오라 했다. 여러 가지 증거가 모였다. 의견서를 작성하고 경찰을 찾아갔다. 일단 고소 내용이 무엇인지 물어보고 우리 측 입장을 충분히 설명했다. 이후 성진 씨는 혼자 경찰에 가서 조사를 받았다. 성진 씨는 변호인의 입회 없이도 우리가 계획한 대로 충실히 조사에 답변했다.

 제이가 주장하기는 모텔에 강제로 들어갔고, 모텔 안에서 성진 씨가 힘을 이용해 강제로 성관계했으며, 아침에는 모텔에서 나와 자신을 끌고 지하철까지 갔다는 것이었다. 여러 차례 검사에게 상황을 설명했다. 특히나 모텔에서 나와서 집에 가는 동안은 아침 출근길이기에 여성 주장대로라면 여성을 끌고 가는 동안 출근길에 누군가라도 여성을 도왔을 것인데, 그런 것이 없었다는 점에 방점을 찍었다. 모텔에 들어가는 CCTV도 확보해서 검사에게 영상을 하나씩 캡처해 영상을 돌려보지 않는 수고스러움도 덜어드렸다. 결과적으로 검사가 불기소 의견으로 가닥을 잡은 듯 다시 나에게 전화가 왔다.

 "이러 이러한 증거나 의견서 좀 내주시죠. 제가 봐도 강제성이 없는 것 같네요."

사안 후기

 성진 씨는 무혐의 결정을 받고 제이에게 민사상 손해배상 청구를 하였다. 무고죄도 함께 고소했다. 제이는 이때 변호인을 선임해 대응했다. 민사상 손해배상 청구에서는 제이가 반소로 성범죄가 있었기에 불법행위 손해배상을 청구했다. 도저히 이해가 안 되는 상황이었다. 사법고시 출신 변호사라면 주장할 수 없는 내용이었다. 결국, 재판부가 제이 측 변호사에게 이런 청구를 할 수 있겠느냐며 소 취하를 권했다.

제이가 주장하는 불법행위라는 것은 강제로 성관계를 맺었다는 것인데 이 사실관계를 검찰에서 수사를 통해 무혐의 결정을 받았는데 도대체 무슨 증거로 강제로 성관계를 맺었다는 것인지 이해할 수가 없었다. 그렇게 법리적으로 이상한 주장을 하는 변호사가 사법고시 출신 중에는 없었던 것 같다. 아무튼, 그렇게 제이는 성진 씨에게 일부 정신적인 손해배상을 하라는 판결을 받았다.

성진 씨는 이 사건 해결 중에 결혼식도 올렸는데 아내와는 무혐의 결정을 받고 서로 간 믿음이 공고해졌다고 한다. 좋겠다. 자식.

08. 클럽에서 마약을

대전에 유명한 이○○ 클럽이 있다. 대전으로 놀러 간 충기 씨. 충기 씨는 물 좋다는 대전의 클럽을 가기로 했다. 아는 동생과 함께 클럽을 들어갔다. 클럽은 스피커에서 흘러나오는 소리로 전체가 울리고 있다. 쿵쿵쿵.

'사운드 죽인다.'

그렇게 클럽에 들어간 충기 씨는 여성들과 합석하게 되었다. 룸에 들어간 충기 씨는 술에 취했다. 이상하게 그 날은 정신없이 더 취한 것 같았다. 함께 동석한 여성은 새벽이 되어서 모텔에 가자고 하였다. 충기 씨의 아는 동생이 차량을 이용해 친히 모텔까지 모셔다드렸다.

"형님, 재밌게 보내시고 이동하실 때 전화 주세요."

"알았어, 인마."

"오빠, 빨리 들어가요."

여성은 충기 씨에게 홀딱 반해있었다. 충기 씨는 술에 취해 잘 기억도 안 나고 몸도 움직이기 힘들었다. 그렇게 그냥 잠들어 버렸다. 여성이 아침에 일어나 집에 간다기에 아는 동생을 불러 데려다주라고 하고 충기 씨는 서울로 올라왔다.

그런데 갑자기 여성이 그 대전의 동생을 통해 충기 씨에게 연락했다. 강제로 성관계하였으니 고소한다는 것이었다. 충기 씨는 놀라서 곧바로 그 여성을 만나러 갔다. 사실이 알려지면 충기 씨의 인생도 끝장이다.

여성은 이미 고소하고 경찰 조사까지 받은 상황이었는데 경찰 조사 결과 여성은 마약까지 한 것으로 밝혀졌다. 손목에 너무나도 명확한 주삿바늘 자국이 있었다. 여성은 초등학교 교사라고 하였는데 여성 본인도 충격을 받았던 모양이다. 그리고 그 마약을 충기 씨가 주입한 것 같다고 진술했다. 그리고 다시 여성에게서 연락이 왔다.

"너도 조심해."

'도대체 무엇을 조심하라는 거지?'

충기 씨는 자초지종을 알기 위해 여성을 찾아가 다시 만나 고소 내용을 직접 들었다. 그리고 수사기관에서 마약 투입 의혹까지 수사를 받았다는 것을 알고 곧바로 나에게 전화를 걸었다.

사안 해결

충기 씨는 나의 지인이었다. 직장에 알려지면 안 되기에 어떻게 해서든 빨리 사건을 종결하고 싶어 했다. 우선 충기 씨의 입장대로 정확히 의견서를 작성했다. 그리고 마약 부분은 전혀 아니라고 하기에 자진해서 검사를 받겠다고 하였다. 또 여성과 거짓말탐지기에 응할 수 있다고 오히려 우리가 주장하기로 했다.

첫 조사는 우선 충기 씨의 입장대로 정리되었다. 여성과 진술이 배치되기에 어쩔 수 없이 조사를 몇 차례 더 받을 수밖에 없었다. 마약 투약이 의심되기에 마약 반응 검사까지 자진해서 받았다. 그리고 주삿바늘이 있는지 신체까지 보여주었다.

다음 조사는 거짓말탐지기 조사였다. 나중에 결과는 여성은 거짓, 충기 씨는 진실이 나왔다. 그러다가 우리는 아는 동생이 차를 태워준 것을 기억해 내 그곳에 있는 블랙박스 영상을 구했다. 고소 여성은 자신은 술에 취해 전혀 기억이 나지 않는데, 그것을 이용해 충기 씨가 성관계를 맺었다는 것이었고 자신이 전혀 기억이 안 나는 것은 아마도 마약 때문이 아니었겠느냐는 주장을 했다.

블랙박스 영상을 확인한 결과, 오히려 여성은 술에 취해있지 않은 것처럼 또박또박 말을 했고 충기 씨의 아는 동생과 농담까지 주고받았다. 충기 씨는 혀가 풀려 아는 동생이 말하는 것에 대답조차 제대로 하지 못한 상황이었다. 이 영상을 경찰에 넘기자 경찰도 무혐의로 가닥을 잡았다. 그렇게 무혐의로 검찰에 송치되어 사건을 끝냈다.

사안 후기

마약까지 투약한 여성이 남성에게 강간을 당했다고 고소하는 경우를 실제로 보게 되니 이렇게 당하는 남성이 많겠다는 생각이 들었다. 그런데 충기 씨는 나에게 성공보수를 지급하지 않았다. 지금에서야 하는 말이지만 그때는 정말 이런 인간이 있나 싶었다. 그래도 어쩌겠는가. 인생이 그런 때도 있는 거지.

09. 아는 사람끼리

사연을 소개하다 보니 마치 모든 남자가 억울하게 성범죄 고소를 당한 것 같은 느낌이다. 우리나라 성범죄는 신고율이 많이 높아졌지만 한 연구결과에 따르면 범죄 중 약 30~40%만이 신고된다고 한다. 실제로 많은 사람이 신고하지 못하는 이유 중 하나는 바로 '아는 사람' 사이에 일어난 일이기 때문이다. 아는 오빠, 학교 선배, 직장 상사 등 모두 다 안면 있는 사람이다.

이번에는 대학생 사이에서 일어난 일이다. 대학교 2학년에 재학 중인 서민 씨는 같은 과 동기 영미 씨를 사귀고 있다. 둘은 신입생 MT에서부터 친해져 돈독한 관계를 유지 중이다. 2학년에 올라와서 신입생 환영을 위해 다시 MT를 가게 되었다. 이제는 신입생이 아닌 선배로서 말이다. 서민 씨와 영미 씨는 신입생 환영회 MT에 함께 가기로 했다. 그렇게 함께 참여한 환영회 MT.

서민 씨는 신입생들에게 말도 잘하고 인기가 너무나 많다. 영미 씨는 샘나기도 하지만 어쩌겠는가. 자기의 남자친구인 것을. 그래도 질투는 어쩔 수 없다. 그런데 서민 씨가 MT 마지막 날 영미 씨를 불러냈다. 영미 씨는 서민 씨를 따라 숙소 밖으로 나갔다. 그런데 서민 씨가 오늘따라 이상하다. 적극적으로 영미 씨에게 들이댔다. 그만하라는 말에도 서민 씨는 영미 씨에게 계속해서 들이댔다. 결국 영미 씨를 강제로 추행하고 마는데….

영미 씨는 서울로 올라와 서민 씨를 고소했다. 그리고 서민 씨는 영미 씨에게 사과하고 사과했다. 그러나 어찌 된 영문인지 영미 씨는 받아주지 않았다. 영미 씨는 급기야 수사 기간 동안 변호사를 통해 연락하라며 연락을 피했고, 그렇게 서민 씨는 재판에 넘겨졌다.

사안 해결

서민 씨와 영미 씨는 사귀던 사이였다. 그런데 그러한 사이에서도 성범죄가 일어날 수 있는 것일까. 언론 보도에도 많이 되었던 관계로 부부 사이에도 성범죄는 충분히 성립될 수 있다. 젊은 남녀가 사귀는 도중에 설사 관계가 좋다고 하더라도 여성이 성관계하기 싫다는 의사를 밝혔는데 남성이 계속해서 요구하거나 강제로 하는 경우에는 그 행위는 성범죄가 될 수 있다는 게 최근 재판부의 태도인 것 같다.

아는 사람을 신고하는 것이 얼마나 어려운 일인지는 경험해보지 않은 사람은 모를 것이다. 특히나 성범죄는 남녀 둘 사이에 일어난 일이기에 여자로서는 아직까지 사회적으로 부끄러울 수도 있는 민감한 문제다. 그럼에도 불구하고 신고하는 것은 이제는 사회가 성숙되었다는 증거일 수 있다.

이 사안에서도 서민 씨와 영미 씨는 대학 동기로 앞으로 졸업할 때까지도 마주쳐야 하는 사이다. 그럼에도 불구하고 영미 씨는 서민 씨의 행동에 대해 형사적인 처벌을 원했다. 어쩔 수 없는 일이다. 둘 사이에는 여러 가지 일이 있었고 영미 씨는 서민 씨와의 관계를 정리하려고 하였다. 그런데 서민 씨는 영미 씨에게 계속하여 집착하고 있었던 것이다. 영미 씨는 대학 동기고 앞으로도 졸업 때까지 계속해서 얼굴을 마주쳐야 하니 웬만하면 서민 씨의 부탁을 들어주려고 했던 것이다. 서민 씨도 영미 씨와의 관계가 점점 소홀해지자 마음이 급해지고 영미 씨를 붙잡고 싶은 마음에 집착 아닌 집착을 하게 된 것이다. 그렇게 둘 사이의 문제가 형사 문제까지 된 것이다.

서민 씨와는 이러한 입장을 충분히 재판부에 설명했다. 그리고 영미 씨와의 관계에서 합의하려고 피해자 변호사를 통해 여러 번 시도했다. 결국, 수차례 시도 끝에 합의가 이루어졌다. 재판부는 이러한 입장을 이해해서인지 결국 '선고유예'를 선고했다.

The 알아보기

군대 내 성범죄 문제

최근 군대 내에서 상관의 성폭행으로 인해 부하 여군이 자살하는 사건이 발생했다. 여군이 늘어나면서 여성 군인을 상대로 한 성범죄가 늘어나는 추세이다. 군대 내 성범죄는 외부로 알려지지 않고 쉬쉬해 서로 감추기 때문에 뉴스로 접하는 것보다 사실 많다. 군인 신분인 경우, 군형법이 적용되는 특성상 직업 군인은 직장을 잃을 수 있고 일반인보다 중형을 선고받을 수도 있다. 물론 일부 사안 중에는 일부러 상급자가 성폭행 혹은 성추행했다며 허위로 신고한 사례도 있다. 그러나 그런 사안은 극히 드물다.

사병 사이에 일어난 성범죄 문제는 심각한 사회 문제로까지 대두되고 있다. 군대는 그 특성상 수사기관이 따로 있는 것이 아니기에 수사에 있어서 불이익을 당할 수도 있다. 의경의 경우 일반 형법이 적용되는데 선고유예를 받는 경우 신분을 유지할 수 없어 다시 군 입대를 해야 하는 경우도 발생한다.

군대 내 성범죄는 그야말로 아는 사람 사이에서 벌어지기에 피해자가 신고하기 매우 어렵다. 또한, 군대 내 성폭행 피해자 구제제도가 있어도 제대로 활용되지 못한 것은 지금까지 신고된 28건의 성폭행 사건 중 실형을 선고받은 게 고작 1건 정도로 적기 때문이다. 군사법원이 독립된 법원이 아닌 지휘관 산하에 있기 때문에 사법처리에 있어 제 식구 감싸기 식으로 솜방망이 처벌이 내려지는 경우가 있어 그다지 신뢰하지 않는 분위기다. 실제로 예전 군대 내 성범죄 판례를 보면 오히려 피해자가 제대로 의사를 표시하지 않았고 피해자의 내성적인 성격이 문제라는 식의 판결이 대부분이었다.

그러나 최근에는 피해자의 인권 문제가 사회 문제로 떠오르고 사법기관도 피해자가 얼마나 힘들게 피해 사실을 알렸는지를 충분히 이해하기에 피해자의 입장에서 가해자를 엄하게 처벌하는 추세이다.

사건으로는 군이라는 폐쇄된 집단 내에서 벌어진 사건은 외부에서 들여다볼 수 있을 때 재발을 방지할 수 있는 장치가 마련될 수 있다고 생각한다. 따라서 내부 기관에서 군사 재판이 이루어지는 것보다는 외부 감독관이 상당한 조사권을 갖고 들여다볼 수 있어야 한다고 생각한다.

나는 현재 육군자문위원을 맡고 있는데 군대 조직의 비대성, 군대 위계질서, 군 사법절차 등을 고려하여 보면 사실, 문제가 되는 사건 숫자는 적다고 생각된다. 그러나 사건 하나하나마다 그 피해의 심각성이 매우 크기에 심각한 문제가 되는 것이다. 따라서 어떻게 해서든 군 조직 내에 이러한 사건이 발생하지 않도록 예방책을 마련하는 것이 시급하다. 탁상공론적인 대책이 아니라 현실에서 곧바로 적용할 수 있는 대책이 필요하다.

또 사후 대책보다 더 중요한 것이 나는 예방 교육이라 생각한다. 최근 일어난 여군 자살 사건의 경우 이번에도 똑같은 대책, 똑같은 처방이 또 나올 것으로 예상이 되는데 이번에야말로 군 당국이 발상의 전환을 통해 똑같은 사고가 일어나지 않도록 해야 할 것이다.

10. 뭐? 네가 고등학생이라고?

대학생 병민 씨는 클럽에서 갓 입학한 대학생 유미 씨를 만났다. 유미 씨는 친구 3명과 클럽에 왔다. 병민 씨는 유미 씨가 마음에 들었다. 딱 자신의 스타일이었다. 그래서 그렇게 하룻밤을 보내고 지하철역까지 데려다준 뒤 집에 잘 들어갔는지 문자까지 보냈다.

그런데 이 주일 후, 경찰서에서 연락이 왔다. 18세 미만 청소년 강간죄 혐의로 피의자 조사를 받아야 한다는 것이다. 무슨 일인지 당황하던 병민 씨는 유미 씨가 생각났다. 병민 씨는 유미 씨가 고등학생이라는 것을 알고 굉장히 당황했다. 어쨌거나 고소를 당한 이상 조사를 피할 수는 없었다.

병민 씨는 그 날을 생각하며 주변에 CCTV가 있는지부터 찾아 나섰다. 모텔에 찾아가서도 CCTV가 남아있는지 확인했다. 그러나 모텔 CCTV는 저장 기간이 일주일이라 지워진 상황이었고 길거리 CCTV는 구청의 협조를 얻어야 하는 상황이었다. 그렇게 사전 답사를 한 뒤에 나를 찾아왔다.

우선 경찰 조사 전에 의견서를 작성하고 경찰 조사에 입회해 조사과정을 지켜보았다. 고소 내용은 클럽에서 만나 모텔에 갔는데 성관계 거부 의사를 표시했음에도 성관계를 강제로 했다는 것이었다. 특히나 유미 씨는 고등학생이었는데 그것을 몰랐느냐가 문제였다. 성인의 경우에는 일반 형법이 적용되지만, 청소년의 경우 특별법이 적용되기 때문이다.

사안 해결

꽤 난감했다. 일단 강제적인 성관계가 있었는지 차근히 설명하기로 했다.

다행히 여러 증거를 수집할 수 있었다. 그리고 결정적으로 여성이 거짓말을 하는지 거짓말탐지기 조사를 요청했다. 경찰 조사가 꽤 빠르게 이루어졌다. 강남이나 서초는 성폭력 전담팀이 따로 있다. 그래서 다른 형사사건과 다르게 빠르게 이루어지는 편이다.

우리는 속도에 맞춰서 기소 방향을 대비해 정상자료까지 제출하고 여러 차례 경찰을 만나 사건에 대해 이야기했다. 구청에서 보관하는 CCTV는 보관 기간이 1개월 정도라고 해서 경찰에 이를 적극적으로 이야기했다. 병민 씨는 구청에 여러 차례 CCTV 영상을 달라고 하였지만, 구청 측에서는 경찰의 수사 요청이 정식으로 들어 와야지만 이를 제공할 수 있다는 답변을 듣고 왔다. 이를 그대로 경찰에 전달하고 객관적인 증거를 요청했다. 그 결과 우리는 무혐의를 받았다.

사안 후기

무혐의가 나오게 된 이유가 황당하다. 유미 씨는 거짓말로 고소한 사실이 드러났다. 실제로 고등학생이었던 유미 씨는 함께 클럽을 갔던 친구들이 "너, 그 남자랑 잤어?"라는 놀림에 창피해져 친구들에게 성관계를 강제로 당한 것이라고 한 것이다. 친구들의 놀림에 거짓말하게 되었는데 이 친구들이 가족에게까지 알려야 한다고 하여 아버지가 알게 되어 고소까지 이르게 된 것이었다.

어린 나이에 성인 흉내를 내어 클럽까지 가서 대학생 행세를 했지만, 마음은 아직 청소년이었던 것이다. 그렇게 집에서까지 아버지가 추궁하자 유미 씨는 자신은 성폭력 피해자라며 병민 씨를 고소하게 된 것이었다. 그런데 수사가 진행될수록 자신이 고소한 내용을 제대로 진술하지 못하고 일관되지 않아 결국 수사기관에 거짓 고소한 것이라고 자백하였다. 유미 씨는 그렇게 무고 혐의로 수사를 받는 피의자가 되었다. 경찰은 나중에 나에게 전화를 걸어 이런저런 상황을 설명해주었다. 나는 이런 경우도 있구나 싶어 기분이 묘해졌다.

※ 여러 사례를 소개하다 보니 소개할 만한 사례가 계속해서 생각난다. 그렇지만 모든 사연을 소개하기는 출판물 특성상 한계가 있다. 독자분들 중에 사안이 궁금하거나 검색하려면 나의 블로그(http://blog.naver.com/bsh4898)에 방문해 주길 바란다.

CHAPTER 2

유명인
성범죄 사례

작년 한 해 연예계에서 가장 관심이 많았던 뉴스 중 하나가 바로 성 스캔들일 것이다. 마치 밭에서 감자를 캐듯이 한 명이 물꼬를 트자 뒤를 이어 고소인이 늘어가는가 하면 한 명이 고소되자 다른 여러 연예인들도 우후죽순으로 고소를 당했다.

대부분 사건의 결론이 연예인이라는 신분을 이용한 거짓 고소였지만 사건을 보도하는 순간에는 그야말로 핫이슈 중의 핫이슈였다. 종합편성채널('종편')에서는 실시간으로 해당 연예인을 따라가 경찰 조사과정부터 재판까지 세세하게 보도하기도 했다. 일반인들 사이에서는 카카오톡을 통해 소위 '찌라시'가 돌기도 했다. 그만큼 연예인들의 이런 문제는 국민들의 귀를 솔깃하게 하는 뉴스 중 하나다.

그런데 왜 연예인들에게 이런 사건이 유독 많은 것일까? 연예인은 그 직업의 특성상 대중의 관심이 필요하다. 그것이 인기의 척도고 수입의 근원이다. 대중의 관심은 연예인이 나오는 방송 이외에도 연예인의 사생활까지 그 한계가 없다. 최근 대중들은 연예인의 사생활에 대해서도 방송에서와 같은 이미지를 요구하고 있다. 방송에서 한없이 착한 이미지라면 그의 사생활도 한없이 착해야 하는 것이다. 만약 방송에서는 착한 이미지였는데 실제 생활에서 욕설을 하거나 폭력을 행사하거나 하는 등 이중생활을 하면 대중은 속았다는 기분이 드는 것이다. 그렇기에 연예인의 사생활은 언제나 관심의 대상이다.

그런데 성추행 문제는 해당 연예인의 팬뿐만 아니라 일반 국민들에게도 관심의 대상이 된다. 이 관심은 자칫하면 지금껏 쌓아온 이미지가 추락하는 위험성도 갖고 있다. 연예인들은 이러한 위험성을 잘 알고 있기에 평소에도 술자리에서 폭행사건에 휘말리지 않으려고 하고 특히나 성 문제는 극도로 조심한다. 작년에 보도된 연예인 성 스캔들 사례는 대부분 여성이 경제적 어려움에 처해 있거나 공범이 연예인을 통해 합의금을 받아낼 목적이 많았다. 대부분 사례가 언론 보도가 되지 않는 것을 조건으로 큰 합의금을 받아내려고 한 것이었다.

배우 L 씨는 이러한 협박을 받자 오히려 당당히 경찰에 공개해 협박범들을 구치소에 구속시키고 재판을 통해 공갈죄로 유죄를 받게 하기도 하였다. 어지간한 연예인들은 상상하기 어려운 일이다.

사실 보도된 것 이외에도 유명하지는 않지만, 연예인이라는 이유로 많은 연예인이 합의금 협박을 받고 있다. 꼭 유명 연예인만 그런 것은 아니다. 교수나 공무원 등 성범죄로 유죄를 받아 직장에서 불이익을 받을 수 있는 상황이면 회식자리나 술자리에서 취한 상태를 이용해 성범죄를 하였다고 허위로 고소하여 합의금을 받으려는 경우도 많다. 또 정치권에서도 이러한 일이 있었다. 더러는 법조계에서도 특히 수사기관의 고위층이 성범죄에 연루되어 온종일 종편을 도배하기도 했다. 각종 사건에 관하여 알아보고자 한다.

01. 누명에 운 한류스타

사건 개요

대형 기획사 출신의 아이돌 남자가수 P 씨. 공익근무요원으로 근무하던 P 씨가 갑작스럽게 한 여성으로부터 성폭행했다는 내용으로 고소를 당했다.

고소인 A 씨는 2016. 6. 4. 오전 5시경 서울 강남의 한 유흥주점 화장실에서 P 씨가 자신을 성폭행했다고 주장하며 같은 달 10일, 고소장을 접수하였다. P 씨는 강하게 반발했다. 사건의 파장도 컸다. P 씨는 아이돌 그룹에서 성장했고 반듯하고 깨끗한 이미지로 국내외 팬들로부터 사랑을 받았다. 그가 공익근무요원으로 근무하고 있는 상황에서 유흥업소에 간 것까지는 이해하더라도 성폭행을 하였다는 것은 팬들로서는 믿기 어려운 일이었다. 종합편성채널('종편')에서는 하루 종일 P 씨의 성폭행 사건을 보도하기 시작했다. 사태가 커지자 A 씨는 돌연 고소취하를 한다.

그런데 다음날 2차 고소인이 나타났고, 그 다음 날에는 3차, 4차 고소인이 연이어 나오면서 P 씨는 성 스캔들 소용돌이에 휘말렸다. 각 고소인들의 특징은 유흥업소에서 일하는 여성이었다는 점에서 그동안 P 씨가 구축해온 이미지에 큰 타격을 입혔고, 일부 기사에서는 P 씨가 무혐의라 하더라도 사실상 사망선고를 당했다고까지 하였다. A 씨는 P 씨에 대한 고소를 취하하였지만, P 씨는 무고죄로 A 씨와 두 번째 고소인을 고소하였고, 이에 강남 경찰서에서는 직원 12명으로 구성된 P 씨 전담반을 조직해 사건을 수사하기에 이르렀다.

사건의 전말은 이렇다. A 씨는 자신의 조력자인 남자친구와 사촌 오빠(폭력조직 출신)가 A 씨가 P 씨와 성관계를 맺은 것을 빌미로 수억 원을 요구하기 위하여 성폭행으로 고소한 것이었다. A 씨 일당은 P 씨에게 당초 10억 원을 요구할 계획이었으나 5억 원을 요구하였고, 이런 정황이 담긴 녹음 파일을 P 씨가 확보해 경찰에 제출하였다. 또 P 씨와 A 씨가 주고받은 문자 중에는 '1억 원'이라는 단어가 수차례 언급된 것을 복원해 실제로 1억 원이 건네졌는지 수사하였다. 경찰에서는 고소인이 일하고 있던 유흥업소를 압수 수색을 하여 영업 장부를 확보해 성매매가 이루어졌는지 여부와 고소인이 폭력조직과 연루가 되어 P 씨에게 공갈한 것인지 여부를 조사하였다.

수사결과 및 재판 결과

경찰은 P 씨가 성폭행은 하지 않았으나 1차례 성매매를 한 것으로 결론 내렸다. 이에 경찰은 P 씨를 성매매 혐의와 사기 혐의를 적용해 기소의견으로 검찰에 송치하였다. 한편 고소인들 중 첫 번째 여성의 경우 남자친구와 사촌 오빠 등과 함께 무고 혐의와 공갈 혐의로 재판을 받았다. 재판부는 고소 여성에게 징역 2년을, 고소인의 남자친구는 징역 1년 6월을, 폭력조직 출신의 사촌 오빠는 징역 2년 6월을 각각 선고했다.

재판부는 '고소인이 성폭행을 당했다고 주장한 유흥주점 화장실은 안쪽에서 바깥쪽으로 잠금장치가 열리게 돼 있다는 점 등을 고려할 때 고소인이 화장실을 나가거나 소리를 질러 외부인의 도움을 요청하지 않은 점은 이해할 수 없다'고 지적하며 '고소인은 화장실에서 나온 이후에도 P 씨 일행과 춤을 추고 놀았으며 이들이 주점을 나간 이후에도 웨이터와 웃으며 이야기를 나누는 모습이 확인되기도 하였다. 이런 사실로 보아 고소인의 주장이 허위사실로 충분히 입증된다고 보인다'고 유죄를 인정하였다. 재판부는 '이번 사건으로 P 씨는 성폭행범으로 몰려 경제적 손실은 물론 이미지에 치명상을 얻게 됐고 연예활동이 불확실한 어려운 피해를 입게 되었다. 그럼에도 불구하고 피고인들은 피해 복구에 대한 노력 없이 납득하기 어려운 변명으로 일관하고 있어 엄벌에 처함이 마땅하다'고 실형 선고의 이유를 밝혔다. 한편 P 씨의 성매매 행위에 대해서는 아직 수사가 진행 중이다.

02. 유부남 연예인

사건 개요

2016. 7. 마사지 업소에서 일하던 여성 K 씨는 배우 W 씨에게 성폭행을 당했다며 고소장을 접수하였다. 사건 접수 당시에는 언론에 알려지지 않았으나 한 달여 지나 피고소인을 불러 조사해야 하는 과정에서 피고소인이 W 씨라는 것이 언론에 보도되면서 사건이 알려지게 되었다.

이에 W 씨는 소속사를 통해 고소인이 주장하는 내용은 전혀 사실이 아니고 경찰 조사에 적극적으로 협조하고 있음을 밝혔고, K 씨를 무고로 고소하였다. 언론에 관심이 높아지면서 고소인 K 씨에 대한 신상이 알려지게 되었는데, 고소인 K 씨는 과거 유흥주점 업주들을 상대로 상습적으로 이른바 '마이낑(선급금)' 사기를 벌여 고소 당시 사기 혐의로 수감 중이었다.

고소인이 수감된 상태에서 연예인을 고소한다는 것은 일반적인 일은 아니기에 교도소 밖에 조력자가 있으리라 추측되는 상황이었다. 고소인 K 씨는 성매매, 무고, 공동공갈 혐의 등으로 조사를 받았다. 수사결과 K 씨는 W 씨가 마사지 업소에 예약하자, 업주 B 씨와 공모해 업소에 차량용 블랙박스를 설치하고 성관계 장면을 녹화하여 이를 빌미로 수차례 W 씨에게 전화해 1억5천만 원을 요구하였다는 사실이 밝혀졌다.

재판 결과

W 씨는 자신은 성폭행은 한 적이 없다고 하였으나 수사결과 마사지 업소에서 돈을 주고 성매매를 한 혐의(성매매 알선 등 행위의 처벌에 관한 법률 위반)로

벌금형을 받았다. 한편 고소인 K 씨는 성매매, 무고, 공동공갈 및 성폭력범죄의 처벌 등에 관한 특례법(카메라 이용 등 촬영) 위반 혐의로, 마사지 업주 B 씨는 성매매 알선, 공동공갈 및 성폭력범죄의 처벌 등에 관한 특례법(카메라 이용 등 촬영) 위반 혐의로 재판이 진행되었다.

재판과정에서 마사지 업주 B 씨는 모든 사실을 자백하고 반성하는 태도를 보였으나 고소인 K 씨는 B 씨에게 잘못을 전가하고 B 씨의 처벌만 구했다. 이에 재판부는 B 씨에게는 집행유예를 선고하였으나 K 씨에게는 2년 6개월의 실형을 선고했다. 재판부는 그 이유를 이렇게 설시하고 있다.

"① 피고인 ○○○은 우연한 기회로 유명 연예인 ○○○을 상대로 성매매를 하면서 성관계를 갖게 되었다. 피고인 ○○○은 당시 선급금 사기 혐의로 재판을 받고 있는 등 경제적으로 매우 어려운 상황이었는데, ○○○이 유명 연예인으로서 성매매 사실이 알려질 경우 이미지가 크게 훼손되고 큰 경제적 불이익을 입게 된다는 점을 악용하여 자신의 어려운 상황을 해결하고자 마음먹었다.

② 피고인 ○○○은 ○○○을 협박하여 금원을 갈취하고자 ○○○의 성매매 행위에 관한 증거를 적극적으로 수집하였고, 일부 수집된 증거를 이용하여 ○○○을 공갈하며 거액의 금원을 요구하였으며, 금원을 받지 못한 채 선급금 사기죄로 구속되기에 이르자 ○○○을 강간 혐의로 무고하기까지 하였다.

③ 이로써 유명 연예인 ○○○은 강간 혐의로 수사기관에서 조사를 받게 되었고, 위와 같은 사실이 많은 언론사를 통해 대중에게 널리 알려졌다. 그 결과 가정적인 아빠의 이미지로 잘 알려진 ○○○의 이미지는 크게 훼손되었고, ○○○과 그의 가족들은 엄청난 정신적 고통과 경제적 손실을 보게 되었다(물론 ○○○의 성매매를 한 것 자체는 부인할 수 없는 사실이고, 성매매 사실이 공개되더라도 ○○○에게 큰 손해가 발생하였으리라 짐작은

되지만, 결국 피고인 ○○○의 행위로 인하여 위와 같은 사실이 대중에 공개된 것이고, 피고인 ○○○의 무고로 그 손해가 가중되었음이 명백하다).

④ ○○○의 피해는 그의 직업적 특성 등을 고려할 때 회복되기 어려운 것이다.

⑤ 피고인 ○○○은 무고 이후에도 언론에 공개되기를 극도로 두려워하는 ○○○으로부터 비밀유지의무에 관한 합의를 진행하면서 55,000,000원의 거액을 받았다.

⑥ 피고인 ○○○은 다수의 피해자를 상대로 선급금 사기를 하여 수원지방법원 여주지원에서 2016. 7. 12. 사기죄로 징역 8월을 선고받아 법정에서 구속되었음에도 전혀 자숙하지 못한 채 3일 후인 같은 달 15일 고소장을 작성하고, 같은 달 19일 고소장이 접수되도록 하여 ○○○을 무고하였다.

⑦ 그럼에도 피고인 ○○○은 이 법정에서 시종일관 이해하기 어려운 변명으로 일관하며 자신의 잘못을 전혀 반성하지 않고 있고, 피해회복을 위한 아무런 조처를 하지 않았다. 오히려 공범인 피고인 ○○○에게 모든 잘못을 전가하며 피고인 ○○○에 대한 엄벌만을 구하고 있다."

The 알아보기

성매매 단속과 관련하여

성매매와 관련하여 법원에 사건이 많이 늘고 있다. 최근 성매매는 도시 지역의 오피스텔에서 몰래 이루어지는 형태인데, 오피스텔의 공실을 여러 개 빌려 성매매 장소로 사용하는 것이다.

대부분의 업소는 수사기관의 함정수사를 빌미로 검거된다. 수사기관의 형사가 성매매 사이트나 혹은 광고 전단 등을 보고 업체에 연락해 성매매할 것처럼 예약하고 실제 오피스텔에 간다. 그렇게 오피스텔에 들어가서 여성이 나와 일(?)을 시작하려고 할 때 검거팀과 함께 검거를 하는 것이다.

그렇게 여러 개의 방을 동시 다발적으로 하면 웃지 못할 상황도 벌어지는데 성매매를 하던 일반 남성도 수사 대상자가 되는 것이다. 성매매하러 갔다가 피의자로 단속되어 경찰서에 가서 수사를 받는 것이다. 대부분은 성매매를 시도한 남성들은 경미하게 처벌된다.

성매매한 여성들은 대부분 수사기관에서 수사를 받고 재판까지 오게 된다. 그 여성들을 재판정에서 보면 주변에서 흔히 볼 수 있는 앳된 대학생들이 대부분이다. 업주들은 예전과 달리 30~40대로 좀 어린 편(?)이다. 젊은 업주들은 투자 대비 돈을 많이 벌 수 있다는 꼬임에 넘어가 전 업주가 이미 빌려서 영업을 하고 있는 오피스텔을 얻어 깔세를 내면서 인터넷 광고를 하고 영업을 한다. 그런데 대부분의 경우 한 달도 안 되어 여러 번 단속을 당한다. 이미 업체를 얻었을 때 그 전 사장도 단속을 당해 영업을 그만둔 것이 대부분인 것으로 파악된다. 그래서 경찰이 수시로 단속을 하는데 뒤에 들어온 사장은 그러한 사정을 모르고 일단 영업을 시작하는 것이다.

그리고 인터넷 광고를 전담하는 아르바이트 학생들이 있다. 이들은 취업이 안 되어 인터넷 구인광고를 보고 컴퓨터 관리나 홈페이지 관리만 하면 되는 줄 알고 취업했다가 단속을 당해 낭패를 보는 경우다. 대부분 지방에서 올라온 학생이나 컴퓨터 전공을 한 젊은 청년들이다. 재판과정에서 공범이 아니고 가담 정도가 낮다고 주장해도 요즘 재판부는 공동정범으로 인정하는 경향이다.

성매매를 단속한 이후에 벌어지는 여러 가지 법적 상황이 만만치 않다. 성매매 여성들은 자신을 처벌하지 말아 달라는 항의 시위도 여러 번 했지만, 입법을 담당하는 국회의원들로서는 이를 합법화하거나 처벌을 안 하는 방향으로 개정하기는 곤란한 입장이다.

가장 안타까운 것은 직장을 찾아 거기까지 오게 된 인터넷 광고 일을 하려던 청년들이다. 구인광고에 성매매 알선 사이트 관리라고 써 놓지 않기에 일단 면접을 보러 오라고 하면 들뜬 마음으로 갈 수밖에 없고, 또 처음에는 모르고 시작하다가 월 150만 원 정도 받으니 이것을 포기하기도 어려운 상황에서 성매매 업주와 동등한 책임으로 처벌을 받아야 하기 때문이다. 성매매와 관련하여 안타까운 사연도 많다. 어쨌거나 우리 사회가 풀어가야 할 어려운 문제로 보인다.

- 관련 법률

■ 성매매알선 등 행위에 처벌에 관한 법률

제4조(금지행위) 누구든지 다음 각 호의 어느 하나에 해당하는 행위를 하여서는 아니 된다.

1. 성매매
2. 성매매알선 등 행위
3. 성매매 목적의 인신매매
4. 성을 파는 행위를 하게 할 목적으로 다른 사람을 고용·모집하거나 성매매가 행하여진다는 사실을 알고 직업을 소개·알선하는 행위
5. 제1호, 제2호 및 제4호의 행위 및 그 행위가 행하여지는 업소에 대한 광고행위

제19조(벌칙) ① 다음 각 호의 어느 하나에 해당하는 사람은 3년 이하의 징역 또는 3천만 원 이하의 벌금에 처한다.

1. 성매매알선 등 행위를 한 사람
2. 성을 파는 행위를 할 사람을 모집한 사람
3. 성을 파는 행위를 하도록 직업을 소개·알선한 사람

② 다음 각 호의 어느 하나에 해당하는 사람은 7년 이하의 징역 또는 7천만 원 이하의 벌금에 처한다.

1. 영업으로 성매매알선 등 행위를 한 사람
2. 성을 파는 행위를 할 사람을 모집하고 그 대가를 지급받은 사람

3. 성을 파는 행위를 하도록 직업을 소개·알선하고 그 대가를 지급받은 사람

제20조(벌칙) ① 다음 각 호의 어느 하나에 해당하는 사람은 3년 이하의 징역 또는 3천만 원 이하의 벌금에 처한다.
1. 성을 파는 행위 또는 「형법」 제245조에 따른 음란행위 등을 하도록 직업을 소개·알선할 목적으로 광고(각종 간행물, 유인물, 전화, 인터넷, 그 밖의 매체를 통한 행위를 포함한다. 이하 같다)를 한 사람
2. 성매매 또는 성매매알선 등 행위가 행하여지는 업소에 대한 광고를 한 사람
3. 성을 사는 행위를 권유하거나 유인하는 광고를 한 사람

② 영업으로 제1항에 따른 광고물을 제작·공급하거나 광고를 게재한 사람은 2년 이하의 징역 또는 1천만 원 이하의 벌금에 처한다.

③ 영업으로 제1항에 따른 광고물이나 광고가 게재된 출판물을 배포한 사람은 1년 이하의 징역 또는 500만 원 이하의 벌금에 처한다.

제21조(벌칙) ① 성매매를 한 사람은 1년 이하의 징역이나 300만 원 이하의 벌금·구류 또는 과료(科料)에 처한다.
② 제7조 제3항을 위반한 사람은 500만 원 이하의 벌금에 처한다.

※ 위 조항에 따라 성인 남녀 누구든지 성매매를 하게 되면 성 매수인, 성 매도인 모두 1년 이하의 징역이나 300만 원 이하의 벌금 등에 처하게 된다.

03. 무고는 정말 큰 죄

사건 개요

　유명 한류 스타의 남자친구로 잘 알려진 L 씨는 지난여름 악몽 같은 일을 겪었다. 30대 여성인 A 씨는 2016. 7. 12. 지인과 저녁을 먹고 난 후, 그 날 처음 만난 L 씨가 돌연 밤늦게 자신의 집에 찾아와 성폭행했다고 고소장을 냈다.

　L 씨는 곧바로 합의하에 이루어진 성관계였다며 성폭행 혐의를 부인했고, 이틀 뒤 A 씨를 무고로 고소했다. 다음 날 수서경찰서에 출두한 L 씨는 취재진 앞에서 당당한 모습으로 "무고는 큰 죄입니다."라는 말과 함께 옅은 미소를 지으며 A 씨의 무고를 강하게 주장하였다. 이에 A 씨는 상해진단서를 제출하면서 L 씨와 진흙탕 싸움 이어가던 중, A 씨의 변호인이 돌연 사임하였는데 변호인은 '새로운 사실관계의 발전, 수사 대응 방법에 대한 이견, 그로 인한 신뢰 관계의 심각한 훼손'을 이유로 들었다.

　A 씨는 거짓말탐지기 조사 결과 '거짓'이 드러나고 변호인까지 사임하자 결국 자신의 무고를 시인하고 허위고소를 자백했다. 경찰은 A 씨에 대한 구속영장을 신청하였지만, 영장 청구는 기각되었다.

수사결과 및 재판

　L 씨에 대한 성폭행 혐의는 무혐의 결정이 내려졌고, 고소인 A 씨는 무고 혐의로 불구속 기소되어 재판이 진행되었다. 그러나 고소인 A 씨에게는 무죄가 선고되었다. A 씨의 재판부는 판결문에서 "A 씨가 밤 12시쯤 찾아

온 L 씨에게 문을 열어 주고 집으로 들어오게 한 점 등에 비춰보면 합의하에 성관계를 했는데도 A 씨가 거짓 신고를 한 것이 아닌가 하는 의심의 여지가 있다."고 하면서도 "이 사건 경위나 진행 경과, 성관계 전후의 상황 등에 대한 A 씨의 진술이 L 씨의 진술과 강제성 여부에 대한 부분에서만 차이가 날 뿐 대체로 일치하고 있다."는 이유로 A 씨의 진술이 신빙성이 없다고 단정할 수 없다고 판단했다. 또 L 씨의 진술에 의하더라도 성관계에 대해 명시적으로 동의한 사실이 없었던 것으로 보인다면서 "A 씨가 성관계 당시 및 직후에 느낀 수치감 등의 감정을 생생하게 표현하고 있는 점, 성관계가 있은 다음 날 친구 조언을 듣고 경찰병원으로 가 고소를 하게 된 것으로 고소 경위가 매우 자연스러운 점, 모함할 의도로 허위 고소를 했다고 볼 사정도 전혀 나타나지 않는 점 등을 고려했다."고 이유를 설명했다. 이에 검찰 측에서는 항소를 했다.

사건에 관하여

L 씨의 사건은 여타의 성 스캔들 사건보다도 언론 보도 기간이 짧았다. 그 짧은 기간에 L 씨가 고소 여성과 어떻게 하룻밤을 보냈는지 실시간으로 알려져 L 씨의 이미지는 큰 타격을 입었다. 이 사건의 안타까운 점은 왜 L 씨가 그렇게 언론에 성관계를 상세히 설명했는가 하는 부분이다. 내가 변호를 했다면 자세한 사실관계를 밝히지 않았을 것이다. 아마도 변호인과 소속사는 사실관계를 면밀히 밝혀 무고함을 주장하자는 입장이었던 것 같은데 과도하게 사실관계를 밝힌 것이 아닌가 생각한다. 그래서 성폭행 혐의는 무혐의를 받았더라도 이미지에 큰 타격을 입은 것 같다고 생각한다.

The 알아보기

무고죄와 관련하여

무고죄는 형법 제156조에 규정되어 있다. 무고죄는 타인으로 하여금 형사처분 또는 징계처분을 받게 할 목적으로 공무소 또는 공무원에 대하여 허위의 사실을 신고하는 때에 성립한다. 무고죄에서 형사처분 또는 징계처분을 받게 할 목적은 허위신고를 함에 있어서 다른 사람이 그로 인하여 형사 또는 징계처분을 받게 될 것이라는 인식이 있으면 족하고, 그 결과 발생을 희망하는 것까지를 요하는 것은 아니므로, 고소인이 고소장을 수사기관에 제출한 이상 그러한 인식은 있었다고 보아야 한다(대법원 2014. 3. 13. 선고 2012도2468 판결).

이러한 법리에 따르면 살펴본 여성들은 허위 사실로 고소장을 작성하고 경찰서에 제출한 때에 이미 무고죄가 성립되는 것이다. 무고죄는 모 연예인이 말했듯이 중대 범죄이다. 얼마나 중대 범죄인지 김수남 전 검찰총장은 대검 간부회의 때 작년 여름 아이돌 가수가 무고를 당한 사건을 언급하며 무고죄의 처벌기준, 구형기준 그리고 구속기준을 엄중하게 정비하라고 지시하기도 했다.

실제로 김 전 총장은 '무고는 사법질서를 교란하고 억울한 피해자를 양산해 사법에 대한 불신을 초래할 뿐 아니라 궁극적으로는 사회갈등을 조장하는 악질적인 범죄'라며 "무고사범에 대한 검찰의 처리 관행과 처벌 수준이 과연 적정했는지 되돌아볼 필요가 있다"고 하면서 "무고로 기소된 인원 중 5%가량만 기소되고 95%는 불구속 기소되거나 약식명령이 청구되는 등 검찰의 무고사범에 대한 대응이 매우 관대한 편이다"라며 "무고죄에 대해서는 보다 엄정하게 처벌해 무고로 인한 사회적 폐해를 줄여나가야 한다"고 하였다(법률신문 2017. 5. 2. 기사 참조). 고소를 당한 사람은 물론이거니와 수사를 진행하는 수사기관도 수사 인력과 시간을 낭비하기에 무고죄는 근절되어야 하는 범죄임이 틀림없다.

물론 무조건 거짓으로 고소했다고 모두 무고죄가 되는 것은 아니다. 그러나 연예인 혹은 특정인을 상대로 합의금을 받아낼 목적으로 있지도 않은 사실을 그럴듯하게 꾸며내거나 범죄에 해당하지 않은 것을 뻔히 알아서 사실관계를 허위로 지어내어 고소하는 이러한 행위는 강력하게 처벌되어야 한다. 이러한 기조 때문인지 최근 법원에서도 여성의 성범죄 고소가 허위로 밝혀진 경우 무고죄로 처벌하는 건수가 많아지고 형량도 높아졌다.

　이와는 반대로 성폭력 가해자가 자신의 혐의를 벗어나기 위해 여성을 허위로 무고죄로 고소하는 경우도 있다. 즉 실제로 범죄를 저지르고도 수사과정이나 재판과정에서 피해자를 무고죄로 고소하는 것이다. 피해자로서는 이중의 피해를 입게 되고 심리적으로는 사실상 인격살인을 당하게 되어 좌절하게 되는데 이를 이용해 가해자가 자신의 형량을 줄여보려고 하는 것이다.

　사건을 접하게 되면 어쩔 수 없이 가해자와 피해자 양면을 볼 수밖에 없다. 많은 여성 피해자들이 구제를 못 받는 안타까운 현실도 있고, 또 합의금을 받고자 허위로 고소하는 여성 때문에 피해를 보는 남성도 있다. 이 책이 어쩌면 남성을 옹호하는 것처럼 보일 수 있다. 그러나 나는 남녀를 떠나 무고한 피해자가 나오지 않기를 바라는 뜻에서 이 책을 썼다.

04. 전자발찌를 차게 된 연예인 1호

사건 개요

90년대를 주름잡던 혼성그룹 멤버가 2012. 5. 15. 미성년자 성폭행 혐의로 용산경찰서에 출두해 조사를 받는 일이 벌어졌다. 방송가는 들썩였으며 대중들은 사회면에서나 볼 법한 사건에 친근한 이미지의 연예인 K가 연루됐다는 소식만으로도 큰 충격에 빠졌다.

하지만 사건은 더욱 문제가 심각했다. 2012년 3월 30일과 4월 5일, 자신의 오피스텔에 미성년자 A 양(당시 18세, 현 23세)을 데려가 성폭행을 한 혐의로 조사를 받았던 K 씨의 사건이 알려지자, 또 다른 피해 여성 B 양과 C 양이 고소장을 제출하기에 이르렀고 사건은 새 국면을 맞았다. 이에 K 씨는 추가 조사에서 10시간이 넘는 강도 높은 조사를 받아야 했다.

이후 잠잠했던 수사 중에 A 양을 포함해 3명의 여성 중 2명과 합의, 이들이 고소를 취하하기로 했다. 피해를 주장한 여성과 K 씨는 사건을 바라보고 이해하는 시각의 차이를 좁혀나갔고 이에 합의로 도출됐다. 하지만 이 사건의 근본이 된 A 양과의 합의에 대해서는 어떠한 이야기가 나오지 않은 채 사건은 조용히 흘러갔다.

"수사 도중 K가 또…" 이번엔 '중학생'이었다

'성폭행'이라는 불미스러운 사건이 종결되지 않은 상황에서 K 씨는 새로운 'D 양'에게 고소를 당하고 만다. 2013년 1월 3일, K 씨는 경찰에 출석해 7시간의 조사를 받았다. 이는 2012년 12월 1일, 서울 서대문구 홍은동의 한 거리에서 귀가 중이던 여중생 D 양(당시 14세, 현 19세)에게 자신이 음악 프로듀서라고 접근, 차에 태워 허벅지 등을 만지며 성추행을 한 혐의였다(서울경제 2013. 12. 27. 기사 참조).

수사결과 및 재판

K 씨는 재판 과정에서 합의하에 이뤄진 성관계였다며 혐의를 부인했다. 아무래도 K 씨가 재판과정에서 보여준 이러한 태도는 국민들은 물론이거니와 재판부의 반감을 샀던 것 같다. 1심 재판 결과는 그야말로 충격적이었다. 징역 5년에 전자발찌부착 10년, 정보공개 고지 7년형을 선고받은 것이다. 재판과정에서 합의가 있는 성관계였다거나 반성하는 모습을 보이지 않았기에 연예인이 가지고 있는 공적인 모습과 청소년에게 미칠 영향 등을 고려해 K 씨가 예상한 것 이상의 높은 형을 선고한 것이다.

K 씨는 곧바로 항소하면서 재판 전략을 바꿨다. 1심에서 이렇게까지 높은 형량이 나오리라는 것을 예상하지 못해 항소심에서는 자백하면서 반성문을 제출하고 재판부에 선처를 호소한 것이다. 그 결과 징역 2년 6개월, 전자발찌부착 3년, 정보공개 고지 5년이 선고되었다.

사건에 관하여

K 씨의 이 사건은 전자발찌 1호 연예인이라는 불명예를 얻으며 언론에 도배되었다. 대부분 방송계에서는 K 씨의 연예계 복귀는 거의 불가능할 것으로 판단하고 있다. 사실 전자발찌를 차고 긴 바지로 가리고 방송에 나와 예능을 할 수도 없는 것 아닌가.

K 씨의 항소심 재판 결과 이후에 여성단체나 일부에서는 항소심에서 형

량이 너무 감형되었다는 비판도 있었다. 아동·청소년에 대한 성범죄는 실제로 형량이 매우 높게 선고되는데 다른 사건들에 비하여 실형이 가볍게 선고되었다는 것이었다. 어찌 됐건 사법부의 판단은 존중될 수밖에 없다.

> The 알아보기

전자발찌와 관련하여

전자발찌의 정확한 명칭은 '위치추적 전자장치'다. 이는 감시를 위한 목적으로 도입된 것으로 이중처벌의 문제가 제기되기도 했다. 특정 범죄자에 대한 위치추적 전자장치 부착 등에 관한 법률에 의한 성폭력범죄자에 대한 전자감시제도는, 성폭력범죄자의 재범방지와 성행교정을 통한 재사회화를 위하여 그의 행적을 추적하여 위치를 확인할 수 있는 전자장치를 신체에 부착하게 하는 부가적인 조처를 함으로써 성폭력범죄로부터 국민을 보호함을 목적으로 하는 일종의 보안처분이다. 따라서 형벌과 같이 부과될 수 있는 것이다. 이러한 전자감시제도의 목적과 성격, 운영에 관한 법률의 규정 내용 및 취지 등을 종합해 보면, 전자감시제도는 범죄행위를 한 자에 대한 응보를 주된 목적으로 책임을 추궁하는 사후적 처분인 형벌과 구별되어 본질을 달리하여 이중처벌의 위헌 문제는 피했다. 자세한 설명은 판례를 덧붙인다.

아동·청소년의 성보호에 관한 법률 위반(강간등)·감금·상해·부착명령
[대법원 2011.7.28. 선고, 2011도5813, 2011전도99, 판결]

【판시사항】

[1] 특정 범죄자에 대한 위치추적 전자장치 부착 등에 관한 법률에 의한 '전자감시제도'의 법적 성격(= 보안처분의 일종)

[2] 특정 범죄자에 대한 위치추적 전자장치 부착 등에 관한 법률 제5조 제1항 제4호에서 전자장치 부착명령 청구 요건의 하나로 규정한 '16세 미만의 사람에 대하여 성폭력범죄를 저지른 때'의 의미 및 이 경우 피부착명령청구자가 피해자가 16세 미만이라는 사실을 인식하여야 하는지 여부(소극)

[3] 피해자들이 '청소년'이라는 점을 알면서 강제추행하거나 위력에 의하여 간음하였다는 내용의 아동·청소년의 성보호에 관한 법률 위반(강간등)죄가 인정된 피고인에게 특정 범죄자에 대한 위치추적 전자장치 부착 등에 관한 법률 제5조 제1항 제4호 요건으로 부착명령이 청구된 사안에서, 위치추적 전자장치 부착을 명한 원심의 조치를 수긍한 사례

【판결요지】

[1] 특정 범죄자에 대한 위치추적 전자장치 부착 등에 관한 법률에 의한 성폭력범죄자에 대한 전자감시제도는, 성폭력범죄자의 재범방지와 성행교정을 통한 재사회화를 위하여 그의

행적을 추적하여 위치를 확인할 수 있는 전자장치를 신체에 부착하게 하는 부가적인 조치를 취함으로써 성폭력범죄로부터 국민을 보호함을 목적으로 하는 일종의 보안처분이다. 이러한 전자감시제도의 목적과 성격, 운영에 관한 법률의 규정 내용 및 취지 등을 종합해 보면, 전자감시제도는 범죄행위를 한 자에 대한 응보를 주된 목적으로 책임을 추궁하는 사후적 처분인 형벌과 구별되어 본질을 달리한다.

[2] 성폭력범죄를 다시 범할 위험성이 있는 사람에 대한 전자장치 부착명령 청구 요건의 하나로 특정 범죄자에 대한 위치추적 전자장치 부착 등에 관한 법률 제5조 제1항 제4호에서 규정한 '16세 미만의 사람에 대하여 성폭력범죄를 저지른 때'란 피부착명령청구자가 저지른 성폭력범죄의 피해자가 16세 미만의 사람인 것을 말하고, 나아가 피부착명령청구자가 자신이 저지른 성폭력범죄의 피해자가 16세 미만이라는 점까지 인식하여야 하는 것은 아니다.

[3] 피해자들이 '청소년'이라는 점을 알면서 강제추행하거나 위력에 의하여 간음하였다는 내용의 아동·청소년의 성보호에 관한 법률 위반(강간등)죄가 인정된 피고인에게 특정 범죄자에 대한 위치추적 전자장치 부착 등에 관한 법률 제5조 제1항 제4호 요건으로 부착명령이 청구된 사안에서, 성폭력범죄의 피해자들이 모두 15세이고, 피고인이 성폭력범죄를 다시 범할 위험성이 인정된다는 이유로 위치추적 전자장치 부착을 명한 원심의 조치를 수긍한 사례.

【이유】

상고이유를 판단한다.

1. 피고인 1의 상고이유에 대하여

가. 피고사건 부분

원심판결 이유에 의하면 원심은, 그 판시와 같은 이유를 들어 피고인 1이 피해자들이 청소년이라는 점을 알면서 피해자들을 강제추행하거나 위력에 의하여 간음한 사실을 충분히 인정할 수 있다며 피해자들에 대한 판시 아동·청소년의 성보호에 관한 법률 위반(강간등)죄를 모두 유죄로 판단하였다.

적법하게 채택된 증거들에 비추어 살펴보면, 원심의 위와 같은 판단은 정당한 것으로 수긍이 가고, 거기에 논리와 경험의 법칙에 위배하여 자유심증주의의 한계를 벗어난 위법이 없다.

한편 형사소송법 제383조 제4호에 의하면 사형, 무기 또는 10년 이상의 징역이나 금고가 선고된 사건에서만 양형부당을 사유로 한 상고가 허용되므로 피고인 1에 대하여 그보다 가벼운 형이 선고된 이 사건에서 형의 양정이 부당하다는 주장은 적법한 상고이유가 되지 아니한다.

나. 부착명령 부분

특정 범죄자에 대한 위치추적 전자장치 부착 등에 관한 법률에 의한 성폭력범죄자에 대한 전자감시제도는, 성폭력범죄자의 재범방지와 성행교정을 통한 재사회화를 위하여 그의 행적을 추적하여 위치를 확인할 수 있는 전자장치를 신체에 부착하게 하는 부가적인 조치를 취함으로써 성폭력 범죄로부터 국민을 보호함을 목적으로 하는 일종의 보안처분이다. 이러한 전자감시제도의 목적과 성격, 그 운영에 관한 위 법률의 규정 내용 및 취지 등을 종합해 보면, 전자감시제도는 범죄행위를 한 자에 대한 응보를 주된 목적으로 그 책임을 추궁하는 사후적 처분인 형벌과 구별되어 그 본질을 달리한다(대법원 2009. 5. 14. 선고 2009도1947, 2009전도5 판결, 대법원 2009. 9. 10. 선고 2009도6061, 2009전도13 판결 등 참조). 따라서 성폭력범죄를 다시 범할 위험성이 있는 사람에 대한 전자장치 부착명령의 청구 요건의 하나로 위 법률 제5조 제1항 제4호에서 규정한 '16세 미만의 사람에 대하여 성폭력범죄를 저지른 때'란 피부착명령청구자가 저지른 성폭력범죄의 피해자가 16세 미만의 사람인 것을 말하고, 더 나아가 피부착명령청구자가 자신이 저지른 성폭력범죄의 피해자가 16세 미만이라는 점까지 인식하여야 하는 것은 아니라고 할 것이다.

원심은, 피고인 1이 저지른 성폭력범죄의 피해자들이 모두 15세이고, 피고인 1이 성폭력범죄를 다시 범할 위험성이 인정된다는 이유로 부착명령을 한 제1심판결을 유지하였다.

앞서 본 법리와 적법하게 채택된 증거들에 비추어 살펴보면, 원심의 위와 같은 조치는 정당하므로 이 부분 상고이유의 주장은 이유 없다.

05. 뭐? 지검장이?

사안 소개

2014. 8. 우리나라에서 수사기관의 장이 공공의 장소에서 음란행위를 하였다는 충격적인 소식이 전해졌다. 그런데 실제로 기사화되기 시작한 것은 음란행위를 한 행위 자체가 아니었다.

경찰도 처음 조사를 할 때는 이 사람이 누군지 몰랐다. 경찰에서 K 전 지검장을 유치장에 데리고 가 구금하고 신원확인을 하기까지는 바로 이 사람이 지검장이라고는 생각도 못했던 것이다. 지검장은 유치장에 구인되기 전까지 현장에서 실랑이하고, 너무 당황해서 말도 제대로 못하다가 결국 경찰서에 갔다고 한다.

그 후, 유치장에서 신원확인을 위하여 경찰이 묻자, 자신의 동생 주민등록번호를 불렀다. 마치 자기 동생인 것처럼 행동하였지만, 경찰이 지문확인을 위하여 지문을 스캔하고 확인하자 동생이 아니라 김 전 지검장이라는 것이 밝혀진 것이다.

이 얼마나 기가 막힌 일인가. 지방에서는 그야말로 권력 1순위다. 도지사도 수사할 수 있는 자가 바로 지검장이다. 그런 사람이 공연음란죄 신고를 받고 나가 잡아온 현행범이라니….

그 후 종편의 먹잇감이 되어 매일 매일 K 전 지검장의 음란행위로 도배되었다. 종편의 결정타가 된 것은 소지하고 있던 물품 중 하나인 베이비로션 때문이었을 것이다. 실제 필자도 당시 방송에 출연하여 왜 이 로션을 가지고 있었냐, 원래 이런 범죄에서 이 로션을 많이 사용하냐는 등의 질문을 받았다. 대답하기도 민망한 질문들이 종편에서 심도 있게 다루며 결국 성도착증이라는 병명까지 얻으며 전 국민 앞에서 지검장이란 자리도 내줘야 했던 사건이다.

사건에 관하여

이렇게 공연음란죄를 저지르는 범죄인들은 속칭 파렴치범이기 때문에 실제로도 명백한 증거, 즉 자신이 음란행위를 하였다는 객관적인 증거를 가지고 오지 않는 이상 경찰 조사 시는 물론이거니와 법원의 재판과정에서도 끝까지 부인한다. 그렇기에 그분도 계속해서 부인하고 혹시 몰라 동생 이름을 대고 피해가려고 하였던 것이다.

추측건대, K 전 지검장은 아마도 신고를 받고 출동한 경찰에게 자신의 신분을 처음부터 밝히지 않고 실랑이하였던 것 같다. 보통 이 경우 신분을 밝히면 즉결심판 절차로 넘어가고 법원에서 오는 명령절차에 따라 벌금을 내면 된다. K 전 지검장이 경찰서까지 대동하게 된 것은 신분을 밝히지 않았기에 경찰에서 경찰서로 가자고 하였을 것(임의동행)이고, 어쩔 수 없이 경찰서까지 가게 되었는데, 여기서 동생 신분을 대며 조사를 마치려고 한 것으로 추측된다.

그런데 요즘 경찰 조사를 하게 되면 지문을 기계로 스캔하여 신분을 확인한다. 이 과정에서 K 전 지검장 동생이 아니라고 나와 다시 한 번 문제가 되었을 것이고 유치장까지 들어가게 되었을 것이다.

수사기관의 장도 이렇게 수사가 시작되면 당황하는데, 일반 국민들은 오죽하겠는가. 만약 이 책을 읽는 당신이 억울하게 형사사건에 연루되었다면 곧바로 변호인을 찾아야 하는 이유가 바로 이것이다.

06. 합의하에 촬영된 영상

사안 소개

　2016년 9월 23일 가수 출신 예능인 J 씨가 성폭행 혐의로 경찰 조사를 받았다는 보도가 나왔다. 고소인 A 씨는 2016년 초 J 씨에게 성폭행을 당했다며 고소장을 제출했다. J 씨의 소속사 측은 최초 보도 당일은 공식입장을 내놓지 않았으나 당시 몰아닥친 연예인 성폭행 스캔들 때문에 계속해서 뉴스가 나오자 다음 날 자정을 지난 직후 '단순한 해프닝'이라며 "무혐의로 일단락됐다"는 소속사 보도자료가 나왔다.

　소속사는 보도자료를 통해 "J 씨가 일반인 여성과 사소한 오해가 생겨 당시 우발적으로 해당 여성이 고소했던 사실이 있으나 고소 직후 바로 고소를 취하하고 수사기관에 사실관계를 바로 잡는 등 지극히 사적인 해프닝으로 이미 마무리된 상황이다."라고 밝혔다.

　이어 소속사는 "비친고죄 특성상 절차에 의해 혐의 여부와 무관하게 검찰에 송치된 것뿐이며 현재 검찰에서도 J 씨에 대한 추가 조사에 필요성이 없다고 보고 있어 무혐의로 일단락될 것으로 보인다."며 "일부 매체에서 사실관계에 대한 정확한 확인 없이 성폭행이란 표현을 하는 등 자극적인 단어로 보도한 것에 대해 심히 유감임을 전하는바"라고 전했다. 그러나 당일 오후 성폭행이 아니라 J 씨가 A 씨의 신체 일부를 촬영한 혐의로 경찰 수사를 받고 있다는 보도가 나오자 논란이 재점화됐다.

　A 씨는 J 씨의 전 여자친구로 J 씨와 성관계 중 J 씨가 스마트폰으로 A 씨의 신체 일부를 몰래 촬영했다며 2016년 9월 6일 고소장을 접수한 것이다. 그러나 A 씨는 며칠 뒤 고소를 취하하였다.

수사 및 재판

A 씨의 고소취하에도 불구하고 경찰은 J 씨를 성폭력범죄 처벌 등에 관한 특례법(카메라 등 이용 촬영) 위반 혐의로 검찰에 송치했다. 이 과정에서 J 씨는 촬영한 사실은 인정하였으나 A 씨의 동의를 받았던 것으로 착각했다고 진술하였고 촬영한 촬영분은 삭제했다고 주장하였다.

이에 J 씨의 소속사는 긴급하게 기자회견을 열었고 J 씨는 기자들 앞에서 이미 준비해온 기자회견문을 낭독하였다. J 씨는 "저를 고소했던 여성은 전 여자친구로 현재는 연인이 아니지만 좋은 친구 사이를 유지하고 있다. 이번 논란을 불러온 영상은 사실 올해 초 전 여자친구와 교제하던 시기에 상호의지 아래 촬영했던 장난스러운 영상으로 몰카는 전혀 아니었다. 합의하에 찍은 동영상이나 그 후 저의 바쁜 스케줄로 관계가 소원해졌고, 여성분이 촬영 사실을 근거로 신고한 것으로 이와 관련해 경찰 조사를 받았으며, 촬영 사실을 인정해 기소의견으로 검찰에 송치됐다."고 하였다. J 씨가 언론에 무혐의가 될 것이라고 발표한 것은 A 씨가 고소를 취하하고 탄원서 등을 제출해 사건이 무혐의로 마무리될 것으로 생각했기 때문이었다. 앞서 기자회견 당시 고소인 A 씨는 검찰에 J 씨는 죄가 없다며 무혐의 처분을 내려달라는 취지의 탄원서를 제출했다.

사건에 관하여

이 사건은 고소 내용보다는 오히려 거짓말 해명이 문제가 되었던 사례다. 대중들이 가장 민감하게 반응하는 것은 실수보다 실수를 덮으려는 거짓말 해명인 것 같다. 한창 잘나가던 연예인 N 씨도 음주운전을 덮으려는 과정에서 거짓말로 해명했다가 결국 프로그램 하차까지 하게 되었고 방송 복귀도 잘되지 않고 있다. 그런 점에서 이 사건도 초반에 거짓말하지 않았으면 어땠을까 하는 아쉬움이 남는다. 어떤 점에서는 다행스럽게도 당시에 많은 연예인들의 성 스캔들이 터져 많이 언론의 부각을 받지 못했다는 것이다.

01. 장애인에 대한 강간이 되는 건가요?

QUESTION

저는 정신지체 장애 3급에 해당하는 여성을 추행하였다는 이유로 성폭력범죄의 처벌 등에 관한 특례법 위반(장애인에 대한 준강간 등)으로 기소되었습니다.

그 피해자는 정신지체 장애 3급에 해당하기는 하지만 피해자의 전체 지능은 경도의 정신지체 수준에 불과한데다가, 피해자가 이 사건 범행 당시의 정황 등을 구체적으로 진술하고 있고, 범행 당시 피고인의 추행에 대하여 다리를 오므리는 등 소극적인 저항행위를 하였으며, 범행 이후에 교회 전도사에게 피해 사실을 이야기하였다거나 계속 만나자는 저의 거듭된 요구를 거절하는 등의 사정을 종합하면, 범행 당시 정신적인 장애가 주된 원인이 되어 심리적 또는 물리적으로 반항이 불가능하거나 현저히 곤란한 항거불능의 상태에 있었다고 보이지는 않아 보였기 때문에, 저는 무죄라고 생각됩니다.

저의 생각이 옳은 것인가요?

ANSWER

성폭력범죄의 처벌 등에 관한 특례법 제6조의 '신체적인 또는 정신적인 장애로 항거불능인 상태'란 신체적 또는 정신적 장애 그 자체로 항거불능의 상태에 있는 경우뿐 아니라 신체장애 또는 정신적인 장애가 주된 원인이 되어 심리적 또는 물리적으로 반항이 불가능하거나 현저히 곤란한 상태에 이른 경우를 포함하는 것으로 보아야 할 것입니다.

그리고 그중 정신적인 장애가 주된 원인이 되어 항거불능인 상태에 있었는지 여부를 판단함에 있어서는 피해자의 정신적 장애의 정도뿐 아니라 피해자와 가해자의 신분을 비롯한 관계, 주변의 상황 내지 환경, 가해자의 행위 내용과 방법, 피해자의 인식과 반응의 내용 등을 종합적으로 검토해야 할 것입니다. 나아가 장애인의 성적 자기결정권을 충실하게 보호하고자 하는 성폭법 제6조의 입법 취지에 비추어 보면, 위와 같은 '항거불능의 상태'에 있었는지 여부를 판단할 때에는 피해자가 정신적 장애인이라는 사정이 충분히 고려되어야 하므로, 외부적으로 드러나는 피해자의 지적 능력 외에 정신적 장애로 인한 사회적 지능·성숙의 정도, 이로 인한 대인관계에서 특성이나 의사소통능력 등을 전체적으로 살펴 피해자가 범행 당시에 성적 자기결정권을 실질적으로 표현·행사할 수 있었는지를 신중히 판단하여야 합니다(대법원 2014.2.13. 선고 2011도6907 판결 참조).

위 사건의 경우, 피해자는 어릴 때부터 말이 없고 자신의 의사표현을 하지 못하는 등의 정신이상 증세를 보여 2005년 2월경(당시 28세) 병원에 내원하여 이에 대한 심리학적 검사가 실시되었고, 이에 따르면 피해자의 전체 지능지수는 62로서 경도의 정신지체 수준에 해당하는데 그중 언어적 표현력이나 추상적 사고능력은 다른 영역에 비하여 나은 수행을 보이는 반면, 피해자의 사회연령은 만 7세 8개월로서 '사회지수'는 그보다 낮은 48.94에 불과하고 의사소통능력이 매우 지체되어 있거나 사회적으로 위축되어 있으며 대인관계에서 철회 경향을 가지고 있다는 검사결과가 나왔으며, 피해자는 "피고인(귀하)의 추행 당시 피고인이 무섭고 겁이 나서 이를 제지하지 못하였다. 피고인이라는 사람 자체가 무서웠으며, 몸을 만질 때 소름이 돋았다"는 취지로 진술하기도 하였고, 피해자가 활동하던 교회의 전도사도 피해자가 평소 말이 거의 없고 사람들과 어울리지 못한다는 취지로 진술하였습니다. 그렇다면 비록 피해자가 이 사건 범행 이후 추행의 경위에 관하여 상세히 진술하는 등 어느 정도의 지적능력을 가진 것으로 보인다 하더라도, 피해자는 그 사회적 지능 내지 성숙도가 상당한 정도로 지체되어 대인관계 내지 의사소통에 중대한 어려움을 겪어 왔으며 이 사건 범행 당시에도 이러한 정신적 장애로 인하여 귀하의 성적 요구에 대한 거부의 의사를 분명하게 표시하지 못하거나 자신의 다리를 오므리는 것 이상의 적극적인 저항행위를 할 수 없었던 것으로 볼 여지가 충분합니다.

나아가 귀하는 피해자를 전화로 불러낸 뒤 자신의 오토바이를 이용하여 인적이 드문 인근 공원으로 데리고 가서 그곳 벤치에 앉자마자 추행을 시작하였던 점 및 귀하는 피해자가 다니는 교회 장애인 모임의 부장으로 활동하여 왔던 점 등을 더하여 보면, 피해자가 범행 이후에 교회 전도사에게 위 추행 피해 사실을 이야기하였다거나 계속 만나자는 귀하의 요구를 거절하였다는 사정만으로 피해자가 이 사건 범행 당시에 성적 자기결정권을 실질적으로 표현·행사할 수 있었다고 단정할 수 없을 것으로 보입니다.

그렇다면 귀하께서는 위와 같이 무죄라고 섣부르게 생각하시는 것을 삼가시길 바랍니다.

1. 사건의 표시

1) 사　　건　　대법원 2014.2.13. 선고 2011도6907 판결
성폭력범죄의 처벌 등에 관한 특례법 위반(장애인에 대한 준강간 등)
2) 피 고 인　　피고인
3) 상 고 인　　검사

2. 판시사항

구 성폭력범죄의 처벌 등에 관한 특례법 제6조에서 정한 '신체적인 또는 정신적인 장애로 항거불능인 상태'의 의미 및 정신적인 장애가 주된 원인이 되어 '항거불능인 상태'에 있었는지 판단하는 기준

3. 판결요지

　구 성폭력범죄의 처벌 등에 관한 특례법(2011.11.17. 법률 제11088호로 개정되기 전의 것, 이하 '구 성폭법'이라 한다) 제6조의 '신체적인 또는 정신적인 장애로 항거불능인 상태'란 신체적 또는 정신적 장애 그 자체로 항거불능의 상태에 있는 경우뿐 아니라 신체장애 또는 정신적인 장애가 주된 원인이 되어 심리적 또는 물리적으로 반항이 불가능하거나 현저히 곤란한 상태에 이른 경우를 포함하는 것으로 보아야 하고, 그중 정신적인 장애가 주된 원인이 되어 항거불능인 상태에 있었는지 여부를 판단함에 있어서는 피해자의 정신적 장애의 정도뿐 아니라 피해자와 가해자의 신분을 비롯한 관계, 주변의 상황 내지 환경, 가해자의 행위 내용과 방법, 피해자의 인식과 반응의 내용 등을 종합적으로 검토해야 한다. 나아가 장애인의 성적 자기결정권을 충실하게 보호하고자 하는 구 성폭법 제6조의 입법 취지에 비추어 보면, 위와 같은 '항거불능인 상태'에 있었는지 여부를 판단할 때에는 피해자가 정신적 장애인이라는 사정이 충분히 고려되어야 하므로, 외부적으로 드러나는 피해자의 지적 능력 이외에 정신적 장애로 인한 사회적 지능·성숙의 정도, 이로 인한 대인관계에서 특성이나 의사소통능력 등을 전체적으로 살펴 피해자가 범행 당시에 성적 자기결정권을 실질적으로 표현·행사할 수 있었는지를 신중히 판단하여야 한다.

4. 관계 법령

■ 구 성폭력범죄의 처벌 등에 관한 특례법(2011.11.17. 법률 제11088호로 개정되기 전의 것)

　제6조(장애인에 대한 간음 등)신체적인 또는 정신적인 장애로 항거불능인 상태에 있음을 이용하여 여자를 간음하거나 사람에 대하여 추행을 한 사람은 「형법」 제297조(강간) 또는 제298조(강제추행)에서 정한 형(刑)으로 처벌한다.

■ 구 형법(2012.12.18. 법률 제11574호로 개정되기 전의 것)

제297조(강간)

폭행 또는 협박으로 부녀를 강간한 자는 3년 이상의 유기징역에 처한다.

제298조(강제추행)

폭행 또는 협박으로 사람에 대하여 추행을 한 자는 10년 이하의 징역 또는 1천 500만 원 이하의 벌금에 처한다.

제299조(준강간, 준강제추행)

사람의 심신상실 또는 항거불능의 상태를 이용하여 간음 또는 추행을 한 자는 전2조의 예에 의한다.

5. 상고심 판단 이유

1) 구 성폭력범죄의 처벌 등에 관한 특례법(2011.11.17. 법률 제11088호로 개정되기 전의 것, 이하 '구 성폭법'이라 한다) 제6조는 "신체적인 또는 정신적인 장애로 항거불능인 상태에 있음을 이용하여 여자를 간음하거나 사람에 대하여 추행을 한 사람은 형법 제297조(강간) 또는 제298조(강제추행)에서 정한 형으로 처벌한다."고 규정하고 있다. 위 규정에서 '신체적인 또는 정신적인 장애로 항거불능인 상태'라 함은, 신체적 또는 정신적 장애 그 자체로 항거불능의 상태에 있는 경우뿐 아니라 신체장애 또는 정신적인 장애가 주된 원인이 되어 심리적 또는 물리적으로 반항이 불가능하거나 현저히 곤란한 상태에 이른 경우를 포함하는 것으로 보아야 할 것이고, 그중 정신적인 장애가 주된 원인이 되어 항거불능인 상태에 있었는지 여부를 판단함에 있어서는 피해자의 정신적 장애의 정도뿐 아니라 피해자와 가해자의 신분을 비롯한 관계, 주변의 상황 내지 환경, 가해자의 행위 내용과 방법, 피해자의 인식과 반응의 내용 등을 종합적으로 검토해야 할 것이다(대법원 2007.7.27. 선고 2005도2994 판결 참조). 나아가 장애인의 성적 자기

결정권을 충실하게 보호하고자 하는 구 성폭법 제6조의 입법 취지에 비추어 보면, 위와 같은 '항거불능인 상태'에 있었는지 여부를 판단할 때에는 피해자가 정신적 장애인이라는 사정이 충분히 고려되어야 할 것이므로, 외부적으로 드러나는 피해자의 지적 능력 이외에 그 정신적 장애로 인한 사회적 지능·성숙의 정도, 이로 인한 대인관계에서의 특성이나 의사소통능력 등을 전체적으로 살펴 피해자가 그 범행 당시에 성적 자기결정권을 실질적으로 표현·행사할 수 있었는지 여부를 신중히 판단하여야 한다.

2) (1) 원심은 피해자가 정신지체 장애 3급에 해당하는 여성이기는 하지만 피해자의 전체 지능은 경도의 정신지체 수준에 불과한데다가, 피해자가 이 사건 범행 당시의 정황 등을 구체적으로 진술하고 있고, 범행 당시 피고인의 추행에 대하여 다리를 오므리는 등 소극적인 저항행위를 하였으며, 범행 이후에 교회 전도사에게 피해 사실을 이야기하였다거나 계속 만나자는 피고인의 거듭된 요구를 거절하는 등 그 판시와 같은 사정을 종합하면, 범행 당시 정신적인 장애가 주된 원인이 되어 심리적 또는 물리적으로 반항이 불가능하거나 현저히 곤란한 항거불능의 상태에 있었다고는 보이지 않는다고 판단하여, 공소사실에 대하여 무죄를 선고한 제1심판결을 그대로 유지하였다.

(2) 그러나 원심의 위와 같은 판단은 그대로 수긍하기 어렵다. 원심이 적법하게 채택한 증거들에 의하면, 피해자는 어릴 때부터 말이 없고 자신의 의사표현을 하지 못하는 등의 정신이상 증세를 보여 2005년 2월경(당시 28세) 병원에 내원하여 이에 대한 심리학적 검사가 실시된 사실, 이에 따르면 피해자의 전체 지능지수는 62로서 경도의 정신지체 수준에 해

당하는데 그중 언어적 표현력이나 추상적 사고능력은 다른 영역에 비하여 나은 수행을 보이는 반면, 피해자의 사회연령은 만 7세 8개월로서 '사회지수'는 그보다 낮은 48.94에 불과하고 의사소통능력이 매우 지체되어 있거나 사회적으로 위축되어 있으며 대인관계에서 철회 경향을 가지고 있다는 검사결과가 나온 사실, 피해자는 "피고인의 추행 당시 피고인이 무섭고 겁이 나서 이를 제지하지 못하였다. 피고인이라는 사람 자체가 무서웠으며, 몸을 만질 때 소름이 돋았다."는 취지로 진술한 사실, 피해자가 활동하던 교회의 전도사도 피해자가 평소 말이 거의 없고 사람들과 어울리지 못한다는 취지로 진술한 사실 등을 알 수 있다.

위와 같은 사실관계를 앞서 본 법리에 비추어 보면, 비록 피해자가 이 사건 범행 이후 추행의 경위에 관하여 상세히 진술하는 등 어느 정도의 지적 능력을 가진 것으로 보인다 하더라도, 피해자는 그 사회적 지능 내지 성숙도가 상당한 정도로 지체되어 대인관계 내지 의사소통에 중대한 어려움을 겪어 왔으며 이 사건 범행 당시에도 이러한 정신적 장애로 인하여 피고인의 성적 요구에 대한 거부의 의사를 분명하게 표시하지 못하거나 자신의 다리를 오므리는 것 이상의 적극적인 저항행위를 할 수 없었던 것으로 볼 여지가 충분하다.

나아가 기록에서 알 수 있는 다음과 같은 사정들, 즉 피고인은 피해자를 전화로 불러낸 뒤 자신의 오토바이를 이용하여 인적이 드문 인근 공원으로 데리고 가서 그곳 벤치에 앉자마자 이 사건 추행을 시작하였던 점 및 피고인은 피해자가 다니는 교회 장애인 모임의 부장으로 활동하여 왔던 점 등을 더하여 보면, 피해자가 범행 이후에 교회 전도사에게 위 추행 피해 사실을 이야기하였다거나 계속 만나자는 피고인의 요구를 거절하였다는 사정만으로 피해자가 이 사건 범행 당시에 성적 자기결정권을 실질적으로 표현·행사할 수 있었다고 단정할 수는 없다.

그렇다면 원심으로서는 이 사건 추행 당시 피해자의 사회적 지능·성숙의 정도, 그로 인하여 피해자의 대인관계 내지 의사소통에 미치는 영향, 범행 당시 이러한 정신적 장애로 인하여 피해자가 성적 자기결정에 관한 자신의 의사를 충분히 표시하지 못한 것인지 여부 등에 대하여 보다 면밀히 심리한 다음 '항거불능인 상태'에 있었다고 볼 수 있는지 여부를 판단하였어야 할 것임에도 단지 그 판시와 같은 사정만을 들어 무죄를 선고하였으니, 이러한 원심의 판단에는 구 성폭법 제6조가 정하는 '항거불능'의 판단 기준 내지 범위에 대한 법리를 오해하여 필요한 심리를 다하지 아니한 위법이 있다.

3) 그러므로 원심판결을 파기하고, 사건을 다시 심리·판단하게 하기 위하여 원심법원에 환송하기로 하여 관여 대법관의 일치된 의견으로 주문과 같이 판결한다.

02. 이것도 강제추행인가요?

QUESTION

저와 알고 지내던 여성인 A씨가 제 머리채를 잡아 폭행을 가하였습니다. 그래서 저는 이에 보복하고자 A씨의 입술, 귀, 유두, 가슴 등을 입으로 깨무는 등의 행위를 하였습니다. 저는 A씨가 제 머리를 잡아당겨 감정이 폭발해서 위와 같은 행위를 한 것이지, 전혀 저의 성욕을 자극·흥분·만족시키려는 주관적 동기나 목적이 없었습니다.
이러한 경우에도 저의 행위는 강제추행죄의 '추행'에 해당하는 것인가요?

ANSWER

'추행'이란 객관적으로 일반인에게 성적 수치심이나 혐오감을 일으키게 하고 선량한 성적 도덕관념에 반하는 행위로서 피해자의 성적 자유를 침해하는 것이고, 이에 해당하는지는 피해자의 의사, 성별, 연령, 행위자와 피해자의 이전부터의 관계, 행위에 이르게 된 경위, 구체적 행위태양, 주위의 객관적 상황과 그 시대의 성적 도덕관념 등을 종합적으로 고려하여 신중히 결정되어야 합니다. 그리고 강제추행죄의 성립에 필요한 주관적 구성요건으로 성욕을 자극·흥분·만족시키려는 주관적 동기나 목적이 있어야 하는 것은 아니라는 것이 대법원의 입장입니다(대법원 2013.9.26. 선고 2013도5856 판결 참조).

따라서 위 사건과 같은 경우, 객관적으로 여성인 피해자 A씨의 입술, 귀, 유두, 가슴을 입으로 깨무는 행위는 일반적이고 평균적인 사람으로 하여금 성적 수치심이나 혐오감을 일으키게 하고 선량한 성적 도덕관념에 반하는 행위로서, A씨의 성적 자유를 침해하였다고 보는 것이 타당하므로, 귀하의 행위는 강제추행죄의 '추행'에 해당한다고 할 것입니다.

1. 사건의 표시

1) 사 건   대법원 2013.9.26. 선고 2013도5856 판결
           강제추행치상(인정된 죄명: 상해)
2) 피 고 인   피고인
3) 상 고 인   검사

2. 판시사항

1) '추행'의 의미와 판단 기준 및 강제추행죄의 주관적 구성요건으로 '성욕을 자극·흥분·만족시키려는 주관적 동기나 목적'이 있어야 하는지의 여부(소극)

2) 피고인이 알고 지내던 여성인 피해자 갑이 자신의 머리채를 잡아 폭행을 가하자 보복의 의미에서 갑의 입술, 귀 등을 입으로 깨무는 등의 행위를 한 사안에서, 피고인의 행위가 강제추행죄의 '추행'에 해당한다고 한 사례

3. 판결요지

1) '추행'이란 객관적으로 일반인에게 성적 수치심이나 혐오감을 일으키게 하고 선량한 성적 도덕관념에 반하는 행위로서 피해자의 성적 자유를 침해하는 것이고, 이에 해당하는지는 피해자의 의사, 성별, 연령, 행위자와 피해자의 이전부터의 관계, 행위에 이르게 된 경위, 구체적 행위태양, 주위의 객관적 상황과 그 시대의 성적 도덕관념 등을 종합적으로 고려하여 신중히 결정되어야 한다. 그리고 강제추행죄의 성립에 필요한 주관적 구성요건으로 성욕을 자극·흥분·만족시키려는 주관적 동기나 목적이

있어야 하는 것은 아니다.

2) 피고인이 알고 지내던 여성인 피해자 갑이 자신의 머리채를 잡아 폭행을 가하자 보복의 의미에서 갑의 입술, 귀, 유두, 가슴 등을 입으로 깨무는 등의 행위를 한 사안에서, 객관적으로 여성인 피해자의 입술, 귀, 유두, 가슴을 입으로 깨무는 행위는 일반적이고 평균적인 사람으로 하여금 성적 수치심이나 혐오감을 일으키게 하고 선량한 성적 도덕관념에 반하는 행위로서, 갑의 성적 자유를 침해하였다고 보는 것이 타당하다는 이유로, 피고인의 행위가 강제추행죄의 '추행'에 해당한다고 한 사례이다.

4. 관계 법령

■ 형법

제298조(강제추행)
폭행 또는 협박으로 사람에 대하여 추행을 한 자는 10년 이하의 징역 또는 1천 500만 원 이하의 벌금에 처한다.

5. 상고심 판단 이유

1) 추행이라 함은 객관적으로 일반인에게 성적 수치심이나 혐오감을 일으키게 하고 선량한 성적 도덕관념에 반하는 행위로서 피해자의 성적 자유를 침해하는 것이라고 할 것이고, 이에 해당하는지 여부는 피해자의 의사, 성별, 연령, 행위자와 피해자의 이전부터의 관계, 그 행위에 이르게 된 경위, 구체적 행위태양, 주위의 객관적 상황과 그 시대의 성적 도덕관념 등을 종합적으로 고려하여 신중히 결정되어야 한다(대법원 2002.4.26. 선

고 2001도2417 판결 등 참조). 그리고 강제추행죄의 성립에 필요한 주관적 구성요건으로 성욕을 자극·흥분·만족시키려는 주관적 동기나 목적이 있어야 하는 것은 아니다(대법원 2006.1.13. 선고 2005도6791 판결 등 참조).

2) 원심판결 및 원심이 적법하게 조사한 증거 등에 의하면, 피고인은 경찰 이래 원심에 이르기까지 피해자의 입술, 귀, 유두, 가슴, 어깨 부위를 깨물었음을 인정하는 점, 피해자가 엎어져서 피고인의 머리를 잡아당기는 상황에서 피고인은 감정이 폭발하여 이성적으로 지배할 수 없는 상태에 이르러 그와 같은 행위에 이르렀다고 진술하고 있는 점, 피해자의 진술에 일부 과장이 있기는 하지만 일관되게 피고인이 자신에게 키스를 하려다가 입술을 깨물고, 가슴을 물었다는 내용의 진술을 하고 있고, 피해자는 이와 같은 피고인의 행위가 자신의 성적 자유를 침해하였다고 생각하여 피고인을 고소하였다고 볼 수 있는 점 등의 사정을 알 수 있다.

3) 사정이 이와 같다면, 피고인의 행위는, 비록 피해자가 피고인의 머리채를 잡아 폭행을 가하자 이에 대한 보복의 의미에서 한 행위로서 성욕을 자극·흥분·만족시키려는 주관적 동기나 목적이 없었다고 하더라도, 객관적으로 여성인 피해자의 입술, 귀, 유두, 가슴을 입으로 깨무는 등의 행위는 일반적이고도 평균적인 사람으로 하여금 성적 수치심이나 혐오감을 일으키게 하고 선량한 성적 도덕관념에 반하는 행위에 해당하고, 그로 인하여 피해자의 성적 자유를 침해하였다고 봄이 타당하다 할 것이므로, 위 법률 조항에서 말하는 '추행'에 해당한다고 평가할 수 있다. 나아가 추행행위의 행태와 당시의 정황 등에 비추어 볼 때 피고인의 범의도 인정할 수 있다.

4) 그렇다면 이 사건 공소사실 중 피고인이 피해자로 하여금 반항하지 못하게 한 후 반항하는 피해자의 입술과 귀, 유두와 가슴 및 어깨 부위를 깨무는 방법으로 추행하였다는 부분에 관하여 원심이 그 판시와 같은 사유를 들어 피고인의 행위가 추행에 이르렀다고 보기 어렵고 또한 당시 피고인에게 피해자를 추행한다는 의사가 있었다고 보기 어렵다는 이유로 이 부분 공소사실에 대하여 무죄라고 판단한 것은 앞서 본 '추행'에 관한 법리를 오해하여 판결에 영향을 미친 위법이 있다고 할 것이다. 이러한 점을 지적하는 상고이유 주장은 이유 있다.

5) 그러므로 원심판결을 파기하고 사건을 다시 심리·판단하도록 원심법원에 환송하기로 하여 관여 대법관의 일치된 의견으로 주문과 같이 판결한다.

03. 음란물 제작죄가 되나요?

QUESTION

A씨는 '○○○ 사진관'을 운영하던 중 2012년 3월 1일 오후 2시경 위 사진관에 증명사진을 찍으러 찾아온 아동·청소년인 B(여, 15세)를 의자에 앉도록 한 다음 카메라가 B를 향하도록 한 후 촬영 타이머를 맞춘 상태에서 B가 앉아있는 의자 바로 뒤쪽 옆으로 가서 자신의 트레이닝복 하의를 내리고 성기를 노출하여 자신이 B의 뒤에서 성기를 노출하고 있는 장면을 촬영하였고, 이를 사진 파일로 제작하였습니다.

A씨는 위와 같은 행위를 하였다는 이유로 아동·청소년의 성보호에 관한 법률 위반(음란물제작·배포 등)으로 기소되었습니다. 이 경우 A씨는 위 아동·청소년의 성보호에 관한 법률 위반(음란물 제작·배포 등)으로 처벌받게 되는 것인가요?

ANSWER

　형벌법규의 해석은 엄격하여야 하고, 명문규정의 의미를 피고인에게 불리한 방향으로 지나치게 확장해석하거나 유추해석하는 것은 허용되지 않는다는 죄형법정주의 원칙과 구 아동·청소년의 성보호에 관한 법률(2011.9.15. 법률 제11047호로 개정되기 전의 것) 제2조 제4호, 제5호, 제8조 제1항, 구 아동·청소년의 성보호에 관한 법률(2012.12.18. 법률 제11572호로 전부 개정되기 전의 것) 제2조 제4항, 제5호, 제8조 제1항의 문언 및 법정형 그 밖에 위 규정들의 연혁 등에 비추어 보면, 위 법률들 제2조 제5호에서 말하는 '아동·청소년 이용 음란물'은 '아동·청소년이나 아동·청소년 또는 아동·청소년으로 인식될 수 있는 사람이나 표현물이 등장하여 그 아동·청소년 등이 제2조 제4호 각 목의 행위나 그 밖의 성적 행위를 하거나 하는 것과 같다고 평가될 수 있는 내용을 표현하는 것이어야 한다'는 것이 확립된 판례의 입장입니다

(대법원 2013.9.12. 선고 2013도502 판결 참조).

따라서 위 사건의 경우, A가 제작한 필름 또는 동영상은 위 법률들에서 정한 '아동·청소년 이용 음란물'에 해당하지 않으므로, A가 아동·청소년의 성보호에 관한 법률 위반(음란물제작·배포 등)죄를 저질렀다는 점에 대하여는 무죄가 선고될 것으로 보입니다.

1. 사건의 표시

1) 사　　　건　　대법원 2013.9.12. 선고 2013도502 판결[1]
　　　　　　　　아동·청소년의 성보호에 관한 법률 위반(음란물제작·배포 등)
2) 피 고 인　　피고인
3) 상 고 인　　검사

2. 판시사항

구 아동·청소년의 성보호에 관한 법률 제2조 제5호에서 정한 '아동·청소년 이용 음란물'에 해당하기 위한 요건

3. 판결요지

형벌법규의 해석은 엄격하여야 하고, 명문규정의 의미를 피고인에게 불리한 방향으로 지나치게 확장해석하거나 유추해석하는 것은 허용되지 않

---

[1] 위 사건에서는 피고인은 아동·청소년의 성보호에 관한 법률 위반(음란물제작·배포 등)·자살방조로 기소되었는바, 자살방조죄만 인정되어 1심에서 징역 2년에 집행유예 4년, 120시간의 사회봉사명령이 선고되었고, 위 형은 항소 및 상고심에서 그대로 유지되어 확정되었다.

는다는 죄형법정주의의 원칙과 구 아동·청소년의 성보호에 관한 법률 (2011.9.15. 법률 제11047호로 개정되기 전의 것) 제2조 제4호, 제5호, 제8조 제1항, 구 아동·청소년의 성보호에 관한 법률(2012.12.18. 법률 제11572호로 전부 개정되기 전의 것) 제2조 제4호, 제5호, 제8조 제1항의 문언 및 법정형 그 밖에 위 규정들의 연혁 등에 비추어 보면, 위 법률들 제2조 제5호에서 말하는 '아동·청소년 이용 음란물'은 '아동·청소년'이나 '아동·청소년 또는 아동·청소년으로 인식될 수 있는 사람이나 표현물'이 등장하여 그 아동·청소년 등이 제2조 제4호 각 목의 행위나 그 밖의 성적 행위를 하는 것과 같다고 평가될 수 있는 내용을 표현하는 것이어야 한다.

4. 관계 법령

■ 헌법

제12조

① 모든 국민은 신체의 자유를 가진다. 누구든지 법률에 의하지 아니하고는 체포·구속·압수·수색 또는 심문을 받지 아니하며, 법률과 적법한 절차에 의하지 아니하고는 처벌·보안처분 또는 강제노역을 받지 아니한다.

■ 형법

제1조(범죄의 성립과 처벌)

① 범죄의 성립과 처벌은 행위 시의 법률에 의한다.

■ 구 아동·청소년의 성보호에 관한 법률(2011.9.15. 법률 제11047호로 개정되기 전의 것)

제2조(정의)

이 법에서 사용하는 용어의 뜻은 다음과 같다.

4. "아동·청소년의 성을 사는 행위"는 아동·청소년, 아동·청소년의 성(性)을 사는 행

위를 알선한 자 또는 아동·청소년을 실질적으로 보호·감독하는 자 등에게 금품이나 그 밖의 재산상 이익, 직무·편의제공 등 대가를 제공하거나 약속하고 다음 각 목의 어느 하나에 해당하는 행위를 아동·청소년을 대상으로 하거나 아동·청소년으로 하여금 하게 하는 것을 말한다.

가. 성교 행위
나. 구강·항문 등 신체의 일부나 도구를 이용한 유사 성교 행위
다. 신체의 전부 또는 일부를 접촉·노출하는 행위로서 일반인의 성적 수치심이나 혐오감을 일으키는 행위
라. 자위행위

5. "아동·청소년 이용 음란물"은 아동·청소년 또는 아동·청소년으로 인식될 수 있는 사람이나 표현물이 등장하여 제4호의 어느 하나에 해당하는 행위를 하거나 그 밖의 성적 행위를 하는 내용을 표현하는 것으로서 필름·비디오물·게임물 또는 컴퓨터나 그 밖의 통신매체를 통한 화상·영상 등의 형태로 된 것을 말한다.

제8조(아동·청소년 이용 음란물의 제작·배포 등)
① 아동·청소년 이용 음란물을 제작·수입 또는 수출한 자는 5년 이상의 유기징역에 처한다.

■ 구 아동·청소년의 성보호에 관한 법률(2012.12.18. 법률 제11572호로 전부 개정되기 전의 것)

제2조(정의)
이 법에서 사용하는 용어의 뜻은 다음과 같다.

4. "아동·청소년의 성을 사는 행위"는 아동·청소년, 아동·청소년의 성(性)을 사는 행위를 알선한 자 또는 아동·청소년을 실질적으로 보호·감독하는 자 등에게 금품이나 그 밖의 재산상 이익, 직무·편의제공 등 대가를 제공하거나 약속하고 다음 각 목의 어느 하나에 해당하는 행위를 아동·청소년을 대상으로 하거나 아동·청소년으로 하여금 하게 하는 것을 말한다.

가. 성교 행위

나. 구강·항문 등 신체의 일부나 도구를 이용한 유사 성교 행위

다. 신체의 전부 또는 일부를 접촉·노출하는 행위로서 일반인의 성적 수치심이나 혐오감을 일으키는 행위

라. 자위행위

5. "아동·청소년 이용 음란물"은 아동·청소년 또는 아동·청소년으로 인식될 수 있는 사람이나 표현물이 등장하여 제4호의 어느 하나에 해당하는 행위를 하거나 그 밖의 성적 행위를 하는 내용을 표현하는 것으로서 필름·비디오물·게임물 또는 컴퓨터나 그 밖의 통신매체를 통한 화상·영상 등의 형태로 된 것을 말한다.

제8조(아동·청소년 이용 음란물의 제작·배포 등)

① 아동·청소년 이용 음란물을 제작·수입 또는 수출한 자는 5년 이상의 유기징역에 처한다.

5. 상고심 판단 이유

1) 형벌법규의 해석은 엄격하여야 하고, 명문규정의 의미를 피고인에게 불리한 방향으로 지나치게 확장해석하거나 유추해석하는 것은 죄형법정주의의 원칙에 어긋나는 것으로서 허용되지 아니한다(대법원 2009.12.10. 선고 2009도3053 판결 등 참조).

2) 구 아동·청소년의 성보호에 관한 법률(2011.9.15. 법률 제11047호로 개정되기 전의 것) 제2조 제5호와 구 아동·청소년의 성보호에 관한 법률(2012.12.18. 법률 제11572호로 전부 개정되기 전의 것) 제2조 제5호는, '아동·청소년'이나 '아동·청소년 또는 아동·청소년으로 인식될 수 있는 사람이나 표현물'이 등장하여 제4호의 어느 하나에 해당하는 행위를 하거나 그 밖의 성

적 행위를 하는 내용을 표현하는 것으로서 필름·비디오물·게임물 또는 컴퓨터나 그 밖의 통신매체를 통한 화상·영상 등의 형태로 된 것을 '아동·청소년 이용 음란물'로 정의하면서, 제8조 제1항에서 '아동·청소년 이용 음란물'을 제작·수입 또는 수출한 자에 대하여 '5년 이상의 유기징역'에 처하도록 규정하고 있다.

3) 한편 위 법률들 제2조 제4호는 아동·청소년 등에게 대가를 제공하거나 약속하고 같은 호 각 목의 어느 하나에 해당하는 행위를 아동·청소년을 대상으로 하거나 아동·청소년으로 하여금 하게 하는 것을 '아동·청소년의 성을 사는 행위'로 규정하면서, 그 각 목에 '성교 행위', '구강·항문 등 신체의 일부나 도구를 이용한 유사 성교 행위', '신체의 전부 또는 일부를 접촉·노출하는 행위로서 일반인의 성적 수치심이나 혐오감을 일으키는 행위', '자위행위'를 규정하고 있다.

4) 앞서 본 법리와 위와 같은 관련 규정들의 문언 및 법정형 그 밖에 위 규정들의 연혁 등에 비추어 보면, 구 아동·청소년의 성보호에 관한 법률들 제2조 제5호에서 말하는 '아동·청소년 이용 음란물'은 '아동·청소년'이나 '아동·청소년 또는 아동·청소년으로 인식될 수 있는 사람이나 표현물'이 등장하여 그 아동·청소년 등이 제2조 제4호 각 목의 행위나 그 밖의 성적 행위를 하거나 하는 것과 같다고 평가될 수 있는 내용을 표현하는 것이어야 한다.

5) 원심이 같은 취지에서 피고인이 제작한 필름 또는 동영상이 위 법률들에서 정한 '아동·청소년 이용 음란물'에 해당하지 아니한다고 판단하여 이 사건 공소사실 중 피고인이 아동·청소년의 성보호에 관한 법률 위반(음

란물제작·배포 등)죄를 저질렀다는 점에 대하여 무죄를 선고한 것은 정당하고, 거기에 상고이유의 주장과 같이 '아동·청소년 이용 음란물'에 관한 법리를 오해한 위법이 없다.

그러므로 상고를 기각하기로 하여 관여 대법관의 일치된 의견으로 주문과 같이 판결한다.

04. 직접 촬영한 것도 아닌데 죄가 되나요?

QUESTION

저는 2011년 4월 10일부터 2011년 6월 12일까지 총 11회 걸쳐 제 집에서 A(여, 14세)와 휴대전화 영상통화, 인터넷 네○○○ 화상채팅 등을 하면서 카메라 기능이 내재되어 있는 제 휴대전화를 이용하여 A의 유방, 음부 등 부위를 촬영하였습니다.
저는 위와 같은 행위로 성폭력범죄의 처벌 등에 관한 특례법 위반(카메라 등 이용 촬영)으로 기소되었습니다.
제가 도덕적으로 잘못한 것에 대해서는 깊이 반성하고 있습니다. 하지만 A씨의 유방 등을 직접 촬영한 것도 아닌데, 위 범죄로 처벌받는 것은 억울한 측면이 있습니다. 저는 위 범죄로 처벌받게 되는 것인가요?

ANSWER

이 사건의 경우, A씨는 스스로 자신의 신체 부위를 화상카메라에 비추었고 카메라 렌즈를 통과한 상의 정보가 디지털화되어 귀하의 컴퓨터에 전송되었으며, 귀하께서는 수신된 정보가 영상으로 변환된 것을 휴대전화 내장 카메라를 통해 동영상 파일로 저장하였으므로 귀하께서 촬영한 대상은 A씨의 신체 이미지가 담긴 영상일 뿐 A씨의 신체 그 자체는 아니라고 할 것이어서 법 제13조 제1항의 구성요건에 해당하지 않으며, 형벌법규의 목적론적 해석도 해당 법률문언의 통상적인 의미 내에서만 가능한 것으로, 다른 사람의 신체 이미지가 담긴 영상도 위 규정의 '다른 사람의 신체'에 포함된다고 해석하는 것은 법률문언의 통상적인 의미를 벗어나는 것이므로 죄형법정주의 원칙상 허용될 수 없을 것입니다.
따라서 귀하의 경우에는 위와 같은 행위로 인하여 성폭력범죄의 처벌 등에 관한 특례법 위반(카메라 등 이용 촬영)죄로 처벌될 수 없을 것이라고 생각됩니다(대법원 2013.6.27. 선고 2013도4279 판결).

1. 사건의 표시

1) 사　　건　　대법원 2013.6.27. 선고 2013도4279 판결[2]
　　　　　　　성폭력범죄의 처벌 등에 관한 특례법 위반(카메라 등 이용 촬영)
2) 피 고 인　　피고인
3) 상 고 인　　검사

2. 판시사항

　피고인이 피해자 갑과 인터넷 화상채팅 등을 하면서 휴대전화를 이용하여 갑의 신체 부위를 갑의 의사에 반하여 촬영하였다고 하여 구 성폭력범죄의 처벌 등에 관한 특례법 위반(카메라 등 이용 촬영)으로 기소된 사안에서, 피고인이 촬영한 대상은 갑의 신체 이미지가 담긴 영상일 뿐 갑의 신체 그 자체는 아니라는 이유로 무죄를 인정한 원심판단을 정당하다고 한 사례이다.

3. 판결요지

　피고인이 피해자 갑(여, 14세)과 인터넷 화상채팅 등을 하면서 카메라 기능이 내재되어 있는 피고인의 휴대전화를 이용하여 갑의 유방, 음부 등 신체

---

[2] 이 사건에서 피고인은 성폭력범죄의 처벌 등에 관한 특례법 위반(카메라 등 이용 촬영)·강요·협박으로 기소되었고, 1심에서는 징역 10월, 항소심에서는 징역 6월이 선고되어, 상고심이 기각되어 확정되었다.

부위를 갑의 의사에 반하여 촬영하였다고 하여 구 성폭력범죄의 처벌 등에 관한 특례법(2012.12.18. 법률 제11556호로 전부 개정되기 전의 것, 이하 '법'이라 한다) 위반(카메라 등 이용 촬영)으로 기소된 사안에서, 갑은 스스로 자신의 신체 부위를 화상카메라에 비추었고 카메라 렌즈를 통과한 상의 정보가 디지털화되어 피고인의 컴퓨터에 전송되었으며, 피고인은 수신된 정보가 영상으로 변환된 것을 휴대전화 내장 카메라를 통해 동영상 파일로 저장하였으므로 피고인이 촬영한 대상은 갑의 신체 이미지가 담긴 영상일 뿐 갑의 신체 그 자체는 아니라고 할 것이어서 법 제13조 제1항의 구성요건에 해당하지 않으며, 형벌법규의 목적론적 해석도 해당 법률문언의 통상적인 의미 내에서만 가능한 것으로, 다른 사람의 신체 이미지가 담긴 영상도 위 규정의 '다른 사람의 신체'에 포함된다고 해석하는 것은 법률문언의 통상적인 의미를 벗어나는 것이므로 죄형법정주의 원칙상 허용될 수 없다는 이유로 피고인에게 무죄를 인정한 원심판단을 정당하다고 한 사례이다.

4. 관계 법령

■ 헌법

제12조

① 모든 국민은 신체의 자유를 가진다. 누구든지 법률에 의하지 아니하고는 체포·구속·압수·수색 또는 심문을 받지 아니하며, 법률과 적법한 절차에 의하지 아니하고는 처벌·보안처분 또는 강제노역을 받지 아니한다.

■ 형법

제1조(범죄의 성립과 처벌)

① 범죄의 성립과 처벌은 행위 시의 법률에 의한다.

■ 구 성폭력범죄의 처벌 등에 관한 특례법(2012.12.18. 법률 제11556호로 전부 개정되기 전의 것)

제13조(카메라 등을 이용한 촬영)

① 카메라나 그 밖에 이와 유사한 기능을 갖춘 기계장치를 이용하여 성적 욕망 또는 수치심을 유발할 수 있는 다른 사람의 신체를 그 의사에 반하여 촬영하거나 그 촬영물을 반포·판매·임대 또는 공공연하게 전시·상영한 자는 5년 이하의 징역 또는 1천만 원 이하의 벌금에 처한다.

■ 형사소송법

제325조(무죄의 판결)

피고사건이 범죄로 되지 아니하거나 범죄사실의 증명이 없는 때에는 판결로써 무죄를 선고하여야 한다.

5. 상고심 판단 이유

1) 원심은 이 사건 공소사실 중 성폭력범죄의 처벌 등에 관한 특례법 위반(카메라 등 이용 촬영)의 점에 대하여, 구 성폭력범죄의 처벌 등에 관한 특례법(2012.12.18. 법률 제11556호로 전부 개정되기 전의 것, 이하 '법'이라 한다) 제13조 제1항은 "카메라나 그 밖에 이와 유사한 기능을 갖춘 기계장치를 이용하여 성적 욕망 또는 수치심을 유발할 수 있는 다른 사람의 신체를 그 의사에 반하여 촬영"하는 행위를 처벌 대상으로 삼고 있는데, "촬영"의 사전적·통상적 의미는 "사람, 사물, 풍경 따위를 사진이나 영화로 찍음"이라고 할 것이고, 위 촬영의 대상은 "성적 욕망 또는 수치심을 유발할 수 있는 다른 사람의 신체"라고 보아야 함이 문언상 명백하므로 위 규정의 처벌 대상은 '다른 사람의 신체 그 자체'를 카메라 등 기계장치를 이용해서 '직접' 촬영하는 경우에 한정된다고 해석함이 타당하다고 전제한 다음, 이 사건의 경우 피해자는 스스로 자신의 신체 부위를 화상카메라에

비추었고 카메라 렌즈를 통과한 상의 정보가 디지털화되어 피고인의 컴퓨터에 전송되었으며, 피고인은 수신된 정보가 영상으로 변환된 것을 휴대전화 내장 카메라를 통해 동영상 파일로 저장하였으므로 피고인이 촬영한 대상은 피해자의 신체 이미지가 담긴 영상일 뿐 피해자의 신체 그 자체는 아니라고 할 것이어서 법 제13조 제1항의 구성요건에 해당하지 않으며, 검사가 주장하는 형벌법규의 목적론적 해석도 해당 법률문언의 통상적인 의미 내에서만 가능한 것으로, 다른 사람의 신체 이미지가 담긴 영상도 위 규정의 "다른 사람의 신체"에 포함된다고 해석하는 것은 법률문언의 통상적인 의미를 벗어나는 것이므로 죄형법정주의 원칙상 허용될 수 없다는 이유로 이 부분 공소사실에 대하여 범죄가 되지 않는 경우에 해당한다고 보아 무죄를 선고한 제1심판결을 그대로 유지하였다.

2) 법 제13조 제1항의 해석과 입법 취지, 관련 법리 등에 비추어 보면, 원심의 위와 같은 판단은 정당하고, 거기에 상고이유의 주장과 같은 법 제13조 제1항의 해석에 관한 법리오해의 위법이 없다.

3) 그러므로 상고를 기각하기로 하여, 관여 대법관의 일치된 의견으로 주문과 같이 판결한다.

05. 합의하에 성관계를 맺었는데 장애인강간죄가 되나요?

QUESTION

저는 "2011년 3월 초순경 게임사이트에서 지능지수 51의 지적장애인인 피해자 A(여, 24세)를 채팅을 통해 알게 되었고, 2011년 3월 7일경부터 피해자와 지속적으로 통화하면서 피해자가 묻는 말에 대답을 잘 하지 않고, 그래서 제가 '○○년'이라고 여러 차례 욕을 하고 화를 내도 다시 연락을 해오며, 영상통화 시 알몸을 보여 달라는 요구에도 쉽게 응하는 등 피해자가 지적으로 문제가 있다는 사실을 인식하고, 2011년 3월 27일 오후 1시경 피해자의 집에서 정신장애로 항거불능인 상태에 있음을 이용하여 피해자를 간음하고, 같은 날 오후 10시경 같은 장소에서 재차 피해자에게 성관계를 요구하여 피해자가 아빠한테 혼날까 봐 싫다고 하자 '○○년'이라고 욕설을 하여 피해자가 위축되자 정신장애로 항거불능인 상태에 있음을 이용하여 피해자를 간음하였다"는 혐의로 기소되었습니다.

제가 A와 성관계를 맺은 것은 사실이지만, 피해자 A가 정신장애로 항거불능인 상태에 있음을 제가 인식하고 이를 이용하여 간음한 것은 아닙니다.

이러한 경우, 구 성폭력범죄의 처벌 등에 관한 특례법 제6조의 '장애인에 대한 준강간 등의 죄'가 성립하기 위해서는 지적 장애 등급을 받은 장애인인 피해자가 지적 장애 외에 성적 자기결정권을 행사하지 못할 정도의 정신장애를 가지고 있다는 점이 증명되어야 하는 것인가요? 그리고 피고인이 이를 인식하여야 하는 것인가요?

ANSWER

구 성폭력범죄의 처벌 등에 관한 특례법(2011.11.17. 법률 제11088호로 개정되기 전의 것) 제6조는 장애인의 성적 자기결정권을 보호법익으로 하므로, 피해자가 지적 장애등급을 받은 장애인이라고 하더라도 단순한 지적 장애 외에 성적 자기결정권을 행사하지 못할 정도의 정신장애를 가지고 있다는 점이 증명되어야 합니다.

그리고 피고인도 간음당시 피해자에게 위와 같은 정도의 정신장애가 있음을 인식하여야 합니다(2013.4.11. 선고 2012도12714 판결 참조).

따라서 위와 같은 경우, 구체적인 상황을 객관적으로 검토하여, 피해자가 성적 자기결정권을 행사하지 못할 정도의 정신장애를 가지고 있었는지 여부, 귀하께서 이를 인식하고 이를 이용하여 간음하였는지가 증명되지 않는 이상 귀하의 행동이 성폭력범죄의 처벌 등에 관한 특례법 위반(장애인에 대한 준강간 등)죄로 처벌되기는 어려울 것으로 보입니다.

1. 사건의 표시

1) 사　　건　　대법원 2013.4.11. 선고 2012도12714 판결[3]

　　　　　　　성폭력범죄의 처벌 등에 관한 특례법 위반(장애인에 대한 준강간 등)

2) 피 고 인　　피고인

3) 상 고 인　　검사

2. 판시사항

1) 구 성폭력범죄의 처벌 등에 관한 특례법 제6조에서 정한 '신체적인 또는 정신적인 장애로 항거불능인 상태에 있음'의 의미 및 정신장애가 주된 원

---

[3] 이 사건에서 피고인은 성폭력범죄의 처벌 등에 관한 특례법 위반(장애인에 대한 준강간 등)으로 기소되었고, 1심에서는 유죄가 인정되어 징역 2년, 80시간의 성폭력 치료프로그램 이수명령, 5년간 정보공개 및 고지명령이 선고되었고, 항소심에서도 유죄가 인정되어 위 형이 그대로 유지되었으나, 상고심에서 위 항소심판결을 파기환송하였다.

인이 되어 항거불능인 상태에 있었는지 여부를 판단하는 기준

2) 구 성폭력범죄의 처벌 등에 관한 특례법 제6조의 '장애인에 대한 준강간 등의 죄'가 성립하기 위하여 지적 장애등급을 받은 장애인인 피해자가 지적 장애 외에 성적 자기결정권을 행사하지 못할 정도의 정신장애를 가지고 있다는 점이 증명되어야 하는지 여부(적극) 및 피고인이 이를 인식하여야 하는지 여부(적극)

3. 판결요지

1) 구 성폭력범죄의 처벌 등에 관한 특례법(2011.11.17. 법률 제11088호로 개정되기 전의 것) 제6조의 '신체적인 또는 정신적인 장애로 항거불능인 상태에 있음'은 신체장애 또는 정신장애 그 자체로 항거불능의 상태에 있는 경우뿐 아니라 신체장애 또는 정신장애가 주된 원인이 되어 심리적 또는 물리적으로 반항이 불가능하거나 현저히 곤란한 상태에 이른 경우를 포함하는데, 그중 정신장애가 주된 원인이 되어 항거불능인 상태에 있었는지 여부를 판단할 때에는 피해자의 정신장애의 정도뿐 아니라 피해자와 가해자의 신분을 비롯한 관계, 주변의 상황 내지 환경, 가해자의 행위 내용과 방법, 피해자의 인식과 반응의 내용 등을 종합적으로 검토하여야 한다.

2) 구 성폭력범죄의 처벌 등에 관한 특례법(2011.11.17. 법률 제11088호로 개정되기 전의 것) 제6조는 장애인의 성적 자기결정권을 보호법익으로 하므로, 피해자가 지적 장애등급을 받은 장애인이라고 하더라도 단순한 지적 장애 외에 성적 자기결정권을 행사하지 못할 정도의 정신장애를 가지고 있다는 점이 증명되어야 하고, 피고인도 간음 당시 피해자에게 이러한 정

도의 정신장애가 있음을 인식하여야 한다.

4. 관계 법령

■ 구 성폭력범죄의 처벌 등에 관한 특례법(2011. 11. 17. 법률 제11088호로 개정되기 전의 것)

제6조(장애인에 대한 간음 등)
신체적인 또는 정신적인 장애로 항거불능인 상태에 있음을 이용하여 여자를 간음하거나 사람에 대하여 추행을 한 사람은 「형법」 제297조(강간) 또는 제298조(강제추행)에서 정한 형(刑)으로 처벌한다.

5. 상고심 판단 이유

<u>1) 공소사실의 요지</u>

피고인은 2011년 3월 초순경 '마비노기' 게임사이트에서 지능지수 51의 지적장애인인 피해자 공소외 1(여, 24세)을 채팅을 통해 알게 되었고, 2011년 3월 7일경부터 피해자와 지속적으로 통화하면서 피해자가 묻는 말에 대답을 잘 하지 않고, 그래서 피고인이 '○○년'이라고 여러 차례 욕을 하고 화를 내도 다시 연락을 해오며, 영상통화 시 알몸을 보여 달라는 요구에도 쉽게 응하는 등 피해자가 지적으로 문제가 있다는 사실을 인식하고 2011년 3월 27일 오후 1시경 피해자의 집에서 정신장애로 항거불능인 상태에 있음을 이용하여 피해자를 간음하고, 같은 날 오후 10시경 같은 장소에서 재차 피해자에게 성관계를 요구하여 피해자가 아빠한테 혼날까 봐 싫다고 하자 '○○년아'라고 욕설을 하여 피해자가 위축되자 정신장애로 항거불능인 상태에 있음을 이용하여 피해자를 간음하였다.

2) 원심의 판단

원심은, 그 판시와 같은 사정을 들어, 피해자가 이 사건 범행 당시 정신장애가 주된 원인이 되어 피고인에 대하여 성관계의 거부 또는 그에 대한 저항의사를 실행하는 것이 불가능하거나 현저하게 곤란한 상태에 있었고, 피고인은 피해자에게 정신장애가 있고 그로 인하여 자신의 부당한 성관계 요구에 대하여 반항이 불가능하거나 현저히 곤란한 상태에 있음을 알면서 피해자의 그러한 상태를 이용하여 간음한 것으로 판단하여, 이 사건 공소사실을 유죄로 인정하였다.

3) 이 법원의 판단

그러나 원심의 이러한 판단은 수긍하기 어렵다.

(1) 구 성폭력범죄의 처벌 등에 관한 특례법(2011.11.17. 법률 제11088호로 개정되기 전의 것, 이하 '법'이라 한다) 제6조의 '신체적인 또는 정신적인 장애로 항거불능인 상태에 있음'은 신체장애 또는 정신장애 그 자체로 항거불능의 상태에 있는 경우뿐 아니라 신체장애 또는 정신장애가 주된 원인이 되어 심리적 또는 물리적으로 반항이 불가능하거나 현저히 곤란한 상태에 이른 경우를 포함하는바, 그중 정신장애가 주된 원인이 되어 항거불능인 상태에 있었는지 여부를 판단함에 있어서는 피해자의 정신장애의 정도뿐 아니라 피해자와 가해자의 신분을 비롯한 관계, 주변의 상황 내지 환경, 가해자의 행위 내용과 방법, 피해자의 인식과 반응의 내용 등을 종합적으로 검토하여야 한다(대법원 2007.7.27. 선고 2005도2994 판결, 대법원 2012.3.15. 선고 2012도574 판결 등 참조).

한편 법 제6조는 장애인의 성적 자기결정권을 보호법익으로 하는 것이므로, 피해자가 지적장애등급을 받은 장애인이라고 하더라도 단순한 지적장애 외에 성적 자기결정권을 행사하지 못할 정도의 정신장애를 가지고 있다는 점이 증명되어야 하고, 피고인도 간음 당시 피해자에게 이러한 정도의 정신장애가 있음을 인식하여야 한다.

(2) 적법하게 채택된 증거들에 의하면, 피해자의 지능지수가 51, 사회성숙지수가 35.91로 측정되어 지적장애 3급으로 판정된 사실, 이 사건 발생 후 얼마 지나지 않아 실시된 피해자에 대한 심리검사보고서에 피해자의 언어적 기능이 매우 저하되어 있으며, 관습적인 수준의 규칙과 규범에 대한 습득 및 문제해결능력 역시 지체되어 있어 충동적이고 미숙한 행동을 보일 소지가 많다고 기재되어 있는 사실을 알 수 있으므로, 이러한 사실에 비추어 보면 피해자에게 지적장애가 있는 것으로 보인다.

그런데 앞서 본 바와 같이 법 제6조 소정의 정신장애는 지적장애 외에 성적 자기결정권을 행사하지 못할 정도에 이르러야 하므로, 피해자가 성적 자기결정권을 행사하지 못할 정도의 정신장애를 가지고 있는지에 관하여 살펴본다.

기록 및 적법하게 채택된 증거들에 의하면 다음과 같은 사정을 알 수 있다.

① 피해자가 피고인에게 보낸 문자메시지의 내용, 피해자에 대한 경찰 제1회 진술조서와 아동피해자조사보고서의 기재를 보면, 그 표현에 다소 미숙한 면이 있기는 하지만 피해자는 성행위와 임신의 의미를 인식하고 있는 것으로 보이고, 피고인의 성관계를 전제한 것으로 보이는 만남 제안을 여러 번 완곡하게 거절한 사실이 있다.

② 인터넷 게임 및 대학생활 또는 일상생활에 관하여 피고인과 피해자가 교환한 문자메시지의 내용과 피해자가 일산에 사는 부모를 떠나 대전에서 홀로 자취하며 특별한 보호자 없이 대학생활을 한 사실에 비추어 보면, 피해자는 일상생활에서 발생할 수 있는 여러 문제에 관하여 어느 정도 의사결정능력이 있는 것으로 보인다.

③ 피해자가 피고인에게 '자살해라'라는 문자메시지를 보낸 것을 보면, 피해자는 자살의 의미도 이해하고 있는 것으로 보인다.
④ 앞서 본 심리조사보고서는 기존의 검사방법과 상담방법에 기초한 것으로서 피고인과 피해자가 교환한 문자메시지의 내용과 피해자의 대학생활 및 독립된 일상생활의 구체적 모습이 고려되지 않고 작성된 것이고, 피해자의 성적 자기결정권의 유무에 관한 내용이 없다.

이러한 사정들을 종합해 보면, 피해자가 비록 장애등급으로 분류되는 지적장애를 가지고 있기는 하지만, 법 제6조에서 보호되는 성적 자기결정권을 행사하지 못할 정도의 정신장애를 가지고 있다고 쉽사리 단정하기가 어렵고, 달리 이러한 정도의 장애를 가지고 있다고 볼 만한 사정이나 객관적인 자료가 부족하다.

(3) 나아가 정신장애로 항거불능인 상태에 있음을 피고인이 인식하고 이를 이용하여 간음하였는지에 관하여 살펴본다.

기록 및 적법하게 채택된 증거들에 의하면 다음과 같은 사정을 알 수 있다.
① 피고인은 피해자보다 1살 어린 대학생으로서 인터넷 게임을 하다가 대전에서 홀로 자취하는 대학생이라는 피해자와 20여 일 동안 약 1,000여 통의 문자메시지를 교환하였는데, 피해자와 교환한 문자메시지 내용에 피해자의 지적장애를 인식하였다고 볼 만한 내용은 없다.
② 피고인은 피해자와 음란한 내용의 문자메시지를 교환하기도 하였지만 인터넷 게임과 대학 및 일상생활에 관한 내용의 문자메시지도 자주 교환하였다.
③ 문자메시지 내용을 보면 피고인이 피해자에게 욕을 몇 번 한 적이 있지만 이는 어느 정도 익명성이 보장되는 인터넷을 통해 만난 사이에서 만연히 한 행동으로 볼 여지가 있고, 피해자도 문자메시지와 인터

넷 채팅을 통해 피고인에게 '죽여버릴 테니까', '자살해라', '쓰레기 같은 놈' 등의 과격한 말을 한 사실이 있다.
④ 피해자의 아파트에서 가사도우미로 일한 적이 있는 공소외 2는 제1심 법정에서, 피해자의 부모가 피해자에게 장애가 있다고 말하기는 하였으나 피해자가 다른 사람들을 만날 때 그 외모나 언행에서 다른 사람들과 특별히 다른 점은 없었고, 처음 만난 사람이라도 바로 지적장애인이라고 인식할 수 있을 정도로 속칭 모자란 사람으로 보이지 않았다고 진술하였다.
⑤ 피해자는 피고인과 헤어진 후 바로 피고인에게 만나서 반가웠다며 집에 잘 들어갔는지에 관한 안부 문자메시지를 보내기도 하였다.
⑥ 피해자는 피고인이 만나서도 자신에게 욕을 하였다고 진술하기도 하였지만, 피고인은 그러한 사실이 없다고 일관되게 주장하고 있고, 피해자도 제1심법정에서, 피고인과 성관계를 할 때나 성관계를 하기 직전에 피고인이 욕을 한 사실이 없다고 진술하였으며, 달리 구체적으로 어느 시기에 욕을 하였는지에 관한 명확한 진술은 없는 것으로 볼 때, 피고인이 피해자와 만나서 욕을 하였다고 인정하기는 어렵다.
이러한 사정들을 종합해 보면, 피해자가 정신장애로 항거불능인 상태에 있음을 피고인이 인식하고 이를 이용하여 간음하였다는 점이 합리적 의심을 배제할 수 있을 정도로 증명되었다고 보기 어렵다.

(4) 그렇다면 피해자가 법 제6조에서 말하는 '정신적인 장애로 항거불능의 상태'에 있었다고 단정하기 어렵고, 나아가 피고인이 이를 인식하고 이를 이용하여 간음하였다고 단정하기도 어렵다.
그럼에도 원심은 피해자의 정신상태 등에 관하여 더 심리하지 아니한 채 이 사건 공소사실을 유죄로 판단하였는바, 이러한 원심판단에는 심리를 다하지 아니함으로써 법 제6조 소정의 항거불능에 관한 법리 등을 오해하여 판결 결과에 영향을 미친 잘못이 있다.

<u>4) 결론</u>

그러므로 원심판결을 파기하고, 사건을 다시 심리·판단하게 하기 위하여 원심법원에 환송하기로 하여, 관여 대법관의 일치된 의견으로 주문과 같이 판결한다.

06. 아내가 남편을 강간죄로 신고할 수 있나요?

QUESTION

형법 제297조에서 규정한 강간죄의 객체인 '부녀'에 법률상 처(妻)가 포함되는 것인가요? 제가 알기로는 종전부터 '부녀'에는 법률상 처가 포함되지 않는 것으로 알고 있어서요.

그렇다면 혼인관계가 실질적으로 유지되고 있더라도 남편이 반항을 불가능하게 하거나 현저히 곤란하게 할 정도의 폭행이나 협박을 가하여 아내를 간음한 경우 강간죄가 성립하는 것인가요?

ANSWER

결론적으로 말씀드리자면, 형법 제297조가 정한 강간죄의 객체인 '부녀'에는 법률상 처가 포함되고, 혼인관계가 파탄된 경우뿐만 아니라 혼인관계가 실질적으로 유지되고 있는 경우에도 남편이 반항을 불가능하게 하거나 현저히 곤란하게 할 정도의 폭행이나 협박을 가하여 아내를 간음한 경우에는 강간죄가 성립한다고 보아야 한다는 것이 최근 변경된 대법원 판례의 입장입니다(대법원 2013.5.16. 선고 2012도14788, 2012전도252 전원합의체 판결 참조).

다만 남편의 아내에 대한 폭행 또는 협박이 피해자의 반항을 불가능하게 하거나 현저히 곤란하게 할 정도에 이른 것인지 여부는, 그 폭행 또는 협박의 내용과 정도가 아내의 성적 자기결정권을 본질적으로 침해하는 정도에 이른 것인지 여부, 남편이 유형력을 행사하게 된 경위, 혼인생활의 형태와 부부의 평소 성행위, 성교 당시와 그 후의 상황 등 모든 사정을 종합하여 신중하게 판단하여야 할 것입니다.

1. 사건의 표시

1) 사　　건　　대법원 2013. 5. 16. 선고 2012도14788, 2012전도252 전원합의체 판결[4]
　　　　　　　폭력행위 등 처벌에 관한 법률 위반(집단·흉기 등 폭행)·준강간·폭력행위 등 처벌에 관한 법률 위반(집단·흉기 등 상해)·성폭력범죄의 처벌 등에 관한 특례법 위반(특수강간)·감금·부착명령
2) 피고인 겸 피부착명령청구자　　　피고인
3) 상 고 인　　피고인 겸 피부착명령청구자

2. 판시사항

　형법 제297조에서 규정한 강간죄의 객체인 '부녀'에 법률상 처(妻)가 포함되는지 여부(적극) 및 혼인관계가 실질적으로 유지되고 있더라도 남편이 반항을 불가능하게 하거나 현저히 곤란하게 할 정도의 폭행이나 협박을 가하여 아내를 간음한 경우 강간죄가 성립하는지 여부(적극)와 남편의 아내에 대한 폭행 또는 협박이 피해자의 반항을 불가능하게 하거나 현저히 곤란하게 할 정도에 이른 것인지 판단하는 기준

---

[4] 이 사건에서 피고인은 폭력행위 등 처벌에 관한 법률 위반(집단·흉기 등 폭행)·준강간·폭력행위 등 처벌에 관한 법률 위반(집단·흉기 등 상해)·성폭력범죄의 처벌 등에 관한 특례법 위반(특수강간)·감금·부착명령으로 기소되었는바, 1심에서는 모두 유죄로 인정되어 징역 6년, 10년간 위치추적 전자장치 부착명령이 선고되었고, 항소심에서도 모두 유죄로 인정되었지만 징역 3년 6월, 7년간 정보공개, 10년간 위치추적 전자장치 부착명령이 선고되었으며, 상고심에서는 피고인의 상고를 기각하여, 위 항소심의 형이 그대로 확정되었다.

3. 판결요지

1) 다수의견

(1) 형법(2012.12.18. 법률 제11574호로 개정되기 전의 것, 이하 같다) 제297조는 부녀를 강간한 자를 처벌한다고 규정하고 있는데, 형법이 강간죄의 객체로 규정하고 있는 '부녀'란 성년이든 미성년이든, 기혼이든 미혼이든 불문하며 곧 여자를 가리킨다. 이와 같이 형법은 법률상 처를 강간죄의 객체에서 제외하는 명문의 규정을 두고 있지 않으므로, 문언 해석상으로도 법률상 처가 강간죄의 객체에 포함된다고 새기는 것에 아무런 제한이 없다. 한편 1953년 9월 18일 법률 제293호로 제정된 형법은 강간죄를 규정한 제297조를 담고 있는 제2편 제32장의 제목을 '정조에 관한 죄'라고 정하고 있었는데, 1995년 12월 29일 법률 제5057호로 형법이 개정되면서 그 제목이 '강간과 추행의 죄'로 바뀌게 되었다. 이러한 형법의 개정은 강간죄의 보호법익이 현재 또는 장래의 배우자인 남성을 전제로 한 관념으로 인식될 수 있는 '여성의 정조' 또는 '성적 순결'이 아니라, 자유롭고 독립된 개인으로서 여성이 가지는 성적 자기결정권이라는 사회 일반의 보편적 인식과 법감정을 반영한 것으로 볼 수 있다. 부부 사이에 민법상의 동거의무가 인정된다고 하더라도 거기에 폭행, 협박에 의하여 강요된 성관계를 감내할 의무가 내포되어 있다고 할 수 없다. 혼인이 개인의 성적 자기결정권에 대한 포기를 의미한다고 할 수 없고, 성적으로 억압된 삶을 인내하는 과정일 수도 없기 때문이다.

(2) 결론적으로 헌법이 보장하는 혼인과 가족생활의 내용, 가정에서의 성폭력에 대한 인식의 변화, 형법의 체계와 그 개정 경과, 강간죄의 보호법익과 부부의 동거의무의 내용 등에 비추어 보면, 형법 제297조가 정한 강

간죄의 객체인 '부녀'에는 법률상 처가 포함되고, 혼인관계가 파탄된 경우뿐만 아니라 혼인관계가 실질적으로 유지되고 있는 경우에도 남편이 반항을 불가능하게 하거나 현저히 곤란하게 할 정도의 폭행이나 협박을 가하여 아내를 간음한 경우에는 강간죄가 성립한다고 보아야 한다. 다만 남편의 아내에 대한 폭행 또는 협박이 피해자의 반항을 불가능하게 하거나 현저히 곤란하게 할 정도에 이른 것인지 여부는, 부부 사이의 성생활에 대한 국가의 개입은 가정의 유지라는 관점에서 최대한 자제하여야 한다는 전제에서, 그 폭행 또는 협박의 내용과 정도가 아내의 성적 자기결정권을 본질적으로 침해하는 정도에 이른 것인지 여부, 남편이 유형력을 행사하게 된 경위, 혼인생활의 형태와 부부의 평소 성행, 성교 당시와 그 후의 상황 등 모든 사정을 종합하여 신중하게 판단하여야 한다.

2) 대법관 이상훈, 대법관 김용덕의 반대의견

(1) 강간죄에 대하여 규정한 형법 제297조가 개정 형법(2012.12.18. 법률 제11574호로 개정되어 2013.6.19. 시행 예정인 것, 이하 '개정 형법'이라 한다)에 의하여 개정되기 전에, 강제적인 부부관계에 대하여 행사된 폭행이나 협박을 처벌 대상으로 삼는 것을 넘어서서 강간죄의 성립을 부정하였던 종전의 판례를 변경하여 강간죄로 처벌하여야 한다는 다수의견에 대하여는 다음과 같은 이유로 찬성할 수 없다.

(2) '간음(姦淫)'의 사전적 의미는 '부부 아닌 남녀가 성적 관계를 맺음'이고, 강간은 '강제적인 간음'을 의미하므로 강간죄는 폭행 또는 협박으로 부부 아닌 남녀 사이에서 성관계를 맺는 것이라 할 것이다. 그리고 강간죄는 '부녀'를 대상으로 삼고 있으므로, 결국 강간죄는 그 문언상 '폭행 또는 협박으로 부인이 아닌 부녀에 대하여 성관계를 맺는 죄'라고 해석된다. 강

간죄는 제정 당시부터 '배우자가 아닌 사람에 의한 성관계'를 강요당한다는 침해적인 요소를 고려하여 형량을 정하였는데, 특별한 구성요건의 변화 없이 형법 제32장의 제목 변경만으로 강간죄를 부부관계에까지 확대하는 것은 강간죄의 규정 취지와 달리 부부관계에 대하여 과도한 처벌이 이루어지게 되어 죄형균형의 원칙을 벗어나게 된다. 혼인생활과 가족관계의 특수성이 갖는 이익과 성적 자기결정권이 갖는 이익의 형량 등을 고려하여 강간죄에 의한 처벌 여부를 가려야 한다면, 차라리 일반적인 강간죄가 성립된다고 보지 않고 그 폭행 또는 협박에 상응한 처벌을 하는 것이 다양한 유형의 성적 자기결정권 침해에 대처할 수 있고 처의 혼인생활 및 권리 보호에 충실할 수 있다.

4. 관계 법령

■ 헌법

제10조

모든 국민은 인간으로서의 존엄과 가치를 가지며, 행복을 추구할 권리를 가진다. 국가는 개인이 가지는 불가침의 기본적 인권을 확인하고 이를 보장할 의무를 진다.

제36조

① 혼인과 가족생활은 개인의 존엄과 양성의 평등을 기초로 성립되고 유지되어야 하며, 국가는 이를 보장한다.

■ 구 형법(2012.12.18. 법률 제11574호로 개정되기 전의 것)

제297조(강간)

폭행 또는 협박으로 부녀를 강간한 자는 3년 이상의 유기징역에 처한다.

제299조(준강간, 준강제추행)

사람의 심신상실 또는 항거불능의 상태를 이용하여 간음 또는 추행을 한 자는 전2조의 예에 의한다.

■ 민법

제826조(부부간의 의무)

① 부부는 동거하며 서로 부양하고 협조하여야 한다. 그러나 정당한 이유로 일시적으로 동거하지 아니하는 경우에는 서로 인용하여야 한다.

5. 상고심 판단 이유

1) 피고사건에 대하여

(1) 전혀 다른 성장배경을 가진 남녀가 서로 만나 혼인하고 자녀를 낳아 양육하면서 가정을 이루는 토대는 부부 사이의 사랑과 신뢰이다. 이러한 사랑과 신뢰는 부부 사이에 건강한 성생활이 유지됨으로써 더욱 견고해질 수 있다. 부부는 가치관, 정신적·육체적 능력, 욕구와 취향 등 인생의 희로애락과 관련된 모든 면에서 차이가 있게 마련이지만, 그러면서도 가정을 평화롭고 행복하게 유지하려면 서로 양보와 배려를 하고 경우에 따라 자기희생도 감수해야 한다. 같은 연유로 성적 욕구와 취향 등도 부부 사이에 서로 다르며 각 가정마다 상당한 차이가 있을 수 있지만, 어떤 경우에도 부부 사이의 성생활을 제3자가 자신의 기준으로 평가하도록 하는 것은 바람직하지 않다. 따라서 국가도 은밀하게 이루어지는 부부 사이의 성생활에 개입하는 것을 극도로 자제하여야 한다.

종래 대법원은 혼인관계가 실질적으로 유지되는 한 아내에 대하여 강제적인 성관계를 한 남편을 강간죄로 처벌할 수 없다고 해석하였다. 이는 가정 내의 폭력을 추방하여야 한다는 요청을 대법원이 외면하거나 가볍게 여기는 것이 아니라 혼인생활에서 부부 사이에 은밀히 이루어지는 성관계에 대한 국가의 개입을 자제하여 조금이라도 가정이 유지되도록 하기 위한 배려라고 새길 것이다.

(2) 헌법은 인간의 존엄과 가치, 행복추구권의 보장을 선언하면서(제10조), 혼인과 가족생활이 개인의 존엄과 양성의 평등을 기초로 성립되고 유지되어야 함과 아울러 국가는 이를 적극적으로 보장하여야 하는 의무를 부담함을 천명하고 있다(제36조). 개인의 성적 자기결정권은 위 헌법 규정이 정한 개인의 존엄과 가치, 양성의 평등, 행복추구권에 기초하고 있으므로, 혼인한 부부 사이의 성생활에서도 개인의 성적 자기결정권은 보장되고 보호되어야 한다. 비록 부부 사이에 은밀히 이루어지는 성생활이 국가의 개입을 극도로 자제하여야 하는 영역에 속한다고 하더라도 위 헌법 규정의 적용이 배제되는 성역(聖域)일 수는 없다.

아내에 대한 성폭력은 매우 사적이고 은밀한 성격을 띠고 있어 잘 노출되지 않는 특성이 있는데다가 반복적이고 지속적인 양상을 보이기 때문에 이에 대한 적절한 대응조치가 취하여지지 않으면 그에 따른 여성의 피해는 점차 심각해질 위험이 있다. 특히 우리나라의 특수한 경제적·문화적·사회적 요인으로 인하여 피해자인 여성이 이혼을 결심하지 못한 채 자포자기의 심정으로 현실을 감내하는 선택을 할 수밖에 없는 경우도 있을 수 있다.

아내에 대한 성폭력이 가정 내부에서 자율적으로 해결되지 못하고 아내의 성적 자기결정권이 심각하게 유린되는 상황이 지속되고 있는데도 국가가 부부 사이의 내밀한 성생활에 관한 문제라는 이유만으로 그 개입을 자제한다면, 헌법이 천명한 개인의 존엄과 양성의 평등에 기초한 혼인생활을 보장할 국가의 책무를 소홀히 하는 것이다. 특히 부부 사이에서도 양성의 평등과 성적 자기결정권이 존중되어야 한다는 인식이 국민들의 보편적 법의식으로 자리잡게 된 오늘날에는, 혼인관계가 파탄에 이른 경우는 물론 혼인관계가 실질적으로 유지되고 있는 경우에도 남편의 성폭력이 아내의 성적 자기결정권을 본질적으로 침해하는 정도에 이르렀다면, 국가가 이에 개입하여 더 이상의 피해를 방지하고 건강한 부부관계가 회복될 수 있도록 적절한 조치를 취해야 하며, 필요한 경우 국가형벌권의 행사도 고려하지 않을 수 없다.

(3) 형법 제297조는 부녀를 강간한 자를 처벌한다고 규정하고 있는데, 형법이 강간죄의 객체로 규정하고 있는 부녀란 성년이든 미성년이든, 기혼이든 미혼이든 불문하며 곧 여자를 가리키는 것이다(대법원 1996.6.11. 선고 96도791 판결, 대법원 2009.9.10. 선고 2009도3580 판결 참조). 이와 같이 형법은 법률상 처를 강간죄의 객체에서 제외하는 명문의 규정을 두고 있지 않으므로, 문언 해석상으로도 법률상 처가 강간죄의 객체에 포함된다고 새기는 것에 아무런 제한이 없다.

한편 1953년 9월 18일 법률 제293호로 제정된 형법은 강간죄를 규정한 제297조를 담고 있는 제2편 제32장의 제목을 '정조에 관한 죄'라고 정하고 있었는데, 1995년 12월 29일 법률 제5057호로 형법이 개정되면서 그 제목이 '강간과 추행의 죄'로 바뀌게 되었다. 이러한 형법의 개정은 강간죄의 보호법익이 현재 또는 장래의 배우자인 남성을 전제로 한 관념으로 인식될 수 있는 '여성의 정조' 또는 '성적 순결'이 아니라, 자유롭고 독립된 개인으로서 여성이 가지는 성적 자기결정권이라는 사회 일반의 보편적 인식과 법감정을 반영한 것으로 볼 수 있다.

(4) 민법 제826조 제1항은 부부의 동거의무를 규정하고 있고, 여기에는 배우자와 성생활을 함께 할 의무가 포함된다. 부부의 일방이 정당한 이

유 없이 서로 동거하여야 할 부부로서의 의무를 포기하고 다른 일방을 버린 경우에는 재판상 이혼사유인 악의의 유기에 해당할 수 있다(대법원 1986.5.27. 선고 86므26 판결, 대법원 1999.2.12. 선고 97므612 판결 등 참조). 그러나 부부 사이에 민법상의 동거의무가 인정된다고 하더라도 거기에 폭행, 협박에 의하여 강요된 성관계를 감내할 의무가 내포되어 있다고 할 수 없다. 혼인이 개인의 성적 자기결정권에 대한 포기를 의미한다고 할 수 없고, 성적으로 억압된 삶을 인내하는 과정일 수도 없기 때문이다.

(5) 결론적으로, 위와 같은 헌법이 보장하는 혼인과 가족생활의 내용, 가정에서의 성폭력에 대한 인식의 변화, 형법의 체계와 그 개정 경과, 강간죄의 보호법익과 부부의 동거의무의 내용 등에 비추어 보면, 형법 제297조가 정한 강간죄의 객체인 '부녀'에는 법률상 처가 포함되고, 혼인관계가 파탄된 경우뿐만 아니라 혼인관계가 실질적으로 유지되고 있는 경우에도 남편이 반항을 불가능하게 하거나 현저히 곤란하게 할 정도의 폭행이나 협박을 가하여 아내를 간음한 경우에는 강간죄가 성립한다고 보아야 한다. 다만 남편의 아내에 대한 폭행 또는 협박이 피해자의 반항을 불가능하게 하거나 현저히 곤란하게 할 정도에 이른 것인지 여부는, 부부 사이의 성생활에 대한 국가의 개입은 가정의 유지라는 관점에서 최대한 자제하여야 한다는 전제에서, 그 폭행 또는 협박의 내용과 정도가 아내의 성적 자기결정권을 본질적으로 침해하는 정도에 이른 것인지 여부, 남편이 유형력을 행사하게 된 경위, 혼인생활의 형태와 부부의 평소 성행위, 성교 당시와 그 후의 상황 등 모든 사정을 종합하여 신중하게 판단하여야 한다. 이와 달리, 실질적인 부부관계가 유지되고 있을 때에는 설령 남편이 강제로 아내를 간음하였다고 하더라도 강간죄가 성립하지 아니한다고 판시한 대법원 1970년 3월 10일 선고 70도29 판결은 이 판결과 배치되는 범위에

서 이를 변경하기로 한다.

(6) 아울러 혼인관계가 실질적으로 유지되고 있는 부부 사이에서 발생하는 강간죄의 수사와 재판에는 특별한 고려가 필요하다는 점을 지적하여 둔다.

남편의 아내에 대한 강간죄를 수사하는 수사기관이나 그 재판을 담당하는 법원은 수사나 재판과정에서 모멸감, 배신감 등으로 부부 사이의 심리적·정신적 상처가 덧나거나 혼인의 파탄이 촉진되는 일이 없도록 세심한 배려를 하여야 하고, 가정 내의 고통이 장기간 지속되지 않도록 신속하게 절차를 진행하여야 한다. 그리고 부부 모두 가정을 유지하려는 의사가 확고할 때에는 이를 수사나 재판에 있어 중요한 요소로 반영하여야 함은 물론이다.

한편 가정폭력범죄의 처벌 등에 관한 특례법(이하 '가정폭력특례법'이라 한다)이 2012년 1월 17일 법률 제11150호로 개정되면서 형법 제297조의 강간죄 및 이에 대하여 다른 법률에 따라 가중처벌되는 죄도 가정폭력범죄에 해당하게 되었다. 가정폭력특례법은 가정폭력범죄에 대하여는 가정폭력특례법을 다른 법률에 우선하여 적용하고(제3조), 남편의 아내에 대한 강제적인 성행위가 형법상 강간죄의 구성요건을 충족하더라도 형사처벌보다 가정폭력특례법에 따른 보호처분이 적절한 경우에는 이를 가정보호사건으로 처리할 수 있도록 규정하고 있다(제9조 제1항, 제12조, 제40조 제1항 등 참조). 이와 같이 남편의 아내에 대한 강간죄는 형사공판절차가 아니라 가정보호사건으로 처리될 수 있으므로, 검사 또는 법원으로서는 아내에 대한 강간죄를 가정폭력특례법에 따라 가정보호사건으로 처리할 것인지, 아니면 피고사건으로 처리할 것인지를 결정하는 데 부부 사이에서 발생한 성폭력범죄라는 특수성과 함께 이를 피고사건으로 처리할 경우 적용될 강간죄의 법정형을 아울러 고려하여 신중히 판단하여야 할 것이다.

(7) 원심은 그 채택 증거에 의하여 그 판시와 같은 사실을 인정한 다음, 부부인 피고인과 피해자가 불화로 부부싸움을 자주 하면서 각방을 써오던 상황에서 피고인이 흉기를 사용하여 피해자를 폭행, 협박한 후 강제로 성관계를 하였으므로, 준강간죄 및 성폭력범죄의 처벌 등에 관한 특례법 위반(특수강간)죄가 성립한다고 판단하였다.
원심판결 이유를 앞서 본 법리와 기록에 비추어 살펴보면, 원심의 위와 같은 판단은 정당하고, 거기에 상고이유 주장과 같은 강간죄의 객체에 관한 법리를 오해하는 등의 위법이 없다.

2) 부착명령 청구사건에 대하여

구 특정 범죄자에 대한 위치추적 전자장치 부착 등에 관한 법률(2012.12.18. 법률 제11558호 특정 범죄자에 대한 보호관찰 및 전자장치 부착 등에 관한 법률로 개정되기 전의 것, 이하 '전자장치부착법'이라 한다) 제5조 제1항에 정한 성폭력범죄의 재범의 위험성이라 함은 재범할 가능성만으로는 부족하고 피부착명령청구자가 장래에 다시 성폭력범죄를 범하여 법적 평온을 깨뜨릴 상당한 개연성이 있음을 의미한다. 성폭력범죄의 재범의 위험성 유무는 피부착명령청구자의 직업과 환경, 당해 범행 이전의 행적, 그 범행의 동기, 수단, 범행 후의 정황, 개전의 정 등 여러 사정을 종합적으로 평가하여 객관적으로 판단하여야 하고, 이러한 판단은 장래에 대한 가정적 판단이므로, 판결 시를 기준으로 하여야 한다[대법원 2012.4.26. 선고 2012도3337, 2012전도74(병합) 판결 등 참조]. 그리고 전자장치부착법 제5조 제1항 제3호에 정한 '성폭력범죄의 습벽'은 범죄자의 어떤 버릇, 범죄의 경향을 의미하는 것으로서 행위의 본질을 이루는 성질이 아니고 행위자의 특성을 이루는 성질을 의미하는 것이므로, 습벽의 유무는 행위자의 연령·성격·직업·환경·전과, 범행의 동기·수단·방법 및 장소, 전에 범한 범죄와의 시간적 간격, 그 범행의 내용과 유사성 등 여러 사정을 종합하여 판단하여야 한다(대법원 2011.9.29. 선고 2011전도82 판결 등 참조).

원심은 피고인이 흉기를 휴대한 채 자신의 아내인 피해자를 폭행한 후 항거불능 상태에 이른 피해자를 간음하고, 불과 며칠 후에 다시 흉기로 피해자의 반항을 억압한 후 피해자를 강간한 점, 피고인이 성범죄자 재범위험성 검사 도중 피해자의 외도를 의심하여 흥분하고 화를 내는 등 불안정한 정서상태를 보이기도 하였고, 책임을 회피하거나 타인에 대한 공감능력이 부족하다고 평가된 점, 그 밖에 피고인의 나이, 성행, 환경, 이 사건 범행의 동기 및 내용 등을 종합하면, 피고인에게 성폭력범죄의 습벽 및 성폭력범죄를 다시 범할 위험성이 인정된다는 이유로 이 사건 부착명령 청구를 인용한 제1심판결을 그대로 유지하였다.

앞서 본 법리와 기록에 비추어 살펴보면, 이러한 원심의 판단은 정당한 것으로 수긍할 수 있고, 거기에 상고이유 주장과 같은 재범의 위험성에 관한 법리오해 등의 위법이 없다.

3) 결론

그러므로 상고를 모두 기각하기로 하여 주문과 같이 판결한다. 이 판결에는 피고사건 부분에 대한 대법관 이상훈, 김용덕의 반대의견이 있는 것 외에는 관여 법관의 의견이 일치되었다.

4) 피고사건 부분에 대한 대법관 이상훈, 김용덕의 반대의견은 다음과 같다.

(1) 실질적인 혼인관계가 유지되고 있는 경우에 이루어진 부부 사이의 성

관계(이하 반대의견의 범위 내에서는 이를 '부부관계'라고 줄여서 쓴다)라고 하더라도 폭행이나 협박을 가하여 강제적으로 이루어졌다면 이를 형사처벌 대상으로 삼아야 한다는 점에서는 다수의견의 견해에 찬성한다.

그렇지만 강간죄에 대하여 규정한 형법 제297조가 개정 형법(2012.12.18. 법률 제11574호로 개정되어 2013.6.19. 시행 예정인 것, 이하 '개정 형법'이라 한다)에 의하여 개정되기 전에, 강제적인 부부관계에 대하여 행사된 폭행이나 협박을 처벌 대상으로 삼는 것을 넘어서서 강간죄의 성립을 부정하였던 종전의 판례를 변경하여 강간죄로 처벌하여야 한다는 다수의견에 대하여는 다음과 같은 이유로 찬성할 수 없다.

(2) 먼저 형법 제297조를 비롯하여 강간과 추행의 죄를 정한 형법 규정의 문언에 비추어 보면, 형법 제297조에서 정한 강간죄의 대상인 성관계에 부부관계가 포함된다고 보기 어렵다.

형법 제297조는 강간죄에 관하여 "폭행(暴行) 또는 협박(脅迫)으로 부녀(婦女)를 강간(强姦)한 자는 3년 이상의 유기징역에 처한다."라고 규정하고 있다. 위 규정에서 '강간(强姦)'의 '강(强)'은 '강제하는, 억지로 시키는'이라는 의미를 가지고, '간(姦)'은 '간음(姦淫)'이라는 의미를 가진다. '간(姦)'이 '간음(姦淫)'을 의미함은 형법 제299조가 준강간에 관하여 "사람의 심신상실 또는 항거불능의 상태를 이용하여 간음 또는 추행을 한 자는 전2조의 예에 의한다."라고 규정하고 있는 점에 비추어 분명하다.

그런데 '간음'의 사전적 의미는 '부부 아닌 남녀가 성적 관계를 맺음'이다. 강간은 '강제적인 간음'을 의미하므로 강간죄는 폭행 또는 협박으로 부부 아닌 남녀 사이에서 성관계를 맺는 것이라 할 것이다. 그리고 강간죄는 '부녀'를 대상으로 삼고 있으므로, 결국 강간죄는 그 문언상 '폭행 또는 협박으로 부인이 아닌 부녀에 대하여 성관계를 맺는 죄'라고 해석된다.

종래 대법원은 실질적으로 부부관계(여기에서의 부부관계는 앞에서 약칭한 바와는 달리 혼인생활관계를 의미하는 것으로 보이며, 이하에서는 '혼인관계'라고 한다)가 없고 따라서 '서로 정교 승낙이나 정교권 포기의 의사표시를 철회한 상태'에 있었다고 단정하기 어려운 경우에는 정교청구권이 없음을 전제로 한 강간죄는 성립하지 않는다는 취지로 판시하였다(대법원 1970.3.10. 선고 70도29 판결 참조. 이하 '종전 대법원판결'이라 한다). 이는 위와 같은 법의 문언에 따른 해석으로서, 형법 제297조를 비롯하여 관련 규정들이 개정되지 아니한 상태에서는 섣불리 이와 다른 견해를 취할 것은 아니라고 할 것이다.

(3) 형법을 제정하여 강간죄를 규정하면서 '성관계'라는 용어 대신에 위와 같이 '간음'이라는 용어를 사용한 것은 부부 사이의 동거의무 내지는 부부관계의 특수성을 고려하여 강간죄의 처벌 대상에서 부부관계를 제외하려고 한 것으로 보인다.

형법은 제정 당시 강간죄를 규정한 제32장의 제목을 '정조에 관한 죄'로 정하였다. '정조'의 사전적 의미는 '여자의 곧고 깨끗한 절개' 또는 '성적 관계의 순결'이다. 위에서 본 바와 같이 형법은 강제적인 '간음'을 구성요건으로 삼음으로써 '폭행 또는 협박에 의한 강제적인 성관계'가 이루어진다는 침해적인 요소뿐 아니라 '혼인에 의하지 아니한 성관계' 내지 '배우자가 아닌 사람에 의한 성관계'를 강요당한다는 침해적인 요소도 고려하여 강간죄를 구성하고, 그 형량을 일반적인 폭행·협박죄나 강요죄 등에 비하여 현저하게 높게 정한 것으로 보이며, 위 제목은 이와 같은 형법의 취지를 반영한 것으로 보인다. 그리고 형법 제306조는 강간죄를 친고죄로 정하였는데, 이는 피해자의 명예와 인격을 보호하기 위한 것으로서 '간음'을 강간죄의 대상으로 삼은 형법의 위 취지에 비추어 보면 '배우자가 아닌 사람에 의한 성관계'가 외부에 공개되어 피해자의 명예가 손상되지 않도록 하려는 배려가 담겨 있다고 할 수 있다.

그런데 다수의견이 지적하는 바와 같이 형법이 1995년 12월 29일 법률 제5057호로 일부 개정되면서 제32장의 제목이 '강간과 추행의 죄'로 바뀌었지만, 강간죄를 규정한 형법 제297조 및 준강간죄를 규정한 형법 제299조의 규정은 개정되지 아니하였다. 이는 제32장의 제목이 성적 자기결정권을 보호하는 범죄의 명칭으로 적합하지 않다는 것을 고려한 것이라 할 수 있다. 그렇지만 강간죄의 구성요건과 형량이 바뀌지 아니한 이상, 원칙적으로 그 문언에서 벗어나는 해석은 적절하지 않고, 또한 위와 같은 제32장의 제목의 변경만으로 '배우자가 아닌 사람에 의한 성관계'를 강요당한다는 침해적인 요소를 추가적으로 고려하여 형량을 무겁게 정함으로써 그와 같은 성관계를 강요당하는 피해자를 보호하려는 강간죄 규정의 취지가 사라졌다고 보기에는 부족하다. 오히려 위와 같이 강간죄는 제정 당시부터 '배우자가 아닌 사람에 의한 성관계'를 강요당한다는 침해적인 요소를 고려하여 형량을 정하였는데, 특별한 구성요건의 변화 없이 제32장의 제목 변경만으로 강간죄를 부부관계에까지 확대하는 것은 강간죄의 규정 취지와 달리 부부관계에 대하여 과도한 처벌이 이루어지게 되어 죄형균형의 원칙을 벗어나게 된다.

우리나라 혼인제도상 혼인한 부부 사이에서는 동거의무가 인정되는 한편 배우자 이외의 자와의 성관계가 원칙적으로 금지되고 그러한 성관계는 형법상 간통죄에 의하여 처벌된다. 이와 같이 혼인제도와 간통죄에 의하여 규율되는 혼인생활 속에서의 부부관계는 부부 아닌 사람들 사이에서의 성관계와 그 법적·사회적인 의미가 같다고 할 수 없고, 형법은 이를 고려하여 위와 같은 내용으로 강간죄를 구성하였다. 그런데 과연 형법 제32장의 제목 변경만을 이유로 들어 강간죄에 관한 형법 규정을 확장하여 부부관계에까지 적용하려는 것이 형법 개정의 의도였다고 볼 수 있을지는 의문이다. 아래에서 보는 것처럼 강간죄에 관한 형법 규정이 변경되지 아니한 상태에서는, 부부관계에 이르는 과정에 사회적 상당성이 없을 경우에 그 과정의 불법을 규제하는 방식으로 법률을 운용하는 것이 혼인제도 및 형사법제의 기본 틀과 어긋나지 않는 해결방법일 것이다.

⑷ 위와 같이 부부관계가 강간죄의 적용 대상이 아니라고 하더라도, 폭행 또는 협박에 의한 강제적인 부부관계가 용인될 수는 없다. 강제적인 부부관계에서 행사된 폭행 또는 협박에 대하여는 이를 형사처벌하여야 하며, 그 형사처벌을 통하여 부부관계를 강요당하는 배우자의 성적 자기결정권을 보호하여야 한다. 즉 강제적인 부부관계와 정상적인 부부관계의 차이는 바로 그 강제성에 있으며, 이는 폭행 또는 협박에 의하여 자기결정권이 침해되는 것에서 비롯되므로, 그 침해를 낳는 폭행 또는 협박을 처벌함으로써 자기결정권을 보호할 수 있다.

대법원은 강간죄에 대하여 고소가 없는 경우에 그 수단인 폭행만을 분리하여 공소제기할 수 없다고 보고 있으나 이는 강간죄가 피해자의 의사에 따르는 친고죄임을 고려하였기 때문이며(대법원 2002.5.16. 선고 2002도51 전원합의체 판결 참조), 고소가 있는 경우에는 강간의 범행이 인정되지 않더라도 그 수단인 폭행에 대하여 독립적인 처벌이 가능하다고 보고 있다(대법원 2010.11.11. 선고 2010도10512 판결 참조).

이에 비추어 보면, 위와 같이 강제적인 부부관계를 강간죄의 대상으로 보지 아니하는 이상 친고죄에 대한 고려는 할 필요가 없고, 강제적인 부부관계에서 행사된 폭행 또는 협박에 대하여는 처벌할 수 있다고 할 것이다. 자기결정권을 침해하는 강제적인 부부관계에서 이루어지는 강제적인 행위, 즉 폭행 또는 협박의 정도는 다양하다. 그런데 부부관계에 대하여 강간죄가 성립되려면, 일반적인 강간죄의 경우와 마찬가지로 그 폭행 또는 협박이 반항을 억압하거나 현저히 곤란하게 할 정도에 이르러야 하며, 나아가 부부관계의 특수성을 고려하여 일반적인 경우보다 더 신중하게 판단되어야 하고 더 증명력을 갖춘 엄격한 증거에 의하여 인정되어야 한다는 해석론을 취하게 되면 강간죄로 처벌될 수 있는 영역은 더 줄어들게 될 것이다. 그리고 이와 같은 제한적인 해석론으로 인하여 오히려 다른 일반적인 강간 사안에서의 폭행, 협박의 개념이나 그 해석에 혼란이 초래될 수도 있다.

따라서 강간죄에 의한 처벌만으로는 성적 자기결정권이 침해된 처의 보호 문제를 해결하기에 부족하고, 그 해결을 위해서는 여전히 강간죄에 이르지 아니한 폭행 또는 협박에 대하여 처벌할 필요성이 있다. 즉 성적 자기결정권이 침해되었으므로 강간죄로 처벌하여야 한다는 단순한 논리가 아니라, 성적 자기결정권이 침해되었으므로 그 침해행위에 대하여 그에 상응한 처벌이 이루어져야 한다는 견해를 취하고 나아가 그 침해 수단의 유형 및 침해 정도에 따라 적절한 양형을 하는 것이 성적 자기결정권의 보호에 더 적합하고 일관된 태도라 생각된다.

다수의견에서는 처에 대한 강간죄가 성립되더라도 형사처벌하지 않고 가정폭력특례법에 따른 보호사건으로 처리할 것인지를 신중하게 판단하여야 한다고 설명하는데, 이는 처에 대한 강간죄라고 하더라도 혼인생활이 계속되는 경우에는 일반적인 강간죄와는 달리 고려되어야 할 요소가 있음을 전제로 하는 것이다. 이처럼 혼인생활과 가족관계의 특수성이 갖는 이익과 성적 자기결정권이 갖는 이익의 형량 등을 고려하여 강간죄에 의한 처벌 여부를 가려야 한다면, 차라리 일반적인 강간죄가 성립된다고 보지 않고 그 폭행 또는 협박에 상응한 처벌을 하는 것이 다양한 유형의 성적 자기결정권 침해에 대처할 수 있고 처의 혼인생활 및 권리 보호에 충실할 수 있다.

이와 같이 강제적인 부부관계, 즉 부부 강간 행위를 폭행 또는 협박죄 등으로 처벌하고 성적 자기결정권 침해 정도에 따라 그에 상응한 형사처벌을 한다는 것은, 부부 강간 행위를 포함하여 처에 대한 다양한 성적 자기결정권 침해 행위를 범죄로 본다는 것이다. 강제적인 부부관계에 대하여 현행 형법상의 강간죄가 성립되지 않는다는 견해를 취한다고 하여, 마치 부부 강간 행위를 범죄로 보지 않는다거나 성적 자기결정권 보호를 외면하는 견해로 오해하여서는 아니 될 것이다.

(5) 그뿐 아니라 40여 년간 유지되어 온 종전 대법원판결을 변경하여 부부관계를 강간죄의 적용 대상으로 보아 형사처벌을 확대하는 것에는 신중을 기하여야 한다.

국민에게 법적 안정성과 예측가능성을 부여하기 위해서 헌법 제13조 제1항은 행위 시의 법률에 의하여 범죄를 구성하지 아니하는 행위로 소추되지 않도록 함으로써 죄형법정주의 및 형법불소급의 원칙을 선언하고 있다. 그런데 장기간 유지되면서 강간죄의 구성요건 해석에 관하여 실질적인 규범력을 형성하였던 종전 대법원판결을 변경하면 그 변경 전에 이루어졌던 행위가 모두 처벌 대상에서 벗어날 수 없게 된다(대법원 1999.7.15. 선고 95도2870 전원합의체 판결 참조). 즉 다수의견과 같이 판례를 변경하여 부부관계를 강간죄의 적용 대상으로 확대하면 강간죄 관련 범죄의 공소시효 범위 내에서는 그 변경 전의 모든 강제적인 부부관계가 강간죄 등에 의한 처벌 대상이 되므로, 그 결과 부부관계의 특수성 및 혼인생활의 지속 등으로 인하여 이미 묻힌 사실관계까지 새롭게 들추어내어 형법적 규율 대상으로 삼게 되고 매우 무거운 형에 의한 처벌이 가능하게 된다. 이는 종전 대법원판결을 규범으로 삼아 행위를 하였던 사람들의 예측가능성에서 벗어나는 결과에 이르게 되고, 이미 오래 전에 이루어진 행위에 대하여 사회적 평가의 변경을 근거로 사후적으로 처벌하는 것과 마찬가지라고 할 수도 있으므로, 실질적으로 죄형법정주의나 형벌불소급의 원칙에 어긋나는 것은 아닌지 심각히 살펴보아야 할 것이다.

따라서 그와 같은 결과를 감내하면서까지 판례를 변경하려면 그 행위를 처벌하지 아니하면 국민의 권리 보호나 정의관념에 현저히 반하거나 오히려 해당 규정의 기본취지에 반하는 등의 불가피한 사정이 있어야 할 것이다(대법원 2013.2.21. 선고 2010도10500 전원합의체 판결 반대의견 참조).

그런데 위에서 본 바와 같이 강제적인 부부관계를 강간죄로 처벌하지 않더라도, 행사된 폭행 또는 협박에 대하여 처벌이 가능하고 이를 통하여 강간행위에 대한 처벌 및 강간죄의 보호법익인 성적 자기결정권에 대한 보호가 충분히 가능하므로, 굳이 판례를 변경하여야 할 정도의 불가피한 사정이 있다고 볼 수 있는지 의문이다. 2012년 1월 17일 개정된 가정폭력특례법에서는 배우자에 대한 강간 및 강제추행 등의 성범죄를 가정폭력범죄로 추가하여 보호처분 대상으로 삼았음에도, 배우자에 대한 강간죄를 처벌하는 내용의 형법 개정은 이루어지지 아니하였다. 이는 강제적인 부부관계에 대하여 강간죄에 의한 무거운 형사처벌을 수단으로 하여 개입하기에 앞서 그 폭력성에 초점을 맞추어 보호처분을 통해 규율함으로써, 위 특례법의 목적에 맞게 가정폭력범죄로 파괴된 가정의 평화와 안정을 회복하고 건강한 가정을 가꾸며 피해자와 가족구성원의 인권을 보호하려는 취지라고 볼 수도 있다.

그리고 불가피하게 기존 판례의 견해를 변경해야 한다고 하더라도 제한적인 범위 내에서 점진적으로 변경해 나가는 것이 타당하다. 종전 대법원판결은 실질적으로 혼인관계가 인정될 수 없는 상태에 이른 경우에 강간죄의 성립이 가능하다고 보았는데, 여기에서 더 나아가 혼인관계가 완전히 파탄된 상태에 이르지 아니하였더라도 부부관계가 실질적으로 파탄 내지 단절된 경우, 예를 들어 같은 주거에서 생활하더라도 의사결정을 강제하는 폭행, 협박을 수반하지 아니하면 부부관계가 이루어질 수 없는 상태가 지속되는 경우에는 강간죄의 성립을 긍정하는 해석론으로 확대하는 방안은 충분히 고려할 수 있다. 실제로 종전 대법원판결은 위와 같이 실질적인 혼인관계를 언급하고 있지만 그보다는 '서로 정교 승낙이나 정교권 포기의 의사표시를 철회한 상태'를 강간죄가 성립될 수 있는 경우에 대한 직접적인 논거로 삼고 있고, 위와 같은 상태는 실질적으로 부부관계가 파탄에 이른 경우라고 할 수 있으므로, 종전 대법원판결을 변경하지 않고서도 실질적으로 부부관계가 파탄 내지 단절된 경우에 강간죄가 성립될 수 있다는 해석론이 가능하다고 생각된다. 이에 의하면 이 사건에서 원심이 피고인과 피해자 사이에서 실질적으로 부부관계가 파탄 내지 단절되었는지 여부를 심리하여 그와 같은 상태에 있다는 사실이 인정된다면 강간죄로 처벌할 수 있을 것이다.

(6) 한편 앞에서 언급한 바와 같이 개정 형법은 제297조 등을 개정하여 곧 그 시행을 앞두고 있다. 개정 형법은 제297조의 강간죄의 객체를 '부녀'에서 모든 '사람'으로 변경하고 친고죄에 관한 형법 제306조를 삭제하는 등 강간과 추행의 죄를 일부 개정하였다. 이는 변화된 시대 상황을 반영하여 다양화된 성범죄에 효과적으로 대처하기 위하여 형법을 개정한 것으로서, 성적 자기결정권을 강제적으로 침해하는 다양한 유형의 강간행위를 모두 규율 대상으로 삼고 또한 피해자의 명예에 관한 고려보다 강간행위에 대한 처벌을 더 우선하려는 것이며, 이러한 취지에서 강간죄의 객체에 관한 구성요건이 확장되고 친고죄에 관한 규정이 폐지된 이상, 종전과는 달리 강간죄의 객체에 배우자도 포함된다는 해석이 충분히 가능하게 되었다고 보인다.

다만 개정 형법에서 '성관계'라는 용어를 사용하지 않고 여전히 '간음'이라는 용어를 그대로 사용하고 있어 문언과 실질이 일치되지 않는 혼란을 초래할 수 있으므로 앞으로 법률 개정을 통하여 정리될 필요가 있다. 또한 강간죄의 확대는 강간죄를 기초로 한 다른 성폭력 관련 범죄의 해석·적용에도 영향을 미칠 수 있다. 예를 들어 2013년 6월 19일 시행 예정인 성폭력범죄의 처벌에 관한 특례법(2012.12.18. 법률 제11556호로 전부 개정된 것) 제5조 제4항은 '친족관계에 의한 강간 등 죄'의 주체인 '친족관계에 있는 사람'에서의 '친족'의 범위에 '동거하는 친족'을 추가하였는데, 강간죄를 배우자에게까지 확대한 결과 여기의 '동거하는 친족'에 배우자도 포함하게 된다면 죄형균형의 원칙을 깨뜨릴 우려가 있으므로 일반적인 경우와 달리 '친족'이라는 문언을 제한적으로 해석하여야 한다는 문제가 제기되기도 한다. 그러나 이처럼 강간죄에서의 객체의 확대가 강간 및 강제추행을 비롯한 성폭력에 관한 여러 범죄에서의 해석·운영에 문제를 낳을 수 있다 하더라도, 이는 강간죄의 객체를 확대한 입법에 의한 결단이므로 이를 감내하는 것은 당연하다.

그렇다고 하더라도 이러한 입법이 이루어지기 전에 위와 같은 문제를 안고 있는 해석론을 택하여 판례를 변경하는 것이 형사정책적으로 옳다고 할 수 없다. 오히려 이와 같이 강제적인 부부관계에 대하여 강간죄를 인정할 수 있는 법률 개정이 이루어졌고 곧 그 시행을 앞두고 있다면, 종전 대법원판결을 변경하여 그 전에 이루어진 강제적인 부부관계에 대하여 강간죄로 처벌하여 혼란이나 문제를 낳는 것보다 개정 법률의 시행을 기다려 그 시행 이후에 이루어진 강제적인 부부관계에 대하여 강간죄로 처벌하는 것이 형사법제 및 형사정책의 기본 원칙인 죄형법정주의 및 형벌 불소급의 정신에 더 적합하다고 할 것이다.

(7) 이상과 같이 부부관계에서 이루어진 유형력의 행사에 대하여 폭행죄나 협박죄 등으로 처벌하는 것에서 더 나아가 현행 형법에 대한 종전 대법원판결을 변경하여 강간죄의 처벌 대상을 부부관계에까지 확대하여 해석하고 이를 기초로 이 사건 피고사건 부분을 유죄로 인정하는 취지의 다수의견에는 동의하지 아니하므로, 이에 반대하는 취지를 밝힌다.

07. 신체적인 접촉이 없어도 강제추행이 되나요?

QUESTION

저는 아파트 엘리베이터 내에 13세 미만인 A(여, 11세)와 단둘이 탄 다음 A를 향하여 성기를 꺼내어 잡고 여러 방향으로 움직이다가 이를 보고 놀란 A 쪽으로 가까이 다가감으로써 위력으로 A를 추행하였다는 혐의로 기소되었습니다.

그런데 저는 A의 신체에 직접적인 접촉을 하지 아니하였고 엘리베이터가 멈춘 후 A가 위 상황에서 바로 벗어날 수 있었던 상황이었습니다. 이러한 경우에도 저의 행동이 '위력에 의한 추행'에 해당하는 것인가요?

ANSWER

위 사안의 경우, 귀하께서는 나이 어린 A를 범행 대상으로 삼아, 의도적으로 협소하고 폐쇄적인 엘리베이터 내 공간을 이용하여 A가 도움을 청할 수 없고, 즉시 도피할 수도 없는 상황을 만들어 범행을 한 점 등 제반 사정에 비추어 볼 때, 비록 귀하께서 A의 신체에 직접적인 접촉을 하지 아니하였고 엘리베이터가 멈춘 후 A가 위 상황에서 바로 벗어날 수 있었다고 하더라도, 귀하의 행위는 A의 성적 자유의사를 제압하기에 충분한 세력에 의하여 추행행위에 나아간 것으로서 위력에 의한 추행에 해당한다고 보입니다.

1. 사건의 표시

1) 사   건   대법원 2013.1.16. 선고 2011도7164, 2011전도124 판결
성폭력범죄의 처벌 등에 관한 특례법 위반(13세 미만 미성년자

강간 등, 일부 인정된 죄명: 주거침입)·부착명령

2) 피고인 겸 피부착명령청구자   피고인
3) 상 고 인   검사

2. 판시사항

  피고인이 아파트 엘리베이터 내에 13세 미만인 갑(여, 11세)과 단둘이 탄 다음 갑을 향하여 성기를 꺼내어 잡고 여러 방향으로 움직이다가 이를 보고 놀란 갑 쪽으로 가까이 다가감으로써 위력으로 갑을 추행하였다고 하여 성폭력범죄의 처벌 등에 관한 특례법 위반으로 기소된 사안에서, 피고인의 행위는 위력에 의한 추행에 해당한다고 보아야 하는데도, 이와 달리 본 원심판결에 법리오해의 위법이 있다고 한 사례이다.

3. 판결요지

  피고인이 아파트 엘리베이터 내에 13세 미만인 갑(여, 11세)과 단둘이 탄 다음 갑을 향하여 성기를 꺼내어 잡고 여러 방향으로 움직이다가 이를 보고 놀란 갑 쪽으로 가까이 다가감으로써 위력으로 갑을 추행하였다고 하여 성폭력범죄의 처벌 등에 관한 특례법 위반으로 기소된 사안에서, 피고인은 나이 어린 갑을 범행 대상으로 삼아, 의도적으로 협소하고 폐쇄적인 엘리베이터 내 공간을 이용하여 갑이 도움을 청할 수 없고 즉시 도피할 수도 없는 상황을 만들어 범행을 한 점 등 제반 사정에 비추어 볼 때, 비록 피고인이 갑의 신체에 직접적인 접촉을 하지 아니하였고 엘리베이터가 멈춘 후 갑이 위 상황에서 바로 벗어날 수 있었다고 하더라도, 피고인의 행위는 갑의 성적 자유의사를 제압하기에 충분한 세력에 의하여 추행행위에 나아간 것으로서 위력에 의한 추행에 해당한다고 보아야 하는데도, 이와 달리 본 원심 판결에 위력에 의한 추행에 관한 법리오해의 위법이 있다고 한 사례이다.

4. 관계 법령

■ 성폭력범죄의 처벌 등에 관한 특례법

제7조(13세 미만의 미성년자에 대한 강간, 강제추행 등)

① 13세 미만의 사람에 대하여 「형법」 제297조(강간)의 죄를 범한 사람은 무기징역 또는 10년 이상의 징역에 처한다.

② 13세 미만의 사람에 대하여 폭행이나 협박으로 다음 각 호의 어느 하나에 해당하는 행위를 한 사람은 7년 이상의 유기징역에 처한다.
  - 구강·항문 등 신체(성기는 제외한다)의 내부에 성기를 넣는 행위
  - 성기·항문에 손가락 등 신체(성기는 제외한다)의 일부나 도구를 넣는 행위

③ 13세 미만의 사람에 대하여 「형법」 제298조(강제추행)의 죄를 범한 사람은 5년 이상의 유기징역 또는 3천만 원 이상 5천만 원 이하의 벌금에 처한다.

④ 13세 미만의 사람에 대하여 「형법」 제299조(준강간, 준강제추행)의 죄를 범한 사람은 제1항부터 제3항까지의 예에 따라 처벌한다.

⑤ 위계 또는 위력으로써 13세 미만의 사람을 간음하거나 추행한 사람은 제1항부터 제3항까지의 예에 따라 처벌한다.

5. 상고심 판단 이유

1) 피고사건에 대하여

(1) 피해자 공소외 1에 대한 강제추행의 점

원심판결 이유를 관련 법리 및 기록에 비추어 살펴보면, 위 피해자에 대한 강제추행의 점에 관하여 범죄의 증명이 없다고 본 원심의 판단에, 상고이

유로 주장하는 바와 같이 강제추행에 관한 법리를 오해하여 판결 결과에 영향을 미친 위법이 없다. 따라서 이 부분 상고이유의 주장은 이유 없다.

(2) 13세 미만의 사람에 대한 위력에 의한 추행의 점
 - 성폭력범죄의 처벌 등에 관한 특례법 제7조 제5항에서 규정한 13세 미만의 사람에 대한 위력에 의한 추행죄는 '13세 미만의 아동이 외부로부터의 부적절한 성적 자극이나 물리력의 행사가 없는 상태에서 심리적 장애 없이 성적 정체성 및 가치관을 형성할 권익'을 보호법익으로 한다(대법원 2009.9.24. 선고 2009도2576 판결 등 참조).
'추행'이란 객관적으로 피해자와 같은 처지에 있는 일반적·평균적인 사람으로 하여금 성적 수치심이나 혐오감을 일으키게 하고 선량한 성적 도덕관념에 반하는 행위로서 구체적인 피해자를 대상으로 하여 피해자의 성적 자유를 침해하는 것을 의미하는데, 이에 해당하는지 여부는 피해자의 의사, 성별, 연령, 행위자와 피해자의 관계, 그 행위에 이르게 된 경위, 피해자에 대하여 이루어진 구체적 행위태양, 주위의 객관적 상황과 그 시대의 성적 도덕관념 등을 종합적으로 고려하여 판단하여야 한다(대법원 2010.2.25. 선고 2009도13716 판결, 대법원 2012.3.29. 선고 2012도936 판결 등 참조).
그리고 여기에서 '위력'이란 피해자의 성적 자유의사를 제압하기에 충분한 세력으로서 유형적이든 무형적이든 묻지 않으며, 폭행·협박뿐 아니라 행위자의 사회적·경제적·정치적인 지위나 권세를 이용하는 것도 가능하다. 그리고 위력으로써 추행한 것인지 여부는 피해자에 대하여 이루어진 구체적인 행위의 경위 및 태양, 행사한 세력의 내용과 정도 내지 이용한 행위자의 지위나 권세의 종류, 피해자의 연령, 행위자와 피해자의 이전부터의 관계, 피해자에게 주는 위압감 및 성적 자유의사에 대한 침해의 정도, 범행 당시의 정황 등 여러 사정을 종합적으로 고려하여 판단하여야

한다(대법원 1998.1.23. 선고 97도2506 판결, 대법원 2008.7.24. 선고 2008도4069 판결 등 참조).

- 적법하게 채택된 증거들에 의하면, ① 피고인 겸 피부착명령청구자(이하 '피고인'이라 한다)는 2010년 9월 6일 오후 1시 45분경 전주시 완산구 서신동 소재(아파트 명칭 1 생략) 110동 1-2라인의 엘리베이터에서 공소외 2(여, 9세)를 상대로 자위행위를 하고 다가가 어깨에 손을 얹어 만지는 등의 강제추행의 범행을 한 후 불과 1시간 20분 만인 같은 날 오후 3시 5분경 같은 동 소재(아파트 명칭 2 생략) 109동 5~6라인 앞에서 피해자 공소외 1(여, 11세)이 혼자 귀가하는 것을 보고 따라가 엘리베이터에 함께 탄 사실, ② 피해자가 자신의 집인 10층 버튼을 누르고 엘리베이터 출입문 옆에 서자 피고인은 그보다 높은 층을 누른 후 엘리베이터 출입문 반대편 벽 쪽에 선 사실, ③ 엘리베이터가 올라가자 피고인은 피해자의 뒤쪽에서 피해자를 바라보고 반바지를 내리고 성기를 꺼내어 손으로 성기를 잡고 위, 아래, 왼쪽, 오른쪽으로 움직인 사실, ④ 엘리베이터가 2층쯤을 통과할 무렵 피해자는 피고인의 행위를 발견하고 놀랐는데 그럼에도 피고인은 자신의 행위를 즉시 멈추지 않은 채 오히려 피해자 쪽으로 더 가까이 다가간 사실, ⑤ 피고인은 이 사건 당시 25세의 건장한 체격의 남자로서 피해자와는 전혀 안면이 없었던 사실을 알 수 있다.

위 사실관계에 의하면, 피고인은 나이 어린 피해자를 구체적인 범행의 대상으로 삼아, 의도적으로 협소하고 폐쇄적인 엘리베이터 내 공간을 이용하여 피해자 외에는 다른 사람이 없어 피해자가 도움을 청할 수 없고 즉시 도피할 수도 없는 상황을 만들어 이 사건 범행을 하였고, 피고인이 피해자를 바라보고 성기를 꺼내어 잡고 움직인 행위는 일반인에게 수치심을 느끼게 하고 성적인 자유의사를 침해하는 행위일 뿐 아니라 그 행위를 목격한 11세의 여자 아이인 피해자에게는 심한 정신적인 충격을 주었을 것으로 보이며, 더욱이 연약한 피해자로서는 위와 같이 벗어날 수 없는 좁은 공간 내에서 자기보다 훨씬 신체가 크고 낯선 피고인을 대하고 있는 사실만으로도 심리적으로 위축되어 있을 터인데 위와 같이 피고인이 피해자를 향하여 성기를 꺼내어 잡고 움직이며 이를 보고 놀란 피해자에게 가까이 다가가기까지 하는 유형적인 행위를 함으로써 피해자에게 준 심리적인 위압감이나 불안감은 매우 컸을 것으로 보인다.

이와 같은 사정들을 앞서 본 법리에 비추어 보면, 비록 피고인이 피해자의 신체에 대하여 직접적인 접촉을 하지 아니하였고 엘리베이터가 10층에서 멈춘 후 피해자가 위 상황에서 바로 벗어날 수 있었다고 하더라도, 피고인이 피해자에 대하여 한 위 행위는 피해자의 성적 자유의사를 제압하기에 충분한 세력에 의하여 추행행위에 나아간 것으로서 위력에 의한 추행행위에 해당한다고 봄이 상당하다.

그런데도 원심은 이와 달리 피고인이 유형력을 행사하지 않았다거나 피해자의 신체에 직접적인 접촉을 하지 않았다는 등의 사정을 들어 위력에 의한 추행으로 보기에 부족하다고 판단하였으므로, 이러한 원심의 판단에는 위력에 의한 추행에 관한 법리를 오해하여 판결 결과에 영향을 미친 위법이 있다. 이 점을 지적하는 상고이유의 주장은 이유 있다.

(3) 파기의 범위

원심판결의 피고사건 중 피해자 공소외 1에 대한 위력에 의한 추행의 점에 관한 무죄 부분은 그대로 유지될 수 없는데, 그 부분은 강제추행의 주위적 공소사실 및 원심이 유죄로 인정한 주거침입의 제2차 예비적 공소사실과 동일체의 관계에 있으므로 원심판결 중 피해자 공소외 1에 대한 부분은 모두 파기되어야 한다.

그리고 원심이 유죄로 판단한 피해자 공소외 2에 대한 부분과 피해자 공소외 1에 대한 주거침입의 점은 형법 제37조 전단의 경합범 관계에 있다는 이유로 그 전체에 대하여 하나의 형이 선고되었는데, 위와 같이 피해자 공소외 1에 대한 주거침입의 점을 파기하는 이상, 피해자 공소외 2에 대한 유죄 부분도 파기할 수밖에 없다.

결국 원심판결 중 피고사건 전부를 파기하여야 한다.

2) 부착명령사건에 대하여

상고이유에 관한 판단에 앞서 직권으로 살피건대, 위에서 보는 바와 같이 피고사건의 파기가 불가피한 이상 그와 함께 심리되어 동시에 판결이 선고되어야 하는 부착명령사건 역시 파기될 수밖에 없다.

3) 결론

그러므로 부착명령사건에 관한 상고이유에 대한 판단은 생략한 채 원심판결을 파기하고, 사건을 다시 심리·판단하게 하기 위하여 원심법원에 환송하기로 하여, 관여 대법관의 일치된 의견으로 주문과 같이 판결한다.

08. 성인배우에게 교복을 입혔는데 아동·청소년 이용 음란물로 처벌되는 건가요?

QUESTION

A, B는 교복을 입은 여학생이 남성과 성행위를 하는 내용 등의 동영상 32개를 인터넷 사이트에 업로드함으로써 영리를 목적으로 아동·청소년 이용 음란물을 판매·대여·배포하거나 공연히 전시 또는 상영하였다고 하여 아동·청소년의 성보호에 관한 법률 위반으로 기소되었습니다.

위 동영상들은 모두 교실과 대중교통수단 등의 장소에서 체육복 또는 교복을 입었거나 가정교사로부터 수업을 받는 학생으로 연출된 사람이 성행위를 하는 것을 내용을 하고 있지만, 모두 일본에서 성인 배우를 출연시켜 합법적으로 제작된 것이어서 그들이 아동·청소년에 해당하지 않는다는 사실은 누구나 봐도 알 수 있는 것이었습니다.

위와 같은 경우에도 아동·청소년의 성보호에 관한 법률에 위반한 것인가요?

ANSWER

아동·청소년의 성보호에 관한 법률 제1조, 제2조 제1호, 제5호, 제3조와 입법 과정에 비추어 보면, '아동·청소년으로 인식될 수 있는 사람이나 표현물'에 해당하는지는 '음란물의 내용'을 기준으로 음란물에서 묘사된 구체적 상황, 표현 방식 등을 고려하여 일반인이 해당 인물이나 표현물을 아동·청소년으로 인식할 수 있는지에 따라 판별하여야 하고, 이와 달리 음란물의 내용은 감안하지 않은 채 오로지 해당 인물이나 표현물을 아동·청소년으로 오인할 가능성이 있는지에 따라 판단하는 것으로 제한하여 해석할 수는 없다고 할 것입니다.

이처럼 A, B가 교복을 입은 여학생이 남성과 성행위를 하는 내용 등의 동영상 32건을 인터넷 사이트 게시판에 업로드하여 불특정 다수의 사람들이 이를 다운로드받을 수 있도록 함으로써 영리를 목적으로 아동·청소년 이용 음란물을 판매·대여·배포하거나 공연히 전시 또는 상영하였다고 하여 아동·청소년의 성보호에 관한 법률 위반으로 기소된 사안에서, 하급심 법원은 위 동영상은 모두 교실과 대중교통수단 등의 장소에서 체육복 또는 교복을 입었거나 가정교사로부터 수업을 받는 등 학생으로 연출된 사람이 성행위를 하는 것을 내용으로 하고 있어 '아동·청소년으로 인식될 수 있는 사람'이 등장하는 '아동·청소년 이용 음란물'에 해당한다고 보아야 하고, 해당 인물이 실제 성인으로 알려져 있다고 하여 달리 볼 수 없다는 이유로 유죄를 선고하였습니다(수원지방법원 2013.2.20. 선고 2012고단3926, 4943 판결 참조).

1. 사건의 표시

1) 사　　건　　수원지방법원 2013.2.20. 선고 2012고단3926, 4943 판결[5]
　　　　　　아동·청소년의 성보호에 관한 법률 위반(음란물제작·배포 등)·정보통신망 이용촉진 및 정보보호 등에 관한 법률 위반(음란물 유포)·공전자기록 등 불실기재·불실기재공전자기록 등 행사·저작권법 위반
2) 피 고 인　　피고인 1 외 1인

---

[5] 이 사건에서 피고인 1에 대하여는 징역 8월, 피고인 2에 대하여는 징역 6월이 각각 선고되었고, 피고인들에게 각 성폭력 치료강의 40시간의 수강명령이 부과되었다.

2. 판시사항

1) 아동·청소년의 성보호에 관한 법률상 '아동·청소년 이용 음란물'의 요건 중 '아동·청소년으로 인식될 수 있는 사람이나 표현물'에 해당하는지 판단하는 기준

2) 피고인들이 교복을 입은 여학생이 남성과 성행위를 하는 내용 등의 동영상을 인터넷 사이트에 업로드함으로써 영리를 목적으로 아동·청소년 이용 음란물을 판매·대여·배포하거나 공연히 전시 또는 상영하였다고 하여 아동·청소년의 성보호에 관한 법률 위반으로 기소된 사안에서, 위 동영상은 학생으로 연출된 사람이 성행위를 하는 것을 내용으로 하고 있어 '아동·청소년으로 인식될 수 있는 사람'이 등장하는 '아동·청소년 이용 음란물'에 해당한다고 보아야 하고, 해당 인물이 실제 성인이라고 하여 달리 볼 수 없다는 이유로 유죄를 선고한 사례

3. 판결요지

1) 아동·청소년의 성보호에 관한 법률 제1조, 제2조 제1호, 제5호, 제3조와 입법 과정에 비추어 보면, '아동·청소년으로 인식될 수 있는 사람이나 표현물'에 해당하는지는 '음란물의 내용'을 기준으로 음란물에서 묘사된 구체적 상황, 표현 방식 등을 고려하여 일반인이 해당 인물이나 표현물을 아동·청소년으로 인식할 수 있는지에 따라 판별하여야 하고, 이와 달리 음란물의 내용은 감안하지 않은 채 오로지 해당 인물이나 표현물을 아동·청소년으로 오인할 가능성이 있는지에 따라 판단하는 것으로 제한하여 해석할 수 없다.

2) 피고인들이 교복을 입은 여학생이 남성과 성행위를 하는 내용 등의 동영상 32건을 인터넷 사이트 게시판에 업로드하여 불특정 다수의 사람들이 이를 다운로드받을 수 있도록 함으로써 영리를 목적으로 아동·청소년 이용 음란물을 판매·대여·배포하거나 공연히 전시 또는 상영하였다고 하여 아동·청소년의 성보호에 관한 법률 위반으로 기소된 사안에서, 위 동영상은 모두 교실과 대중교통수단 등의 장소에서 체육복 또는 교복을 입었거나 가정교사로부터 수업을 받는 등 학생으로 연출된 사람이 성행위를 하는 것을 내용으로 하고 있어 '아동·청소년으로 인식될 수 있는 사람'이 등장하는 '아동·청소년 이용 음란물'에 해당한다고 보아야 하고, 해당 인물이 실제 성인으로 알려져 있다고 하여 달리 볼 수 없다는 이유로 유죄를 선고한 사례이다.

4. 관계 법령

■ 아동·청소년의 성보호에 관한 법률

제1조(목적)

이 법은 아동·청소년대상 성범죄의 처벌과 절차에 관한 특례를 규정하고 피해아동·청소년을 위한 구제 및 지원 절차를 마련하며 아동·청소년대상 성범죄자를 체계적으로 관리함으로써 아동·청소년을 성범죄로부터 보호하고 아동·청소년이 건강한 사회구성원으로 성장할 수 있도록 함을 목적으로 한다.

제2조(정의)

이 법에서 사용하는 용어의 뜻은 다음과 같다.

1. "아동·청소년"이란 19세 미만의 자를 말한다. 다만, 19세에 도달하는 연도의 1월 1일을 맞이한 자는 제외한다.

5. "아동·청소년 이용 음란물"이란 아동·청소년 또는 아동·청소년으로 명백하게 인식될 수 있는 사람이나 표현물이 등장하여 제4호의 어느 하나에 해당하는 행위를 하거나 그 밖의 성적 행위를 하는 내용을 표현하는 것으로서 필름·비디오

물·게임물 또는 컴퓨터나 그 밖의 통신매체를 통한 화상·영상 등의 형태로 된 것을 말한다.

제3조(해석상·적용상의 주의)

이 법을 해석·적용할 때에는 아동·청소년의 권익을 우선적으로 고려하여야 하며, 이해관계인과 그 가족의 권리가 부당하게 침해되지 아니하도록 주의하여야 한다.

■ 구 아동·청소년의 성보호에 관한 법률(2011.9.15. 법률 제11047호로 개정되기 전의 것)

제2조(정의)

이 법에서 사용하는 용어의 뜻은 다음과 같다.

5. "아동·청소년 이용 음란물"은 아동·청소년 또는 아동·청소년으로 인식될 수 있는 사람이나 표현물이 등장하여 제4호의 어느 하나에 해당하는 행위를 하거나 그 밖의 성적 행위를 하는 내용을 표현하는 것으로서 필름·비디오물·게임물 또는 컴퓨터나 그 밖의 통신매체를 통한 화상·영상 등의 형태로 된 것을 말한다.

■ 아동·청소년의 성보호에 관한 법률(2012.12.18. 법률 제11572호로 전부 개정되기 전의 것)

제8조(아동·청소년 이용 음란물의 제작·배포 등)

② 영리를 목적으로 아동·청소년 이용 음란물을 판매·대여·배포하거나 이를 목적으로 소지·운반하거나 공연히 전시 또는 상영한 자는 7년 이하의 징역에 처한다.

5. 1심 판단 이유

1) 아동·청소년의 성보호에 관한 법률에 의하면, ① 위 법은 아동·청소년대상 성범죄의 처벌과 절차에 관한 특례를 규정하고 피해아동·청소년을 위한 구제 및 지원절차를 마련하며 아동·청소년대상 성범죄자를 체계적으로 관리함으로써 아동·청소년을 성범죄로부터 보호하고 아동·청소년이 건강한 사회구성원으로 성장할 수 있도록 함을 목적으로 하고(제1조), ② '아동·청소년 이용 음란물'은 아동·청소년(19세 미만의 자, 이하 같다) 또는

아동·청소년으로 인식될 수 있는 사람이나 표현물이 등장하여 성교행위 등을 하거나 그 밖의 성적 행위를 하는 내용을 표현하는 것으로서 필름·비디오물·게임물 또는 컴퓨터나 그 밖의 통신매체를 통한 화상·영상 등의 형태로 된 것을 말하며(제2조 제1호, 제5호), ③ 위 법을 해석·적용함에 있어 아동·청소년의 권익을 우선적으로 고려하여야 하며, 이해관계인과 그 가족의 권리가 부당하게 침해되지 아니하도록 주의하여야 한다고 정하고 있다(제3조).

또한 위 법에 정한 '아동·청소년 이용 음란물'은 애초 '아동·청소년'으로 한정되어 있다가 2011년 9월 15일 법률 제11047호로 개정되어 아동·청소년으로 '인식될 수 있는' 사람이나 '표현물' 부분이 추가되어 그 범위가 확대되었다.

2) 위와 같은 법률 규정과 입법 과정에 비추어 보면, '아동·청소년으로 인식될 수 있는 사람이나 표현물'에 해당하는지 여부는 '음란물의 내용'을 기준으로 음란물에서 묘사된 구체적 상황, 표현 방식 등을 고려하여 일반인이 해당 인물이나 표현물을 아동·청소년으로 인식할 수 있는지 여부에 따라 판별함이 상당하고, 이와 달리 음란물의 내용은 감안하지 않은 채 오로지 해당 인물이나 표현물을 아동·청소년으로 오인할 가능성이 있는지 여부에 따라 판단하는 것으로 제한하여 해석할 수 없다.

돌이켜 이 사건에서 보건대, 별지 범죄일람표 1 기재 각 동영상은 모두 교실과 대중교통수단 등의 장소에서 체육복 또는 교복을 입었거나 가정교사로부터 수업을 받는 등 학생으로 연출된 사람이 성행위를 하는 것을 내용으로 하고 있으므로, '아동·청소년으로 인식될 수 있는 사람'이 등장하는 '아동·청소년 이용 음란물'에 해당한다고 보아야 하고, 해당 인물이 실제 성인으로 알려져 있다고 하여 달리 볼 수 없다.

09. 알고 보니 13세 미만 미성년자 강간, 억울합니다

QUESTION

저는 13세 미만 미성년자인 A(여, 12세)를 강간하였다는 혐의로 구 성폭력범죄의 처벌 및 피해자보호 등에 관한 법률 위반으로 기소되었습니다.

이 사건 당시 A는 만 12세 6개월인 중학교 1학년생이었습니다. 저는 A를 밖에서 만났을 때는 어둡고 A가 키도 크고 해서 나이가 어린 줄 몰랐는데 모텔에서 보니까 피해자가 15살 또는 16살 정도로 어려 보였고, 그래서 A에게 '몇 살이냐'고 물어보니까 A가 '중학교 1학년이라서 14살이다'라고 말하길래, 당시 우리식 나이로 A는 14살 정도 되는 줄 알았습니다. 저는 이 사건 범행 당시 A가 만 13세 미만인 줄은 전혀 몰랐습니다.

이러한 경우에도 저는 성폭력범죄의 처벌 및 피해자보호 등에 관한 법률 위반(13세 미만 미성년자 강간 등)죄로 처벌받게 되는 것인가요?

ANSWER

형사재판에서 공소가 제기된 범죄의 구성요건을 이루는 사실은 그것이 주관적 요건이든 객관적 요건이든 그 입증책임이 검사에게 있으므로, 구 성폭력범죄의 처벌 및 피해자보호 등에 관한 법률(2010.4.15. 법률 제10258호 성폭력범죄의 피해자보호 등에 관한 법률로 개정되기 전의 것) 제8조의2 제1항에서 정하는 범죄의 성립이 인정되려면, 피고인이 피해자가 13세 미만의 여자임을 알면서 그를 강간하였다는 사실이 검사에 의하여 입증되어야 합니다.

물론 피고인이 일정한 사정의 인식 여부와 같은 내심의 사실에 관하여 이를 부인하는 경우에는 이러한 주관적 요소로 되는 사실은 사물의 성질상 그 내심과 상당한 관련이 있는 간접사실 또는 정황사실을 증명하는 방법에 의하여 이를 입증할 수밖에 없고, 이때 무엇이 상당한 관련성이 있는 간접사실에 해당할 것인가는 정상적인 경험칙에 바탕을 두고 사실의 연결상태를 합리적으로 분석·판단하는 방법에 의하여야 할 것입니다.

그러나 피해자가 13세 미만의 여자라는 객관적 사실로부터 피고인이 그 사실을 알고 있었다는 점이 추단된다고 볼 만한 경험칙 기타 사실상 또는 법적 근거는 이를 어디서도 찾을 수 없다고 할 것입니다(대법원 2012.8.30. 선고 2012도7377 판결 참조).

위 사건과 유사사건인 위 2012도7377 판결에서는, 13세 미만의 피해자에 대한 강간죄에서 피해자가 13세 미만이라고 하더라도 피고인이 피해자가 13세 미만인 사실을 몰랐다고 범의를 부인하는 경우에는 다른 범죄와 마찬가지로 상당한 관련성이 있는 간접사실 또는 정황사실에 의하여 증명 여부가 판단되어야 하는데, 제반 사정에 비추어 귀하께서 범행 당시 이를 미필적으로라도 인식하고 있었다는 것이 합리적 의심의 여지 없이 증명되었다고 단정할 수는 없다고 판단하였습니다.

1. 사건의 표시

1) 사　　　건　　대법원 2012.8.30. 선고 2012도7377 판결[6]
　　　　　　　　성폭력범죄의 처벌 및 피해자보호 등에 관한 법률 위반(13세 미만 미성년자 강간 등)
2) 피　고　인　　피고인
3) 상　고　인　　검사

---

[6] 이 사건에서 피고인은 성폭력범죄의 처벌 및 피해자보호 등에 관한 법률 위반(13세 미만 미성년자 강간 등)·부착명령으로 기소되었는데, 항소심에서는 유죄로 인정하여 징역 3년 6월, 10년간 공개명령을 선고하였으나, 상고심에서는 이를 파기환송하였다.

2. 판시사항

1) 구 성폭력범죄의 처벌 및 피해자보호 등에 관한 법률 제8조의2 제1항에서 정한 범죄의 성립이 인정되려면, 피고인이 피해자가 13세 미만의 여자임을 알면서 강간하였다는 사실이 검사에 의하여 증명되어야 하는지 여부(적극) 및 이때 피해자가 13세 미만의 여자라는 객관적 사실이 피고인이 이를 알고 있었다는 점을 추단할 수 있는 근거가 되는지 여부(소극)

2) 피고인이 13세 미만 미성년자인 피해자(여, 12세)를 강간하였다고 하여 구 성폭력범죄의 처벌 및 피해자보호 등에 관한 법률 위반으로 기소된 사안에서, 제반 사정에 비추어 피고인이 피해자가 13세 미만인 사실을 미필적으로라도 인식하고 있었다는 것이 증명되었다고 단정할 수 없는데도, 이와 달리 보아 유죄를 인정한 원심판결에 형사재판의 증명책임에 관한 법리를 오해하는 등의 위법이 있다고 한 사례

3. 판결요지

1) 형사재판에서 공소가 제기된 범죄의 구성요건을 이루는 사실은 그것이 주관적 요건이든 객관적 요건이든 그 입증책임이 검사에게 있으므로, 구 성폭력범죄의 처벌 및 피해자보호 등에 관한 법률(2010.4.15. 법률 제10258호 성폭력범죄의 피해자보호 등에 관한 법률로 개정되기 전의 것) 제8조의2 제1항에서 정하는 범죄의 성립이 인정되려면, 피고인이 피해자가 13세 미만의 여자임을 알면서 그를 강간하였다는 사실이 검사에 의하여 입증되어야 한다. 물론 피고인이 일정한 사정의 인식 여부와 같은 내심의 사실에 관하여 이를 부인하는 경우에는 이러한 주관적 요소로 되는 사실은 사물의 성질상 그 내심과 상당한 관련이 있는 간접사실 또는 정황사실을 증명

하는 방법에 의하여 이를 입증할 수밖에 없고, 이때 무엇이 상당한 관련성이 있는 간접사실에 해당할 것인가는 정상적인 경험칙에 바탕을 두고 사실의 연결상태를 합리적으로 분석·판단하는 방법에 의하여야 한다. 그러나 피해자가 13세 미만의 여자라는 객관적 사실로부터 피고인이 그 사실을 알고 있었다는 점이 추단된다고 볼 만한 경험칙 기타 사실상 또는 법적 근거는 이를 어디서도 찾을 수 없다.

2) 피고인이 13세 미만 미성년자인 피해자(여, 12세)를 강간하였다고 하여 구 성폭력범죄의 처벌 및 피해자보호 등에 관한 법률(2010.4.15. 법률 제10258호 성폭력범죄의 피해자보호 등에 관한 법률로 개정되기 전의 것) 위반으로 기소된 사안에서, 13세 미만의 여자에 대한 강간죄에서 피해자가 13세 미만이라고 하더라도 피고인이 피해자가 13세 미만인 사실을 몰랐다고 범의를 부인하는 경우에는 다른 범죄와 마찬가지로 상당한 관련성이 있는 간접사실 또는 정황사실에 의하여 증명 여부가 판단되어야 하는데, 제반 사정에 비추어 피고인이 범행 당시 이를 미필적으로라도 인식하고 있었다는 것이 합리적 의심의 여지 없이 증명되었다고 단정할 수 없는데도, "피해자가 13세 미만의 여자인 이상 그 당시의 객관적인 정황에 비추어 피고인이 피해자가 13세 미만의 여자라는 사실을 인식하였더라면 강간행위로 나아가지 아니하였으리라고 인정할 만한 합리적인 근거를 찾을 수 없다면" 같은 법 제8조의2 제1항에서 정하는 강간죄에 관한 미필적 고의가 인정될 수 있다는 법리에 따라 유죄를 인정한 원심판결에 형사재판의 증명책임에 관한 법리를 오해하는 등의 위법이 있다고 한 사례이다.

4. 관계 법령

■ 구 성폭력범죄의 처벌 및 피해자보호 등에 관한 법률(2010.4.15. 법률 제10258호 성폭력범죄의 피해자보호 등에 관한 법률로 개정되기 전의 것)

제8조의2(13세 미만의 미성년자에 대한 강간, 강제추행 등)
① 13세 미만의 여자에 대하여 「형법」 제297조(강간)의 죄를 범한 자는 7년 이상의 유기징역에 처한다.

■ 형사소송법

제308조(자유심증주의)
증거의 증명력은 법관의 자유판단에 의한다.

■ 형법

제297조(강간)
폭행 또는 협박으로 사람을 강간한 자는 3년 이상의 유기징역에 처한다.

5. 상고심 판단 이유

1) 원심은 피고인이 이 사건 범행 당시 피해자가 13세 미만이라는 사실을 인식하였는지 여부에 관하여 우선 다음과 같은 일반법리를 전개하였다. 즉 구 '성폭력범죄의 처벌 및 피해자보호 등에 관한 법률'(2010.4.15. 법률 제10258호 '성폭력범죄의 피해자보호 등에 관한 법률'로 개정되기 전의 것) 제8조의2 제1항(이하 '이 사건 법조항'이라고 한다)에서 정하는 13세 미만 미성년자에 대한 강간죄는 13세 미만 미성년자의 성적 자기결정권을 보호하기 위한 측면보다 신체적·정신적으로 미숙한 단계의 인격체인 13세 미만 미성년자의 정상적인 성적 발달을 특별히 보호하기 위한 규정이라는 측면이 강하다.

따라서 피고인이 강간 당시 피해자가 13세 미만의 여자라는 사실을 현실적이고 구체적으로 인식하지는 못하였다 하더라도, "피해자가 13세 미만의 여자인 이상 그 당시의 객관적인 정황에 비추어 피고인이 피해자가 13세 미만의 여자라는 사실을 인식하였더라면 강간행위로 나아가지 아니하였으리라고 인정할 만한 합리적인 근거를 찾을 수 없다면" 피고인에게 적어도 13세 미만 미성년자에 대한 강간죄의 미필적 고의는 있었다고 보아야 한다는 것이다.

나아가 원심은 그 판시와 같은 사정들에 비추어 피고인이 이 사건 강간 범행 당시 피해자가 13세 미만의 여자임을 인식하였거나 적어도 미필적으로 인식하고 있었다고 인정된다고 판단하고, 이 사건 13세 미만 미성년자에 대한 강간의 공소사실을 유죄로 인정하였다.

2) 원심의 위와 같은 판단은 아래와 같은 이유에서 수긍하기 어렵다.

(1) 형사재판에서 공소가 제기된 범죄의 구성요건을 이루는 사실은 그것이 주관적 요건이든 객관적 요건이든 그 입증책임이 검사에게 있으므로 (대법원 2010.11.25. 선고 2009도12132 판결 등 참조), 이 사건 법조항에서 정하는 범죄의 성립이 인정되려면, 피고인이 피해자가 13세 미만의 여자임을 알면서 그를 강간하였다는 사실이 검사에 의하여 입증되어야 한다.

물론 피고인이 일정한 사정의 인식 여부와 같은 내심의 사실에 관하여 이를 부인하는 경우에는 이러한 주관적 요소로 되는 사실은 사물의 성질상 그 내심과 상당한 관련이 있는 간접사실 또는 정황사실을 증명하는 방법에 의하여 이를 입증할 수밖에 없고, 이때 무엇이 상당한 관련성이 있는 간접사실에 해당할 것인가는 정상적인 경험칙에 바탕을 두고 사실의 연결상태를 합리적으로 분석·판단하는 방법에 의하여야 한다(대법원 2006.2.23. 선고 2005도8645 판결 등 참조). 그러나 피해자가 13세 미만의 여자라는 객관적 사실로부터 피고인이 그 사실을 알고 있었다는 점이 추단된다고 볼 만한 경험칙 기타 사실상 또는 법적 근거는 이를 어디서도 찾을 수 없다.

그렇다면 "피해자가 13세 미만의 여자인 이상 그 당시의 객관적인 정황에 비추어 피고인이 피해자가 13세 미만의 여자라는 사실을 인식하였더라면 강간행위로 나아가지 아니하였으리라고 인정할 만한 합리적인 근거를 찾을 수 없다면" 이 사건 법조항에서 정하는 강간죄에 관한 미필적 고의가 인정될 수 있다고 하는 법리는 범죄의 주관적 구성요건사실 역시 객관적 구성요건사실과 마찬가지로 검사에 의하여 입증되어야 한다는 형사소송법상의 중요한 원칙을 정당한 이유 없이 광범위한 범위에서 훼손하는 것으로서 쉽사리 용납될 수 없다. 설사 이 사건 법조항이 원심이 이해하는 대로 신체적 또는 정신적으로 미숙한 단계인 13세 미만 미성년자의 정상적인 성적 발달을 특별히 보호하기 위한 규정이라고 하더라도, 그것이 13세 미만의 여자라는 사실에 대한 피고인의 인식에 관한 검사의 입증책임을 완화하기에 충분한 이유가 되지 아니하는 것이다.

따라서 13세 미만의 여자에 대한 강간죄에 있어서 피해자가 13세 미만이라고 하더라도 피고인이 피해자가 13세 미만인 사실을 몰랐다고 범의를 부인하는 경우에는 다른 범죄의 경우와 마찬가지로 상당한 관련성이 있는 간접사실 또는 정황사실에 의하여 그 입증 여부가 판단되어야 한다.

(2) 나아가 피고인이 이 사건 강간 범행 당시 피해자가 13세 미만인 사실을 인식하고 있었는지에 대하여 살펴본다.

원심과 제1심이 적법하게 채택한 증거에 의하면 다음과 같은 사실을 알 수 있다.

① 피해자는 만 12세 6개월인 중학교 1학년생으로 만 13세가 되기까지 6

개월 정도 남은 상황이었다.

② 피고인은 검찰 조사에서 "피해자를 밖에서 만났을 때는 어둡고 피해자가 키도 크고 해서 나이가 어린 줄 몰랐는데 모텔에서 보니까 피해자가 15살 또는 16살 정도로 어려 보였고, 피해자에게 '몇 살이냐'고 물어보니까 피해자가 '중학교 1학년이라서 14살이다'라고 했었습니다. 그래서 당시 우리식 나이로 14살 정도 되는 줄 알았다"고 진술하였고, 피해자 또한 수사기관에서 "피고인에게 14세라고 말하였다"고 진술하였다.

③ 종전의 우리식 나이인 연 나이 14세는 만 나이로 생일이 지나지 아니한 경우는 12세, 생일이 지난 경우는 13세에 해당하여 대상자의 생년월일을 정확히 알지 못하는 경우에는 정확한 만 나이를 알기 어렵다 할 것인데, 피고인과 피해자는 사건 당일 처음 만난 사이였고, 피해자가 피고인에게 생년월일까지 알려준 바는 없었다.

④ 이 사건 강간 범행 발생 약 3개월 전에 이루어진 건강검사결과에 의하면 피해자는 키 약 155cm, 몸무게 약 50kg 정도로 중학교 1학년생으로서는 오히려 큰 편에 속하는 체격이었다.

⑤ 피고인은 당시 피해자를 데리고 모텔로 들어갔는데 모텔 관리자로부터 특별한 제지를 받은 바 없었던 것으로 보인다.

이러한 사정에 비추어 보면, 피고인이 이 사건 강간 범행 당시 피해자가 13세 미만인 사실을 미필적으로라도 인식하고 있었음이 합리적 의심의 여지 없이 증명되었다고 쉽사리 단정할 수 없다.

(3) 그럼에도 원심은 위와 같이 받아들일 수 없는 법리에 기하여 그 판시와 같은 사정만으로 피고인이 피해자가 13세 미만이었음을 인식하였거나 적어도 미필적으로 인식하고서 피해자를 간음한 사실이 인정된다고 보아

13세 미만 여자 강간의 이 사건 공소사실을 유죄로 판단하였다. 이러한 원심판결 중 피고사건 부분에는 형사재판에서의 증명책임에 관한 법리를 오해하거나 논리와 경험의 법칙에 위배하여 사실을 잘못 인정함으로써 판결에 영향을 미친 위법이 있다 할 것이다. 이 점을 지적하는 상고이유의 주장은 이유 있다.

3) 그러므로 원심판결 중 피고사건 부분을 파기하고 이 부분 사건을 다시 심리·판단하도록 하기 위하여 원심법원에 환송하기로 하여, 관여 대법관의 일치된 의견으로 주문과 같이 판결한다.

10. 성기를 보여주는 것만으로도 강제추행인가요?

QUESTION

A는 2010년 10월 11일 오후 7시 50분경 부산 동래구에 있는 B가 운영하는 식당 앞길에서, 평소 피해자 C(여, 48세)와 B 사이에 시비가 있어 C에 대하여 좋지 않은 감정이 있던 중, 귀가하는 C를 발견하고 C에게 "이리 와라"라고 부른 다음, "이 ○○년이 내가 오늘 니 잡아 죽인다"라고 말하여 C를 협박하면서 자신의 바지를 성기를 꺼내 보여주는 방법으로 C를 강제추행하였다는 이유로 강제추행으로 기소되었습니다.
이와 같은 경우 이 정도만으로 폭행 또는 협박으로 '추행'한 것으로 볼 수 있는 것인가요?

ANSWER

강제추행죄는 폭행 또는 협박을 가하여 사람을 추행함으로써 성립하는 것으로서 그 폭행 또는 협박이 항거를 곤란하게 할 정도일 것을 요합니다. 그리고 그 폭행 등이 피해자의 항거를 곤란하게 할 정도의 것이었는지 여부는 그 폭행 등의 내용과 정도는 물론, 유형력을 행사하게 된 경위, 피해자와의 관계, 추행 당시와 그 후의 정황 등 모든 사정을 종합하여 판단하여야 합니다(대법원 2012.7.26. 선고 2011도8805 판결 참조).

위 사안과 같은 위 2011도8805 사건에서는 피고인이 피해자 갑(여, 48세)에게 욕설을 하면서 자신의 바지를 벗어 성기를 보여주는 방법으로 강제추행하였다는 내용으로 기소된 사안에서, 갑의 성별·연령, 행위에 이르게 된 경위, 갑에 대하여 어떠한 신체 접촉도 없었던 점, 행위장소가 사람 및 차량의 왕래가 빈번한 도로로서 공중에게 공개된 곳인 점, 피고인이 한 욕설은 성적인 성질을 가지지 아니하는 것으로서 '추행'과 관련이 없는 점, 갑이 자신의 성적 결정의 자유를 침해당하였다고 볼 만한 사정이 없는 점 등 제반 사정을 고려할 때, 단순히 피고인이 바지를 벗어 자신의 성기를 보여준 것만으로는 폭행 또는 협박으로 '추행'을 하였다고 볼 수 없다고 판단하였습니다.

1. 사건의 표시

1) 사　　　건　　대법원 2012.7.26. 선고 2011도8805 판결[7]
　　　　　　　　강제추행·공무집행방해
2) 피 고 인　　　피고인
3) 상 고 인　　　피고인

2. 판시사항

1) 강제추행죄 구성요건 중 '추행'의 의미와 그 판단 기준

2) 강제추행죄 구성요건 중 '폭행·협박'의 정도와 그 판단 기준

3) 피고인이 피해자 갑(여, 48세)에게 욕설을 하면서 자신의 바지를 벗어 성기를 보여주는 방법으로 강제추행하였다는 내용으로 기소된 사안에서, 제반 사정을 고려할 때 단순히 피고인이 바지를 벗어 자신의 성기를 보여준 것만으로는 폭행 또는 협박으로 '추행'을 하였다고 볼 수 없는데도, 이

---

[7] 이 사건에서 피고인은 강제추행·공무집행방해로 기소되었는데, 항소심에서는 모두 유죄로 인정되어 벌금 400만 원이 선고되었으나, 상고심에서는 강제추행의 점에 대하여 무죄 취지로 파기환송되었다.

와 달리 보아 유죄를 인정한 원심판결에 강제추행죄의 추행에 관한 법리오해의 위법이 있다고 한 사례

3. 판결요지

1) 형법 제298조는 "폭행 또는 협박으로 사람에 대하여 추행을 한 자"를 강제추행죄로 벌할 것을 정한다. 그런데 강제추행죄는 개인의 성적 자유라는 개인적 법익을 침해하는 죄로서, 위 법 규정에서의 '추행'이란 일반인에게 성적 수치심이나 혐오감을 일으키고 선량한 성적 도덕관념에 반하는 행위인 것만으로는 부족하고 그 행위의 상대방인 피해자의 성적 자기결정의 자유를 침해하는 것이어야 한다. 따라서 건전한 성풍속이라는 일반적인 사회적 법익을 보호하려는 목적을 가진 형법 제245조의 공연음란죄에서 정하는 '음란한 행위'(또는 이른바 과다노출에 관한 경범죄처벌법 제1조 제41호에서 정하는 행위)가 특정한 사람을 상대로 행하여졌다고 해서 반드시 그 사람에 대하여 '추행'이 된다고 말할 수 없고, 무엇보다도 문제의 행위가 피해자의 성적 자유를 침해하는 것으로 평가될 수 있어야 한다. 그리고 이에 해당하는지 여부는 피해자의 의사·성별·연령, 행위자와 피해자의 관계, 그 행위에 이르게 된 경위, 구체적 행위태양, 주위의 객관적 상황 등을 종합적으로 고려하여 정하여진다.

2) 강제추행죄는 폭행 또는 협박을 가하여 사람을 추행함으로써 성립하는 것으로서 그 폭행 또는 협박이 항거를 곤란하게 할 정도일 것을 요한다. 그리고 그 폭행 등이 피해자의 항거를 곤란하게 할 정도의 것이었는지 여부는 그 폭행 등의 내용과 정도는 물론, 유형력을 행사하게 된 경위, 피해자와의 관계, 추행 당시와 그 후의 정황 등 모든 사정을 종합하여 판

단하여야 한다.

3) 피고인이 피해자 갑(여, 48세)에게 욕설을 하면서 자신의 바지를 벗어 성기를 보여주는 방법으로 강제추행하였다는 내용으로 기소된 사안에서, 갑의 성별·연령, 행위에 이르게 된 경위, 갑에 대하여 어떠한 신체 접촉도 없었던 점, 행위장소가 사람 및 차량의 왕래가 빈번한 도로로서 공중에게 공개된 곳인 점, 피고인이 한 욕설은 성적인 성질을 가지지 아니하는 것으로서 '추행'과 관련이 없는 점, 갑이 자신의 성적 결정의 자유를 침해당하였다고 볼 만한 사정이 없는 점 등 제반 사정을 고려할 때, 단순히 피고인이 바지를 벗어 자신의 성기를 보여준 것만으로는 폭행 또는 협박으로 '추행'을 하였다고 볼 수 없는데도, 이와 달리 보아 유죄를 인정한 원심판결에 강제추행죄의 추행에 관한 법리오해의 위법이 있다고 한 사례이다.

4. 관계 법령

■ 형법

제245조(공연음란)

공연히 음란한 행위를 한 자는 1년 이하의 징역, 500만 원 이하의 벌금, 구류 또는 과료에 처한다.

제298조(강제추행)

폭행 또는 협박으로 사람에 대하여 추행을 한 자는 10년 이하의 징역 또는 1천 500만 원 이하의 벌금에 처한다.

■ 경범죄처벌법(2012.3.21. 법률 제11401호로 전부 개정되기 전의 것)

제1조(경범죄의 종류)

다음 각 호의 1에 해당하는 사람은 10만 원 이하의 벌금, 구류 또는 과료의 형으로 벌한다.

41. (과다노출) 여러 사람의 눈에 뜨이는 곳에서 함부로 알몸을 지나치게 내놓거나 속까지 들여다보이는 옷을 입거나 또는 가려야 할 곳을 내어 놓아 다른 사람에게 부끄러운 느낌이나 불쾌감을 준 사람

5. 상고심 판단 이유

1) 형법 제298조는 "폭행 또는 협박으로 사람에 대하여 추행을 한 자"를 강제추행죄로 벌할 것을 정한다. 그런데 강제추행죄는 개인의 성적 자유라는 개인적 법익을 침해하는 죄로서, 위 법 규정에서의 '추행'이란 일반인에게 성적 수치심이나 혐오감을 일으키고 선량한 성적 도덕관념에 반하는 행위인 것만으로는 부족하고 그 행위의 상대방인 피해자의 성적 자기결정의 자유를 침해하는 것이어야 한다.

따라서 건전한 성풍속이라는 일반적인 사회적 법익을 보호하려는 목적을 가진 형법 제245조의 공연음란죄에서 정하는 '음란한 행위'(또는 이른바 과다노출에 관한 경범죄처벌법 제1조 제41호에서 정하는 행위)가 특정한 사람을 상대로 행하여졌다고 해서 반드시 그 사람에 대하여 '추행'이 된다고 말할 수 없고, 무엇보다도 문제의 행위가 피해자의 성적 자유를 침해하는 것으로 평가될 수 있어야 한다. 그리고 이에 해당하는지 여부는 피해자의 의사·성별·연령, 행위자와 피해자의 관계, 그 행위에 이르게 된 경위, 구체적 행위태양, 주위의 객관적 상황 등을 종합적으로 고려하여 정하여진다(대법원 2010.2.25. 선고 2009도13716 판결 등 참조).

또한 강제추행죄는 폭행 또는 협박을 가하여 사람을 추행함으로써 성립하는 것으로서 그 폭행 또는 협박이 항거를 곤란하게 할 정도일 것을 요한다. 그리고 그 폭행 등이 피해자의 항거를 곤란하게 할 정도의 것이었

는지 여부는 그 폭행 등의 내용과 정도는 물론, 유형력을 행사하게 된 경위, 피해자와의 관계, 추행 당시와 그 후의 정황 등 모든 사정을 종합하여 판단하여야 한다(대법원 2007.1.25. 선고 2006도5979 판결 등 참조).

2) 원심은 채택증거를 종합하여 그 판시와 같은 사실을 인정한 다음, 피고인과 피해자는 처음 본 사이였고, 범행장소가 사람들이 왕래하는 골목길이기는 하나 주차된 차량들 사이이며, 범행시간이 저녁 8시경이었던 점 등에 비추어 보면, 피고인이 자신의 성기를 피해자에게 보여준 행위는 일반인에게 성적 수치심과 혐오감을 일으키는 한편 선량한 성적 도덕관념에 반하는 행위로서 피해자의 성적 자유를 침해하는 추행에 해당되므로 피고인의 위와 같은 행위는 강제추행죄를 구성한다고 판단하였다.

3) 그러나 원심의 위와 같은 판단은 아래와 같은 이유로 수긍하기 어렵다. 기록에 의하면, 다음과 같은 사정을 알 수 있다. ① 피해자는 48세의 여자로 부산 동래구 온천1동(지번 생략) 소재 건물 2층에서 '○○○○○○' 지점을 운영하고 있는데 그 건물 1층에서 식당을 운영하는 공소외인과 분쟁이 있었다. ② 피고인은 그 식당에서 술을 마시면서 평소 알고 지내던 공소외인으로부터 피해자와의 분쟁에 관한 이야기를 들었고, 마침 피해자가 내려오자 피해자에게 말을 걸었다. ③ 피해자는 피고인의 말을 무시하고 위 식당 앞 도로에 주차하여 둔 자신의 차량으로 걸어갔고 이에 피고인은 피해자의 뒤를 쫓아가면서 공소사실과 같이 욕을 하고 바지를 벗어 성기를 피해자에게 보였다. ④ 그곳은 허심청 온천 뒷길로 식당 및 편의점 등이 있어서 저녁 8시 무렵에도 사람 및 차량의 왕래가 빈번한 도로이고 피해자는 당시 위 식당 옆 도로변에 차를 주차하여 둔 상태이었다.

이상에서 본 피해자의 성별·연령, 이 사건 행위에 이르게 된 경위 및 피고인은 자신의 성기를 꺼내어 일정한 거리를 두고 피해자에게 보였을 뿐 피해자에게 어떠한 신체적 접촉도 하지 아니한 점, 위 행위장소는 피해자가 차량을 주차하여 둔 사무실 근처의 도로로서 사람 및 차량의 왕래가 빈번한 공중에게 공개된 곳이었고, 피해자로서는 곧바로 피고인으로부터 시선을 돌림으로써 그의 행위를 쉽사리 외면할 수 있었으며 필요하다면 주위의 도움을 청하는 것도 충분히 가능하였던 점, 피고인은 피해자를 위 행위장소로 이끈 것이 아니라 피해자의 차량으로 가는 피해자를 따라가면서 위와 같은 행위에 이르게 된 점, 피고인이 피해자에 대하여 행하여서 협박죄를 구성하는 욕설은 성적인 성질을 가지지 아니하는 것으로서 '추행'과 관련이 없는 점, 그 외에 피해자가 자신의 성적 결정의 자유를 침해당하였다고 볼 만한 사정은 이를 찾을 수 없는 점 기타 제반 사정을 고려하여 보면, 단순히 피고인이 바지를 벗어 자신의 성기를 피해자에게 보여준 것만으로는 그것이 비록 객관적으로 일반인에게 성적 수치심이나 혐오감을 일으키게 하는 행위라고 할 수 있을지 몰라도 피고인이 폭행 또는 협박으로 '추행'을 하였다고 볼 수 없다.

그럼에도 그 판시와 같은 사정만으로 이 사건 강제추행의 점을 유죄로 인정한 원심판결에는 강제추행죄의 추행에 관한 법리를 오해하여 판결 결과에 영향을 미친 위법이 있다. 이 점을 지적하는 상고이유는 타당하다.

4) 따라서 원심판결 중 강제추행의 점은 파기되어야 한다. 그런데 원심은 이 부분이 유죄로 인정된 공무집행방해죄와 형법 제37조 전단의 경합범 관계에 있는 것으로 보아 하나의 형을 선고하였으므로, 결국 원심판결은 전부 파기될 수밖에 없다.

5) 그러므로 원심판결을 파기하고 사건을 다시 심리·판단하게 하기 위하여 원심법원에 환송하기로 하여, 관여 대법관의 일치된 의견으로 주문과 같이 판결한다.

11. 재판을 받던 중 피해여성이 진술 시 피고인은 왜 나가야 하나요?

QUESTION

저는 아동·청소년의 성보호에 관한 법률 위반(강간 등)·성폭력범죄의 처벌 등에 관한 특례법 위반(카메라 등 이용 촬영)·강요로 기소되어 재판받았습니다.

그런데 법원의 재판장은 피해자들을 증인으로 신문함에 있어서 위 증인들이 제 면전에서 충분한 진술을 할 수 없다고 인정하여 저의 퇴정을 명하고 증인신문을 진행하였습니다. 당시 저에게는 변호인이 선임되어 있어 변호인이 증인신문과정에 참여하였습니다. 이후 재판장은 증인신문을 실시하는 과정에 저를 입정하게 하고 법원사무관 등으로 하여금 진술의 요지를 고지하게 한 다음 변호인을 통하여 반대신문의 기회를 부여하였습니다.

저는 다소 억울한 측면이 있어서 위 증인신문과정을 처음부터 보고 싶었고, 주신문 과정에서 증언하는 증인의 진술 중에서 틀린 점을 바로 지적하여 변호인에게 알려주고 싶었습니다.

위와 같은 경우 법원의 증인신문절차에는 위법사유가 없는 것인가요?

ANSWER

형사소송법 제297조의 규정에 따라 재판장은 증인이 피고인의 면전에서 충분한 진술을 할 수 없다고 인정한 때에는 피고인을 퇴정하게 하고 증인신문을 진행함으로써 피고인의 직접적인 증인 대면을 제한할 수 있지만, 이러한 경우에도 피고인의 반대신문권을 배제하는 것은 허용되지 않습니다(대법원 2012.2.23. 선고 2011도15608 판결 참조).

위 사안과 같이 원심법원의 재판장이 피고인의 아동·청소년의 성보호에 관한 법률(2011.9.15. 법률 제11047호로 개정되기 전의 것) 위반(강간 등), 강요,

성폭력범죄의 처벌 등에 관한 특례법 위반(카메라 등 이용 촬영) 범행의 피해자들을 증인으로 신문할 때 증인들이 피고인의 면전에서 충분한 진술을 할 수 없다고 인정하여 피고인의 퇴정을 명하고 증인신문을 진행하였는데, 증인신문을 실시하는 과정에 변호인을 참여시키는 한편 피고인을 입정하게 하고 법원사무관 등으로 하여금 진술의 요지를 고지하게 한 다음 변호인을 통하여 반대신문의 기회를 부여한 사안에서, 위 대법원 판결(대법원 2012.2.23. 선고 2011도15608 판결)에 따르면 원심의 증인신문절차 등 공판절차에 어떠한 위법이 있다고 볼 수 없다고 판단하였습니다.

1. 사건의 표시

1) 사　　건　　대법원 2012.2.23. 선고 2011도15608 판결
　　　　　　　　아동·청소년의 성보호에 관한 법률 위반(강간 등)·성폭력범죄의 처벌 등에 관한 특례법 위반(카메라 등 이용 촬영)·강요
2) 피 고 인　　피고인
3) 상 고 인　　피고인

2. 판시사항

1) 아동·청소년의 성보호에 관한 법률 위반(강간 등) 사건의 피고인에게 법원이 국민참여재판 여부에 관한 의사를 확인하지 아니한 사안에서, 위 사건은 국민참여재판 대상사건에 해당하지 아니하여, 제1심법원이 피고인에게 국민참여재판 여부에 관하여 의사를 확인하지 아니하거나 원심법원이 그에 대하여 직권으로 판단하지 아니한 것에 피고인의 국민참여재판을 받을 권리를 침해한 위법이 있다고 볼 수 없다고 한 사례

2) 형사소송법 제297조에 따라 피고인을 퇴정하게 하고 증인신문을 진행하는 경우, 피고인의 반대신문권을 배제할 수 있는지 여부(소극)

3) 원심법원의 재판장이 피고인의 퇴정을 명하고 증인신문을 진행하였는데, 증인신문을 실시하는 과정에 변호인을 참여시키는 한편 피고인을 입정하게 하고 법원사무관 등으로 하여금 진술의 요지를 고지하게 한 다음 변호인을 통하여 반대신문의 기회를 부여한 사안에서, 원심의 증인신문절차 등 공판절차에 위법이 없다고 한 사례

3. 판결요지

1) 아동·청소년의 성보호에 관한 법률 위반(강간 등) 사건의 피고인에게 법원이 국민참여재판 여부에 관한 의사를 확인하지 아니한 사안에서, 위 사건은 국민의 형사재판 참여에 관한 법률 제5조에서 정한 국민참여재판 대상사건에 해당하지 아니하여, 제1심법원이 피고인에게 국민참여재판 여부에 관하여 의사를 확인하지 아니하거나 원심법원이 그에 대하여 직권으로 판단하지 아니한 것에 피고인의 국민참여재판을 받을 권리를 침해한 위법이 있다고 볼 수 없다고 한 사례이다.

2) 형사소송법 제297조의 규정에 따라 재판장은 증인이 피고인의 면전에서 충분한 진술을 할 수 없다고 인정한 때에는 피고인을 퇴정하게 하고 증인신문을 진행함으로써 피고인의 직접적인 증인 대면을 제한할 수 있지만, 이러한 경우에도 피고인의 반대신문권을 배제하는 것은 허용되지 않는다.

3) 원심법원의 재판장이 피고인의 아동·청소년의 성보호에 관한 법률(2011.9.15. 법률 제11047호로 개정되기 전의 것) 위반(강간 등), 강요, 성폭력범죄의 처벌 등에 관한 특례법 위반(카메라 등 이용촬영) 범행의 피해자들을 증인으로 신문할 때 증인들이 피고인의 면전에서 충분한 진술을 할 수 없다고 인정하여 피고인의 퇴정을 명하고 증인신문을 진행하였는데, 증인신문을 실시하는 과정에 변호인을 참여시키는 한편 피고인을 입정하게 하고 법원사무관 등으로 하여금 진술의 요지를 고지하게 한 다음 변호인을 통하여 반대신문의 기회를 부여한 사안에서, 원심의 증인신문절차 등 공판절차에 어떠한 위법이 있다고 볼 수 없다고 한 사례이다.

4. 관계 법령

■ 형법

제297조(강간)
폭행 또는 협박으로 사람을 강간한 자는 3년 이상의 유기징역에 처한다.

제324조(강요)
폭행 또는 협박으로 사람의 권리행사를 방해하거나 의무없는 일을 하게 한 자는 5년 이하의 징역에 처한다.

■ 아동·청소년의 성보호에 관한 법률(2011.9.15. 법률 제11047호로 개정되기 전의 것)

제7조(아동·청소년에 대한 강간·강제추행 등)
① 폭행 또는 협박으로 아동·청소년을 강간한 사람은 5년 이상의 유기징역에 처한다.

■ 구 국민의 형사재판 참여에 관한 법률(법률 제10258호, 2010.4.15. 타법개정)

제5조(대상사건)
① 다음 각 호에 정하는 사건을 국민참여재판의 대상사건(이하 "대상사건"이라 한다)으로

한다.

1. 「형법」 제144조제2항 후단(특수공무집행방해치사), 제164조제2항 후단(현주건조물 등 방화치사), 제172조제2항 후단(폭발성물건파열 치사), 제172조의2제2항 후단(가스·전기 등 방류치사), 제173조제3항 후단(가스·전기 등 공급방해치사), 제177조제2항 후단(현주건조물 등 일수치사), 제188조 후단(교통방해치사), 제194조 후단(음용수혼독치사), 제250조3, 제252조(촉탁·승낙에 의한 살인 등), 제253조(위계에 의한 촉탁살인 등), 제259조(상해치사·존속상해치사), 제262조 중 제259조 부분(폭행치사), 제275조제1항 후단 및 제2항 후단(유기 등 치사), 제281조제1항 후단 및 제2항 후단(체포·감금 등 치사), 제301조(강간 등 상해·치상), 제301조의2(강간 등 살인·치사), 제305조 중 제301조·제301조의2 부분(미성년자간음추행 상해·치상·살인·치사), 제324조의4(인질살해·치사), 제337조(강도상해·치상), 제338조(강도살인·치사), 제339조(강도강간), 제340조제2항 및 제3항(해상강도상해·치상·살인·치사·강간), 제368조제2항 후단(중손괴치사)

2. 「특정범죄가중처벌 등에 관한 법률」 제2조제1항제1호(뇌물), 제4조의2제2항(체포·감금 등의 치사), 제5조제1호(국고 등 손실), 제5조의2제1항·제2항·제4항·제5항(약취·유인), 제5조의5(강도상해·치상·강도강간), 제5조의9제1항·제3항(보복범죄), 「특정경제범죄 가중처벌 등에 관한 법률」 제5조제4항제1호(배임수재), 「성폭력범죄의 처벌 등에 관한 특례법」 제3조(특수강도강간 등), 제4조(특수강간 등), 제8조(강간 등 상해·치상), 제9조(강간 등 살인·치사)

3. 「법원조직법」 제32조제1항제3호에 따른 합의부 관할 사건 중 대법원규칙으로 정하는 사건

4. 제1호부터 제3호까지에 해당하는 사건의 미수죄·교사죄·방조죄·예비죄·음모죄에 해당하는 사건

5. 제1호부터 제4호까지와 「형사소송법」 제11조에 따른 관련 사건으로서 병합하여 심리하는 사건

② 피고인이 국민참여재판을 원하지 아니하거나 제9조제1항에 따른 배제결정이 있는 경우는 국민참여재판을 하지 아니한다.

■ 형사소송법

제163조(당사자의 참여권, 신문권)
① 검사, 피고인 또는 변호인은 증인신문에 참여할 수 있다.
② 증인신문의 시일과 장소는 전항의 규정에 의하여 참여할 수 있는 자에게 미리 통지하여야 한다. 단, 참여하지 아니한다는 의사를 명시한 때에는 예외로 한다.

제297조(피고인등의 퇴정)
① 재판장은 증인 또는 감정인이 피고인 또는 어떤 재정인의 면전에서 충분한 진술을 할 수 없다고 인정한 때에는 그를 퇴정하게 하고 진술하게 할 수 있다. 피고인이 다른 피고인의 면전에서 충분한 진술을 할 수 없다고 인정한 때에도 같다.
② 전항의 규정에 의하여 피고인을 퇴정하게 한 경우에 증인, 감정인 또는 공동피고인의 진술이 종료한 때에는 퇴정한 피고인을 입정하게 한 후 법원사무관등으로 하여금 진술의 요지를 고지하게 하여야 한다.

■ 구 성폭력범죄의 처벌 등에 관한 특례법

제13조(카메라 등을 이용한 촬영)
① 카메라나 그 밖에 이와 유사한 기능을 갖춘 기계장치를 이용하여 성적 욕망 또는 수치심을 유발할 수 있는 다른 사람의 신체를 그 의사에 반하여 촬영하거나 그 촬영물을 반포·판매·임대 또는 공공연하게 전시·상영한 자는 5년 이하의 징역 또는 1천만 원 이하의 벌금에 처한다.

5. 상고심 판단 이유

1) 원심판결 이유에 의하면, 원심이 그 판결이유를 설시하면서 변호인의 항소이유 중 제1심판결의 양형이 부당하다는 항소이유의 요지만을 적시

하고, 사실오인의 위법도 있다고 주장하는 나머지 항소이유에 대하여는 아무런 판단을 표시하지 아니한 것은 적절하다고 할 수는 없으나, 한편 원심은 변호인의 양형부당의 항소이유가 이유 있다고 인정하면서 제1심 판결 중 유죄 부분을 파기한 다음 자판하면서 피고인에 대한 범죄사실을 모두 유죄로 인정하여 처단함으로써 결국 변호인의 사실오인의 항소이유에 대하여서는 이를 배척하였다고 할 것이므로, 원심판결에는 이 부분 상고이유의 주장과 같이 변호인의 사실오인의 항소이유에 대한 판단유탈의 위법이 있다고 볼 수 없다.

2) 원심판결 이유에 의하면, 원심은 적법하게 채택한 증거들을 종합하여 그 판시와 같은 사실을 인정한 다음, 그 판시와 같은 이유를 들어 이 사건 각 아동·청소년의 성보호에 관한 법률(이하 '아청법'이라 한다) 위반(강간 등), 강요, 성폭력범죄의 처벌 등에 관한 특례법(이하 '성폭법'이라 한다) 위반(카메라 등 이용 촬영)의 공소사실이 인정된다고 판단한 것은 정당하고, 거기에 이 부분 상고이유의 주장과 같이 논리와 경험의 법칙을 위배하고 자유심증주의의 한계를 벗어나거나 아청법 위반(강간 등)죄, 강요죄, 성폭법 위반(카메라 등 이용 촬영)죄에 관한 법리를 오해한 위법 등이 있다고 볼 수 없다.

3) 이 사건 각 아청법 위반(강간 등)의 점은 국민의 형사재판 참여에 관한 법률 제5조 소정의 국민참여재판 대상사건에 해당하지 아니함이 명백하므로, 제1심법원이 위 법률에 따라 피고인에게 국민참여재판 여부에 관한 의사확인을 하지 아니하였다거나 원심법원이 그에 대하여 직권으로 판단하지 아니하였던 것에 피고인의 국민참여재판을 받을 권리를 침해한 위법이 있다고 볼 수 없다.

4) 형사소송법 제297조의 규정에 따라 재판장은 증인이 피고인의 면전에서 충분한 진술을 할 수 없다고 인정한 때에는 피고인을 퇴정하게 하고 증인신문을 진행함으로써 피고인의 직접적인 증인 대면을 제한할 수 있지만, 이러한 경우에도 피고인의 반대신문권을 배제하는 것은 허용되지 않는다(대법원 2010.1.14. 선고 2009도9344 판결 등 참조).

기록에 의하면, ① 원심법원의 재판장은 이 사건 각 아청법 위반(강간 등), 강요, 성폭법 위반(카메라 등 이용 촬영)의 점에 대한 피해자들을 증인으로 신문함에 있어서 위 증인들이 피고인의 면전에서 충분한 진술을 할 수 없다고 인정하여 피고인의 퇴정을 명하고 증인신문을 진행한 사실, ② 당시 피고인에게는 변호인이 선임되어 있어 변호인이 증인신문과정에 참여한 사실, ③ 원심법원의 재판장은 증인신문을 실시하는 과정에 피고인을 입정하게 하고 법원사무관 등으로 하여금 진술의 요지를 고지하게 한 다음 변호인을 통하여 반대신문의 기회를 부여한 사실 등을 알 수 있는바, 위 사실관계를 앞서 본 법리에 비추어 살펴보면, 원심의 증인신문절차 등 공판절차에 어떠한 위법이 있다고 볼 수 없다.

5) 형사소송법 제383조 제4호에 의하면 사형, 무기 또는 10년 이상의 징역이나 금고가 선고된 사건에서만 양형부당을 사유로 한 상고가 허용되는 것이므로, 피고인에 대하여 그보다 가벼운 형이 선고된 이 사건에서는 형의 양정이 부당하다는 주장은 적법한 상고이유가 되지 못한다.

6) 나머지 상고이유의 주장은 사실심인 원심의 전권사항에 속하는 증거의 취사선택이나 사실의 인정을 탓하는 것이거나, 피고인이 이를 항소이유로 삼거나 원심이 직권으로 심판대상으로 삼은 바가 없는 것을 상고이유에서 비로소 주장하는 것으로서 적법한 상고이유가 되지 못한다.

7) 그러므로 상고를 기각하기로 하여 관여 대법관의 일치된 의견으로 주문과 같이 판결한다.

12. 음란물 유포가 되나요?

QUESTION

방송통신심의위원회 심의위원인 저는 위원회에서 음란정보로 의결한 '발기된 남성 성기 사진'과 '벌거벗은 남성의 뒷모습 사진'을 관련 정보통신 심의규정 및 자신의 주장과 함께 인터넷 블로그에 게시함으로써 정보통신망을 통하여 음란한 화상 또는 영상을 공공연히 전시하였다고 하여 정보통신망 이용촉진 및 정보보호 등에 관한 법률 위반(음란물 유포)으로 기소되었습니다.

저는 이 사건 게시물은 성행위에 관한 서사가 없는 성기 사진이 포함되어 있을 뿐 아니라 전체적으로 보아 이를 음란물로 본 심의 결과에 대한 학술적·비판적 고찰을 내용으로 하는 것이어서 음란물이라고 볼 수 없다고 생각합니다.

제 생각이 옳은 것이 아닌가요?

ANSWER

정보통신망 이용촉진 및 정보보호 등에 관한 법률 제74조 제1항 제2호에서 정한 '음란'이란 사회통념상 일반 보통인의 성욕을 자극하여 성적 흥분을 유발하고 정상적인 성적 수치심을 해하여 성적 도의관념에 반하고, 표현물을 전체적으로 관찰·평가해 볼 때 단순히 저속하다거나 문란한 느낌이 든다는 정도를 넘어 존중·보호되어야 할 인격을 갖춘 존재인 사람의 존엄성과 가치를 심각하게 훼손·왜곡하고, 사회적으로 해로운 영향을 끼칠 위험성이 있다고 평가할 수 있을 정도로 노골적인 방법에 의하여 성적 부위나 행위를 적나라하게 표현 또는 묘사한 것으로서, 사회통념에 비추어 전적으로 또는 지배적으로 성적 흥미에만 호소하고 하등의 문학적·예술적·사상적·과학적·의학적·교육적 가치를 지니지 아니하는 것을 뜻합니다. 또한 표현물의 음란 여부를 판단할 때에는 표현물 제작자의 주관적 의도가 아니라 사회 평균인 입장에서 시대의 건전한 사회통념에 따라 객관적이고 규범적으로 평가하여야 합니다(서울서부지방법원 2012.7.13. 선고 2012고합151 판결 참조).

위 사안과 같은 사안(방송통신심의위원회 심의위원인 피고인이 위원회에서 음란정보로 의결한 '발기된 남성 성기 사진' 7장과 '벌거벗은 남성의 뒷모습 사진' 1장을 관련 정보통신 심의규정 및 자신의 주장과 함께 인터넷 블로그에 게시함으로써 정보통신망을 통하여 음란한 화상 또는 영상을 공공연히 전시하였다고 하여 정보통신망 이용촉진 및 정보보호 등에 관한 법률 위반(음란물 유포)으로 기소된 사안)에서 위 법원(서울서부지방법원 2012.7.13. 선고 2012고합151 판결)은, 일반적으로 남녀의 성기는 성별의 차이를 가장 명확하게 나타내는 제1차 성징으로서 노출될 경우 성적 수치심이나 성적 흥분을 일으킬 가능성이 가장 큰 신체 부위로 받아들여지는데, 발기된 남성 성기만을 부각하여 노골적으로 적나라하게 촬영한 사진들이 게시물의 본문 맨 앞부분에 상당 분량을 차지하고 있고, 그중에는 성적 흥분 상태를 암시하거나 공개된 장소에서 발기된 성기를 드러낸 것을 암시하는 내용이 있는 점, 게시물 말미에 관련 정보통신 심의규정과 함께 위 사진들을 음란물로 보는 것에 반대한다는 피고인의 의견을 기재하고 있기는 하나, 주된 취지는 성행위에 관한 서사가 없는 성기 사진 자체를 음란물로 보는 것은 부당하다는 결론적인 의견만을 간단하게 제시하고 있을 뿐 이에 대한 구체적인 학술적 논증이나 그 밖에 발기된 남성 성기의 사진에 의해 야기되는 성적 자극을 완화할 만한 문학적·예술적·사상적·과학적·의학적·교육적 가치 등에 관한 내용이 있다고 보기 어려운 점 등을 종합할 때, 위 게시물은 우리 사회 평균인 입장에서 볼 때 성적 수치심이나 호색적 흥미에 치우친 것으로 받아들여질 가능성이 매우 크고 별다른 사상적·학술적·교육적 가치를 지니지 아니하여 성적 도의관념에 반하는 '음란물'에 해당한다고 판단하여 피고인에게 유죄를 선고하였습니다.

따라서 귀하의 경우에도 귀하의 주관적 의도가 아니라 사회 평균인 입장에서 시대의 건전한 사회통념에 따라 객관적이고 규범적으로 평가하여, 자신의 행위가 음란물을 게시한 것은 아닌지를 검토하시기 바랍니다.

1. 사건의 표시

1) 사 건   서울서부지방법원 2012.7.13. 선고 2012고합151 판결[8]
           정보통신망 이용촉진 및 정보보호 등에 관한 법률 위반(음란물 유포)
2) 피 고 인   피고인

2. 판시사항

가. 정보통신망 이용촉진 및 정보보호 등에 관한 법률 제74조 제1항 제2호에서 정한 '음란'의 의미 및 표현물의 음란성 여부를 판단하는 기준

나. 방송통신심의위원회 심의위원인 피고인이 위원회에서 음란정보로 의결한 '발기된 남성 성기 사진'과 '벌거벗은 남성의 뒷모습 사진'을 관련 정보통신 심의규정 및 자신의 주장과 함께 인터넷 블로그에 게시함으로써 정보통신망을 통하여 음란한 화상 또는 영상을 공공연히 전시하였다고 하여 정보통신망 이용촉진 및 정보보호 등에 관한 법률 위반(음란물 유포)으로 기소된 사안에서, 제반 사정을 종합할 때 위 게시물이 '음란물'

---

[8] 위 사건에서 피고인은 정보통신망 이용촉진 및 정보보호 등에 관한 법률 위반(음란물 유포)로 기소되었고, 위 법원은 유죄로 인정하여 벌금 300만 원을 선고하였고, 이에 대하여 피고인은 항소하였다.

에 해당한다는 등의 이유로 유죄를 선고한 사례

3. 판결요지

1) 정보통신망 이용촉진 및 정보보호 등에 관한 법률 제74조 제1항 제2호에서 정한 '음란'이란 사회통념상 일반 보통인의 성욕을 자극하여 성적 흥분을 유발하고 정상적인 성적 수치심을 해하여 성적 도의관념에 반하고, 표현물을 전체적으로 관찰·평가해 볼 때 단순히 저속하다거나 문란한 느낌이 든다는 정도를 넘어 존중·보호되어야 할 인격을 갖춘 존재인 사람의 존엄성과 가치를 심각하게 훼손·왜곡하고, 사회적으로 해로운 영향을 끼칠 위험성이 있다고 평가할 수 있을 정도로 노골적인 방법에 의하여 성적 부위나 행위를 적나라하게 표현 또는 묘사한 것으로서, 사회통념에 비추어 전적으로 또는 지배적으로 성적 흥미에만 호소하고 하등의 문학적·예술적·사상적·과학적·의학적·교육적 가치를 지니지 아니하는 것을 뜻한다. 또한 표현물의 음란 여부를 판단할 때에는 표현물 제작자의 주관적 의도가 아니라 사회 평균인 입장에서 시대의 건전한 사회통념에 따라 객관적이고 규범적으로 평가하여야 한다.

2) 방송통신심의위원회 심의위원인 피고인이 위원회에서 음란정보로 의결한 '발기된 남성 성기 사진' 7장과 '벌거벗은 남성의 뒷모습 사진' 1장을 관련 정보통신 심의규정 및 자신의 주장과 함께 인터넷 블로그에 게시함으로써 정보통신망을 통하여 음란한 화상 또는 영상을 공공연히 전시하였다고 하여 정보통신망 이용촉진 및 정보보호 등에 관한 법률 위반(음란물 유포)으로 기소된 사안에서, 일반적으로 남녀의 성기는 성별의 차이를 가장 명확하게 나타내는 제1차 성징으로서 노출될 경우 성적 수치심

이나 성적 흥분을 일으킬 가능성이 가장 큰 신체 부위로 받아들여지는데, 발기된 남성 성기만을 부각하여 노골적으로 적나라하게 촬영한 사진들이 게시물의 본문 맨 앞부분에 상당 분량을 차지하고 있고, 그중에는 성적 흥분상태를 암시하거나 공개된 장소에서 발기된 성기를 드러낸 것을 암시하는 내용이 있는 점, 게시물 말미에 관련 정보통신 심의규정과 함께 위 사진들을 음란물로 보는 것에 반대한다는 피고인의 의견을 기재하고 있기는 하나, 주된 취지는 성행위에 관한 서사가 없는 성기 사진 자체를 음란물로 보는 것은 부당하다는 결론적인 의견만을 간단하게 제시하고 있을 뿐 이에 대한 구체적인 학술적 논증이나 그 밖에 발기된 남성 성기의 사진에 의해 야기되는 성적 자극을 완화할 만한 문학적·예술적·사상적·과학적·의학적·교육적 가치 등에 관한 내용이 있다고 보기 어려운 점 등을 종합할 때, 위 게시물은 우리 사회 평균인 입장에서 볼 때 성적 수치심이나 호색적 흥미에 치우친 것으로 받아들여질 가능성이 매우 크고 별다른 사상적·학술적·교육적 가치를 지니지 아니하여 성적 도의관념에 반하는 '음란물'에 해당한다는 등의 이유로 유죄를 선고한 사례이다.

4. 관계 법령

■ **정보통신망 이용촉진 및 정보보호 등에 관한 법률**(2010.9.23. 시행, 법률 제10166호, 2010.3.22. 타법개정)

제44조의7(불법정보의 유통금지 등)
① 누구든지 정보통신망을 통하여 다음 각 호의 어느 하나에 해당하는 정보를 유통하여서는 아니 된다.
  1. 음란한 부호·문언·음향·화상 또는 영상을 배포·판매·임대하거나 공공연하게 전시하는 내용의 정보

제74조(벌칙)

① 다음 각 호의 어느 하나에 해당하는 자는 1년 이하의 징역 또는 1천만 원 이하의 벌금에 처한다.

2. 제44조의7 제1항 제1호를 위반하여 음란한 부호·문언·음향·화상 또는 영상을 배포·판매·임대하거나 공공연하게 전시한 자

5. 1심 판단 이유

1) 범죄사실

피고인은 2011년 5월경부터 방송통신심의위원회 심의위원으로 일하던 중, 2011년 7월 20일경 서울 서대문구 연희동(이하 생략)에 있는 그린빌라트 103호 피고인의 집에서, 피고인의 인터넷 블로그인 '피고인 자료실(블로그 주소 생략)'에 "검열자 일기 #4: 이 사진을 보면 성적으로 자극받거나 성적으로 흥분되나요?"라는 제목으로 2011년 7월 12일 제18차 방송통신심의위원회에서 음란정보로 의결한 발기된 남성 성기 사진 7장과 벌거벗은 남성의 뒷모습 사진 1장을, 관련 정보통신 심의규정과 성행위에 관한 서사가 포함되지 않은 성기 이미지 자체를 음란물이라고 보는 것은 표현의 자유를 침해하는 것으로서 부당하다는 취지의 피고인의 주장을 담은 글과 함께 게시하여(이하 '이 사건 게시물'이라 한다) 정보통신망을 통하여 음란한 화상 또는 영상을 공공연하게 전시하였다.

2) 변호인과 피고인의 주장에 대한 판단

변호인과 피고인은 ① 이 사건 게시물은 성행위에 관한 서사가 없는 성기 사진이 포함되어 있을 뿐 아니라 전체적으로 보아 이를 음란물로 본 심의 결과에 대한 학술적·비판적 고찰을 내용으로 하는 것이어서 음란물이라고 볼 수 없고, ② 피고인이 ○○대학교 법학전문대학원의 교수이

자 방송통신심의위원회 심의위원으로서 심의과정에서 이미 공개된 자료를 연구를 위해 보관하려는 목적에서 방문객이 하루 서너 명에 불과했던 자신의 개인 블로그에 이 사건 게시물을 7일 동안만 게시했던 것이므로 공공연하게 전시한 것이라고 볼 수도 없으며, ③ 피고인으로서는 음란물을 공공연하게 전시하려는 범의가 없었고, ④ 가사 이 사건 게시물이 음란물로 인정된다고 하더라도 피고인이 이 사건 게시물을 게시한 것은 방송통신심의위원회의 활동에 대한 공익적 비판의 일환으로 이루어진 것으로 사회상규에 반하지 않는 정당행위라고 주장한다. 이하에서 위 주장들에 대하여 살핀다.

(1) 이 사건 게시물의 음란성 여부

정보통신망 이용촉진 및 정보보호 등에 관한 법률 제74조 제1항 제2호에서 규정하고 있는 '음란'이라 함은 사회통념상 일반 보통인의 성욕을 자극하여 성적 흥분을 유발하고 정상적인 성적 수치심을 해하여 성적 도의관념에 반하는 것으로서, 표현물을 전체적으로 관찰·평가해 볼 때 단순히 저속하다거나 문란한 느낌이 든다는 정도를 넘어서서 존중·보호되어야 할 인격을 갖춘 존재인 사람의 존엄성과 가치를 심각하게 훼손·왜곡하고, 사회적으로 유해한 영향을 끼칠 위험성이 있다고 평가할 수 있을 정도로 노골적인 방법에 의하여 성적 부위나 행위를 적나라하게 표현 또는 묘사한 것으로서, 사회통념에 비추어 전적으로 또는 지배적으로 성적 흥미에만 호소하고 하등의 문학적·예술적·사상적·과학적·의학적·교육적 가치를 지니지 아니하는 것을 뜻한다고 볼 것이고, 표현물의 음란 여부를 판단함에 있어서는 표현물 제작자의 주관적 의도가 아니라 그 사회의 평균인의 입장에서 그 시대의 건전한 사회통념에 따라 객관적이고 규범적으로 평가하여야 할 것이다(대법원 2008.3.13. 선고

2006도3558 판결, 대법원 2008.6.12. 선고 2006도4067 판결 등 참조).

위 법리에 비추어 이 사건 게시물의 음란성 여부에 관하여 본다.

앞서 든 증거들에 의하면, 이 사건 게시물은 "검열자 일기 #4: 이 사진을 보면 성적으로 자극받거나 성적으로 흥분되나요?"라는 제목 아래 '제18차(방송통신심의위원회) 전체회의에서 여기의 블로그 사진들이 음란물이라며 차단되었다'는 문구로 본문을 시작하면서 곧바로 다른 신체 부분은 생략된 채 발기된 남성의 성기만이 묘사된 사진 7장(그중에는 동일한 사진을 확대한 사진이 포함되어 있다)과 벌거벗은 남성의 뒷모습 사진 1장이 담긴 5개의 블로그를 갈무리한 화상, '사회통념상 일반인의 성욕을 자극하여 성적 흥분을 유발하고 정상적인 성적 수치심을 해하여 성적 도의관념에 반하는 남녀의 성기, 음모 또는 항문이 구체적으로 묘사되는 내용은 유통에 적합하지 아니한 정보로 본다'는 등의 내용이 담긴 15줄 분량의 정보통신 심의규정 제8조를 소개하고, 여기에 '성행위에 관한 서사가 포함되지 않은 성기 이미지 자체는 자기표현의 가장 원초적인 모습이고 이것이 사회질서를 해한다고 볼 명백하고 현존하는 위험이 없는 한 처벌 대상이 되어서는 아니 되고, 이를 음란물이라고 보는 것은 표현의 자유를 침해하는 것으로서 부당하다'는 취지의 12줄 분량의 피고인의 의견을 덧붙인 것으로 구성되어 있는데, 발기된 남성 성기 사진이 포함된 블로그를 갈무리한 화상이 분량적으로 이 사건 게시물의 2/3가량을 차지하고 있는 사실, 발기된 남성 성기 사진 중에는 작은 글씨로 '발기 끝날 때 쯤', '버스 안에서'라는 제목이 붙어 있기도 한 사실 등이 인정된다.

일반적으로 남녀의 성기는 성별의 차이를 가장 명확하게 나타내는 제1차 성징으로서, 노출될 경우 성적 수치심이나 성적 흥분을 야기할 가능성이 가장 큰 신체 부위로 받아들여지는데, 앞서 본 바와 같이 이 사건 게시물에는 발기된 남성 성기만을 부각하여 노골적으로 적나라하게 촬영한 사진들이 본문의 맨 앞부분에 상당한 양을 차지하면서 게시되어 있고, 그중에는 제목을 통해서까지 성적 흥분상태를 암시하거나 공개된 장소에서 발기된 성기를 드러낸 것을 암시하는 맥락을 보이기도 하는 점, 피고인이 이 사건 게시물 말미에 관련 정보통신 심의규정과 함께 위 사진들을 음란물로 보는 것에 반대한다는 피고인의 의견을 기재하고 있기는 하나, 그 주된 취지는 성행위에 관한 서사가 없는 성기 사진 자체를 음란물로 보는 것은 부당하다는 결론적인 의견만을 간단하게 제시하고 있을 뿐이고, 나아가 이에 대한 구체적인 학술적 논증이나 그 밖에 발기된 남성 성기의 사진에 의해 야기되는 성적 자극을 완화시킬 만한 문학적·예술적·사상적·과학적·의학적·교육적 가치 등을 지닌 내용상의 맥락이 존재한다고 평가하기는 어려운 점 등을 종합하면, 우리 사회의 평균인의 입장에서 볼 때 이 사건 게시물은 지배적으로 성적 수치심이나 호색적 흥미에 치우쳐 받아들여질 가능성이 매우 크고, 별다른 사상적·학술적·교육적 가치를 지니지 아니하여, 이를 성적 도의관념에 반하는 음란물이라고 보기에 충분하다.

(2) 공공연하게 전시한 것으로 볼 수 있는지 여부
앞서 든 증거들에 의하면, 피고인은 원하는 사람들은 누구든지 접근할 수 있는 자신의 블로그에 이 사건 게시물을 올린 사실을 인정할 수 있는바, 공공연한 전시란 불특정 또는 다수인이 실제로 음란한 화상을 인식할 수 있는 상태에 두는 것을 의미한다는 법리에 비추어 볼 때(대법원 2009.5.14. 선고 2008도10914 판결 등 참조), 피고인의 이러한 행위는 공공연히 전시한 행위로 넉넉히 인정된다 할 것이고, 피고인의 주관적 게시 목적이나 게시 기간, 심의과정에서 특정한 소수의 심의위원 등에게 공개된 바 있다는 사정 등을 고려하여 달리 볼 바 아니다.

(3) 범의를 인정할 수 있는지 여부

게시물의 음란성 여부나 공공연하게 전시한 것에 해당되는지 여부는 객관적으로 판단해야 할 것이고, 그 행위자의 주관적인 의사에 따라 좌우되는 것은 아닌바(대법원 1996.6.11. 선고 96도980 판결 등 참조), 비록 피고인이 이 사건 게시물의 음란성을 인식하지 못하였고 공공연하게 전시한다는 인식 또한 없었다고 하더라도 앞서 든 증거들에 의하면 피고인이 객관적으로 음란하다고 인정되는 게시물을 누구든지 접근할 수 있는 블로그에 게시하고 있다는 것을 인식하고 있었음을 인정할 수 있는 이상, 이 사건 음란물 전시에 관한 피고인의 고의를 인정하기에 족하다 할 것이다.

(4) 정당행위에 해당하는지 여부

어떠한 행위가 사회상규에 위배되지 아니하는 정당한 행위로서 위법성이 조각되는 것인지는 구체적인 사정 아래서 합목적적·합리적으로 고찰하여 개별적으로 판단되어야 하므로, 이와 같은 정당행위가 인정되려면, 첫째 그 행위의 동기나 목적의 정당성, 둘째 행위의 수단이나 방법의 상당성, 셋째 보호이익과 침해이익의 법익 균형성, 넷째 긴급성, 다섯째 그 행위 이외의 다른 수단이나 방법이 없다는 보충성 등의 요건을 갖추어야 한다(대법원 2002.12.26. 선고 2002도5077 판결, 대법원 2003.9.26. 선고 2003도3000 판결 등 참조). 그런데 피고인이 음란물인 이 사건 게시물을 공공연하게 전시한 행위는 앞서 본 바와 같이 그 수단과 방법에 있어서 상당성이 인정되지 않을뿐더러 음란물을 게재하는 행위가 긴급하고 불가피한 수단이었다고 보기도 어려우므로, 이를 형법 제20조에서 정하는 사회상규에 위배되지 아니하는 정당행위로 볼 수는 없다.

13. 잠깐 스친 것도 강제추행이라고 볼 수 있나요?

QUESTION

저는 골프장 직원으로서 같은 골프장 내 골프용품 매장에서 근무하는 여직원 A의 쇄골 바로 아래 가슴 부분을 손가락으로 한 번 찌르고 A의 어깻죽지 부분을 손으로 한 번 만져 강제추행하였다는 내용으로 기소되었습니다.

하지만 저는 위 골프용품 매장에 수차례 들어가 A와 농담을 나누던 중 A와 어떠한 신체접촉이 있었는지 자세한 기억은 없으나, 위와 같이 성적 흥분이나 만족 등을 일으키게 하는 신체접촉을 한 적이 없고, A를 추행할 의도를 가지고 A의 가슴을 찌르는 등의 신체접촉 행위를 한 것이 아닙니다.

저에게 강제추행죄의 죄책이 성립하는 것인가요?

ANSWER

　폭행행위 자체가 추행으로 인정되는 이른바 '기습추행'을 강제추행에 포함시킨다고 하더라도, 강제추행죄의 구성요건이 '폭행 또는 협박으로 사람에 대하여 추행한 자'라고 규정되어 있는 이상 행위자가 행한 거동이나 행태가 상대방에 대한 유형력의 행사라고 볼 수 있는 행위에 해당하고, 그러한 행위 자체가 성욕의 흥분, 자극 또는 만족을 목적으로 하는 행위로서 건전한 상식 있는 일반인이 성적 수치심이나 혐오 감정을 느끼게 하는 것이라고 볼 만한 징표를 가지는 것이어서 폭행행위와 추행행위가 동시에 피해자의 부주의 등을 틈타 기습적으로 실현된 것이라고 평가할 수 있는 것이어야 하며, 주관적으로 그러한 행위를 통하여 성욕을 충족하려는 의도가 있어야 하는 것은 아니라 하더라도 적어도 상대방에게 성적 수치심이나 혐오감을 야기할 만한 행위를 행한다는 인식하에 일반적인 입장에서 성욕의 자극이나 만족을 구하려는 행태로 볼 만한 경향성이 드러나 상대방의 성적 자유(성적 자기결정권)를 폭력적 행태에 의하여 침해한 경우라고 평가할 수 있는 경우에야 비로소 형사책임의 영역에서 취급되는 강제추행죄의 죄책이 성립한다고 할 것입니다(대구지방법원 2012.6.8. 선고 2011고합686 판결 참조).

위 사안과 동일한 사안(골프장 직원인 피고인이 골프장 내 골프용품 매장에서 근무하는 여직원 갑의 쇄골 바로 아래 가슴 부분을 손가락으로 한 번 찌르고 갑의 어깻죽지 부분을 손으로 한 번 만져 강제추행하였다는 내용으로 기소된 사안)에서 위 법원(대구지방법원 2012.6.8. 선고 2011고합686 판결)은, 피고인이 만진 갑의 어깻죽지 부분은 일반적으로 이성 간에도 부탁, 격려 등의 의미로 접촉 가능한 부분이고, 피고인이 찌른 부분은 젖가슴보다는 쇄골에 더 가까워 상대방의 허락 없이 만질 수 있는 부분은 아니더라도 젖가슴과 같이 성적으로 민감한 부분은 아니며, 피고인의 행위는 1초도 안 되는 극히 짧은 순간 이루어서 갑이 성적 수치심을 느끼기보다는 당황하였을 가능성이 더 높고, 갑이 피고인의 행위로 인해 내심 불쾌감을 느꼈더라도 외부적으로 특별한 변화 없이 웃는 인상을 지으며 피고인과 대화를 이어가고 자기 업무를 계속한 점 등 제반 사정을 종합할 때, 피고인의 행위로 인해 갑에 대한 민사상 손해배상책임이 발생하는 것은 별론으로 하고, 그러한 행위가 객관적으로 일반인에게 성적 수치심이나 혐오감을 일으키게 하고 선량한 성적 도덕관념에 반하는 행위로서 피해자의 성적 자유(성적 자기결정권)를 폭력적으로 침해한 행위태양에까지 이른 것으로 평가하기 어렵고, 피고인에게 강제추행의 고의를 인정하기도 어렵다는 이유로 무죄를 선고하였는바, 참고하시기 바랍니다.

1. 사건의 표시

1) 사　　건　　대구지방법원 2012.6.8. 선고 2011고합686 판결
　　　　　　　　강제추행
2) 피 고 인　　피고인 1 외 1인

2. 판시사항

1) 폭행행위 자체가 추행으로 인정되는 이른바 '기습추행'의 경우, 강제추행 죄가 성립하기 위한 요건

2) 피고인이 골프장에서 함께 근무하는 여직원 갑의 쇄골 바로 아래 가슴 부분을 손가락으로 한 번 찌르고 갑의 어깻죽지 부분을 손으로 한 번 만져 강제추행으로 기소된 사안에서, 피고인이 접촉한 갑의 신체 부위 및 정도, 갑의 태도, 피고인과 갑의 관계, 당시 상황 등 제반 사정을 종합할 때 민사책임은 별론으로 하고 위 행위가 형사상 강제추행에까지 이른 것으로 평가하기 어렵다는 이유로 무죄를 선고한 사례

3. 판결요지

1) 폭행행위 자체가 추행으로 인정되는 이른바 '기습추행'을 강제추행에 포함시킨다고 하더라도, 강제추행죄의 구성요건이 '폭행 또는 협박으로 사람에 대하여 추행한 자'라고 규정되어 있는 이상 행위자가 행한 거동이나 행태가 상대방에 대한 유형력의 행사라고 볼 수 있는 행위에 해당하고, 그러한 행위 자체가 성욕의 흥분, 자극 또는 만족을 목적으로 하는 행위로서 건전한 상식 있는 일반인이 성적 수치심이나 혐오 감정을 느끼

게 하는 것이라고 볼 만한 징표를 가지는 것이어서 폭행행위와 추행행위가 동시에 피해자의 부주의 등을 틈타 기습적으로 실현된 것이라고 평가할 수 있는 것이어야 하며, 주관적으로 그러한 행위를 통하여 성욕을 충족하려는 의도가 있어야 하는 것은 아니라 하더라도 적어도 상대방에게 성적 수치심이나 혐오감을 야기할 만한 행위를 행한다는 인식하에 일반적인 입장에서 성욕의 자극이나 만족을 구하려는 행태로 볼 만한 경향성이 드러나 상대방의 성적 자유(성적 자기결정권)를 폭력적 행태에 의하여 침해한 경우라고 평가할 수 있는 경우에야 비로소 형사책임의 영역에서 취급되는 강제추행죄의 죄책이 성립한다.

2) 골프장 직원인 피고인이 골프장 내 골프용품 매장에서 근무하는 여직원 갑의 쇄골 바로 아래 가슴 부분을 손가락으로 한 번 찌르고 갑의 어깻죽지 부분을 손으로 한 번 만져 강제추행하였다는 내용으로 기소된 사안에서, 피고인이 만진 갑의 어깻죽지 부분은 일반적으로 이성 간에도 부탁, 격려 등의 의미로 접촉 가능한 부분이고, 피고인이 찌른 부분은 젖가슴보다는 쇄골에 더 가까워 상대방의 허락 없이 만질 수 있는 부분은 아니더라도 젖가슴과 같이 성적으로 민감한 부분은 아니며, 피고인의 행위는 1초도 안 되는 극히 짧은 순간 이루어져 갑이 성적 수치심을 느끼기보다는 당황하였을 가능성이 더 높고, 갑이 피고인의 행위로 인해 내심 불쾌감을 느꼈더라도 외부적으로 특별한 변화 없이 웃는 인상을 지으며 피고인과 대화를 이어가고 자기 업무를 계속한 점 등 제반 사정을 종합할 때, 피고인의 행위로 인해 갑에 대한 민사상 손해배상책임이 발생하는 것은 별론으로 하고, 그러한 행위가 객관적으로 일반인에게 성적 수치심이나 혐오감을 일으키게 하고 선량한 성적 도덕관념에 반하는 행위로서 피해자의 성적 자유(성적 자기결정권)를 폭력적으로 침해한 행위태양

에까지 이른 것으로 평가하기 어렵고, 피고인에게 강제추행의 고의를 인정하기도 어렵다는 이유로 무죄를 선고한 사례이다.

4. 관계 법령

■ 형법

제298조(강제추행)

폭행 또는 협박으로 사람에 대하여 추행을 한 자는 10년 이하의 징역 또는 1천 500만 원 이하의 벌금에 처한다.

■ 민법

제750조(불법행위의 내용)

고의 또는 과실로 인한 위법행위로 타인에게 손해를 가한 자는 그 손해를 배상할 책임이 있다.

■ 형사소송법

제325조(무죄의 판결)

피고사건이 범죄로 되지 아니하거나 범죄사실의 증명이 없는 때에는 판결로써 무죄를 선고하여야 한다.

5. 1심 판단 이유

1) 피고인 1에 대한 판단

(1) 공소사실의 요지

피고인은 ○○○○ 골프장의 직원으로 근무하는 사람이고, 피해자 공소외인(여, 20세)은 위 골프장 내 골프용품 매장의 직원으로 근무하던 사람이다.

피고인은 2011년 9월 3일 오후 7시 1분경부터 같은 날 오후 7시 22분경까지 위 골프용품 매장에서, 카운터 앞에 서 있는 피해자를 보고 추행할 것을 마음먹은 후 피해자를 뒤에서 강제로 껴안고, 발기된 자신의 성기를 피해자의 엉덩이에 비비고, 자신의 얼굴을 피해자의 얼굴 부분으로 갖다 대며 양손으로 피해자의 가슴을 움켜쥐어 피해자를 강제로 추행하였다.

(2) 판단

살피건대, 이는 형법 제298조에 해당하는 죄로서 형법 제306조에 의하여 피해자의 고소가 있어야 공소를 제기할 수 있는 사건인 바, 공판기록에 편철된 공소외인 작성의 합의서의 기재에 의하면 고소인 공소외인은 이 사건 공소제기 후인 2012년 2월 8일 피고인에 대한 고소를 취소한 사실을 인정할 수 있으므로, 형사소송법 제327조 제5호에 의하여 피고인에 대한 공소를 기각한다.

2) 피고인 2에 대한 판단

(1) 공소사실의 요지

피고인은 경북 칠곡군 왜관읍 매원리(지번 생략)에 있는 ○○○○ 골프장의 직원으로 근무하는 사람이고, 피해자 공소외인(여, 20세)은 위 골프장 내 골프용품 매장의 직원으로 근무하던 사람이다.

피고인은 2011년 9월 3일 오후 6시 55분경부터 같은 날 오후 7시 19분경까지 위 골프용품 매장에서, 카운터 밖에 서 있는 피해자를 보고 추행할 것을 마음먹은 후 왼손 손가락으로 피해자의 왼쪽 가슴을 찌르고, 왼손으로 피해자의 등을 쓰다듬고 피해자의 오른쪽 팔을 만지고 피해자의 가슴을 만져 피해자를 강제로 추행하였다.

(2) 피고인 및 변호인의 주장

피고인 및 변호인은, 위 골프용품 매장에 수차례 들어가 피해자와 농담을 나누던 중 피해자와 어떠한 신체접촉이 있었는지 자세한 기억은 없으나, 공소사실 기재와 같이 성적 흥분이나 만족 등을 일으키게 하는 태양의 신체접촉을 한 적이 없고, 피해자를 추행할 의도를 가지고 피해자의 가슴을 찌르는 등 신체접촉 행위를 한 것이 아니므로, 강제추행죄의 죄책이 성립하지 않는다고 주장한다.

(3) 판단

① 피고인의 행위 확정

가. 먼저 이 사건 공소사실 중 피고인이 피해자의 왼쪽 가슴을 찌른 부분에 대하여, 피고인 및 변호인은 피고인이 왼손 손가락으로 피해자의 왼쪽 가슴 쇄골 부분 아니면 쇄골 윗부분을 찌른 것에 불과하다고 주장한다. 살피건대, 이 사건 당시 골프용품 매장에 설치되어 있던 폐쇄회로화면(CCTV) 동영상에 의하면, 피고인이 2011년 9월 3일 오후 7시경 왼손 검지로 피해자의 왼쪽 쇄골 바로 아랫부분을 한 번 찌른 사실을 인정할 수 있고, 이 부분은 넓은 의미의 가슴, 즉 배와 목 사이의 앞부분을 의미하는 가슴에 해당하므로, 피고인의 이 부분 공소사실 기재 행위가 있었다고 볼 수 있다. 다만 피고인과 변호인의 위 주장은 젖가슴을 찌른 것은 아니라는 취지로 해석한다면 이유 있고, 이를 전제로 아래에서 살펴본다.

나. 다음으로, 이 사건 공소사실 중 피고인이 왼손으로 피해자의 등을 쓰다듬은 부분에 대하여, 피고인 및 변호인은 피고인이 왼손바닥을 피

해자의 어깻죽지 부분에 가볍게 댄 것에 불과한 것이라고 주장하므로 살피건대, 위 폐쇄회로화면(CCTV) 동영상에 의하면, 피고인이 같은 날 오후 7시 19분 9초경 왼손으로 피해자의 오른쪽 어깻죽지 부분에 손을 대고, 피해자가 피고인 쪽으로 몸을 돌리자 손을 뗀 사실을 인정할 수 있고, '쓰다듬다'는 사전적으로 '손으로 살살 쓸어 어루만지다'는 의미인바, 피고인의 행위를 쓰다듬은 것으로 평가하기는 어려우므로, 피고인 및 변호인의 주장은 이유 있다. 다만 아래에서 이 부분은 어깻죽지 부분을 만진 것으로 보아 이 행위에 대하여 평가한다.

다. 마지막으로, 이 사건 공소사실 중 피고인이 피해자의 오른쪽 팔을 만지고, 피해자의 가슴을 만진 부분에 대하여, 피고인 및 변호인은 피고인이 피해자의 팔이나 가슴을 만진 사실이 없다고 주장하므로 살피건대, 위 폐쇄회로화면(CCTV) 동영상에 의하면, 피고인이 같은 날 오후 7시 19분 14초경 왼팔을 피해자의 가슴 부분으로 올리는데 피해자가 쳐다보자, 왼손으로 피해자의 등을 두 번 툭툭 치는 장면이 녹화되어 있을 뿐, 피고인이 피해자의 가슴을 만지거나, 그 직전에 피해자의 팔을 만지는 장면은 녹화되어 있지 않은 점, 피해자는 수사기관에서 피고인이 왼손으로 피해자의 가슴을 만졌다고 진술하였으나, 이 법정에서는 피고인의 손등으로 피해자의 가슴을 쳤다고 진술하고 있는데, 가슴을 '손으로 만진 것'과 '손등으로 친 것'은 이에 따른 피해자의 성적 수치심이나 혐오감에 큰 차이를 가져올 수 있는 것이어서 이를 구분하는 것이 어렵지 않을 것임에도 피해자의 진술이 위와 같이 번복되는 것으로 보아 피고인이 가슴을 만졌다는 피해자의 수사기관에서의 진술은 처벌 의지적 동기로 인해 과장되어 표현되었을 가능성이 큰 점, 피고인이 피해자의 가슴 쪽으로 왼팔을 올린 각도에 비추어 피해자의 가슴을 만지기는 어려운 자세였고, 피고인이 왼팔을 올린 다음 내릴 때까지 시간적 간격이 짧은 점, 피해자는 피고인이 가슴을 만진 부분에 대하여만 고소하였을 뿐 그 직전에 피해자의 팔을 만졌다는 내용은 피해자가 수사기관에 제출한 고소장에 포함되어 있지 않은 점 등에 비추어 보면, 위 폐쇄회로화면(CCTV) 동영상과 피해자의 진술만으로는 피고인이 피해자의 팔과 가슴을 의도적으로 만진 사실을 인정하기 부족하고, 달리 이를 인정할 만한 증거가 없다.[9]

라. 결국 이 사건 공소사실 중 피고인이 2011년 9월 3일 오후 7시경 왼손 손가락으로 피해자의 쇄골 바로 아래의 가슴 부분을 한 번 찌르고, 오후 7시 19분 9초경 왼손으로 피해자의 어깻죽지 부분을 한 번 만진 사실을 인정할 수 있다.

② 관련 법리에 대한 검토(성희롱과의 구별)

가. 대법원은 "피해자와 춤을 추면서 순간적으로 피해자의 유방을 만진 행위"가 강제추행에 해당한다고 밝히면서, 강제추행죄는 상대방에 대하여 폭행 또는 협박을 가하여 항거를 곤란하게 한 뒤에 추행행위를 하는 경우뿐만 아니라 폭행행위 자체가 추행행위라고 인정되는 경우도 포함되는 것이며, 이 경우에 있어서 폭행은 반드시 상대방의 의사를 억압할 정도의 것임을 요하지 않고 상대방의 의사에 반하는 유형력의 행사가 있는 이상 그 힘의 대소강약을 불문하고, 추행이라 함은 객관적으로 일반인에게 성적 수치심이나 혐오감을 일으키게 하고 선량한 성적 도덕관념에 반하는 행위로서 피해자의 성적 자유를 침해하는 것이라고 할 것인데, 이에 해당하는지 여부는 피해자의 의

---

[9] 피고인이 피해자의 등을 두 번 툭툭 친 부분은 공소사실 기재 행위의 순서에 비추어 공소사실에 포함되어 있지 않은 것으로 판단된다.

사, 성별, 연령, 행위자와 피해자의 이전부터의 관계, 그 행위에 이르게 된 경위, 구체적 행위태양, 주위의 객관적 상황과 그 시대의 성적 도덕관념 등을 종합적으로 고려하여 신중히 결정되어야 한다(대법원 2002.4.26. 선고 2001도2417 판결 등 참조)고 판시한 바 있다.

나. 그런데 위와 같이 폭행행위 자체가 추행행위라고 인정되는 소위 '기습추행'을 강제추행에 포함시킨다고 하더라도, 강제추행죄의 구성요건이 "폭행 또는 협박으로 사람에 대하여 추행한 자"라고 규정되어 있는 이상 행위자가 행한 거동이나 행태가 상대방에 대한 유형력의 행사라고 볼 수 있는 행위에 해당하고, 그러한 행위 그 자체가 성욕의 흥분, 자극 또는 만족을 목적으로 하는 행위로서 건전한 상식 있는 일반인이 성적 수치심이나 혐오의 감정을 느끼게 하는 것이라고 볼 만한 징표를 가지는 것이어서 폭행행위와 추행행위가 동시에 피해자의 부주의 등을 틈타 기습적으로 실현된 것이라고 평가할 수 있는 것이어야 하며, 주관적으로 그러한 행위를 통하여 성욕을 충족하려는 의도가 있어야 하는 것은 아니라 하더라도 적어도 상대방에게 성적 수치심이나 혐오감을 야기할 만한 행위를 행한다는 인식하에 일반적인 입장에서 성욕의 자극이나 만족을 구하려는 행태로 볼 만한 경향성이 드러나 상대방의 성적 자유(성적 자기결정권)를 폭력적 행태에 의하여 침해한 경우라고 평가할 수 있는 경우에야 비로소 형사책임의 영역에서 취급되는 강제추행죄의 죄책이 성립한다 할 것이다.

다. 한편 본인의 의사와 관계없는 다른 사람의 거동이나 언사에 의하여 성적 수치심이나 혐오의 감정, 불쾌감이나 굴욕감 등을 겪는 피해를 입은 경우라 하더라도, 그러한 거동 그 자체가 폭력적 행태를 띠는 것이라고 보기 어렵거나, 건전한 상식 있는 일반인의 관점에서 성적 수치심이나 혐오의 감정을 느끼게 하는 행태라고 곧바로 단정하기 어렵고, 행위자에게 성욕의 자극과 만족이라는 경향성이 드러나지 아니하여 그러한 행위를 행하는 행위자에게 성적 수치심이나 혐오감을 야기할 만한 행위라는 인식이 있었다고 평가하기 어렵다고 한다면, 이러한 거동이나 언사는 민사책임의 영역에서 취급되는 성희롱에 해당하는지 여부가 문제된다고 보는 것이 타당하다 할 것이고, 이러한 준별 없이 성적 수치심이나 혐오의 감정, 불쾌감 등 정신적 침해결과나 정서적 피해감정에 기초하여 그러한 결과와 직접적 견련성 여부를 따지지 아니한 채 이성 간의 신체접촉이 있었던 사태를 사후적으로 추출한 후 상대방의 신체동작이나 거동을 유형력의 행사라는 개념에 포섭시키고, 유형력의 행사에는 힘의 대소강약을 불문한다는 표지에 따라 형사책임을 규정한 구성요건이 정하고 있는 개념의 외연을 무한정 확장하여 그러한 모든 행위를 형사책임의 영역에서 다루는 것은 성에 대한 관념이나 이성과의 신체접촉에 대한 주관적 태도에 따라 다양한 양태로 나타날 수밖에 없는 사회적 행위를 규율함에 있어 전제되는 윤리적 책임과 법적 책임의 구분, 민사적 책임과 형사적 책임의 구분을 모호하게 하는 것이라 할 것이고, 형사책임의 영역에 있어서도 의제강제추행, 위계·위력에 의한 추행, 폭행·협박에 의한 추행, 특수강제추행이나 다른 범죄와 결합된 형태의 강제추행 등 추행행위의 수단적 행태에 따라 죄책의 크기를 달리 취급하고 있는 형사법의 전체적인 규율체계와도 부합하지 아니한다 할 것이다.

③ 죄책의 성립 여부에 대한 평가
관련 법리를 검토한 내용에 비추어 이 사건에 대하여 살펴본다.
가. 피고인이 만진 피해자의 어깻죽지 부분은 일반적으로 이성 간에도

부탁, 격려 등의 의미로 접촉이 가능한 부분이고, 피고인이 찌른 피해자의 가슴 부분은 젖가슴보다는 쇄골에 더 가까운 곳으로서 상대방의 허락 없이 만질 수 있는 부분은 아니라고 하더라도 젖가슴과 같이 성적으로 민감한 부분은 아니며, 피고인의 행위는 1초도 안 되는 극히 짧은 순간 이루어졌기 때문에 피해자가 이로 인하여 성적 수치심을 느끼기보다는 당황하였을 가능성이 더 높고, 그 동작에 이어진 피해자의 태도가 피고인의 행위로 인해 내심 불쾌감을 느꼈다 하더라도 외부적으로 특별한 행태 변화 없이 웃는 인상을 지으며 피고인과 대화를 이어가고 자기 업무를 계속하는 양상이었으므로, 그러한 행위태양이 피해자의 신체의 자유를 침해하는 측면이 있다 하더라도 성년의 나이였던 피해자의 성적 자유(성적 자기결정권)를 침탈하는 양상이라고까지 평가하기는 어려웠다.

나. 피해자는 수사기관에서 피고인이 상피고인 1과 함께 있으면서 피해자에게 "나랑 한번 사귀어볼래."라는 취지의 말을 했고, 외모 이야기를 하다가 상피고인 1이 "피고인은 키도 훤칠하다."는 식으로 이야기하니까, 피고인이 "얘는 내가 찍었어."라고 말하면서 피해자의 가슴을 찔렀다고 진술하고 있는바, 이러한 당시 상황에 비추어 보면 위와 같은 피고인의 행위는 피고인이 추행하기 위한 것이라기보다는 젊은 피해자에게 추근거리면서 수작을 거는 등으로 희롱행위를 한 것이라고 보는 것이 더 적절하여 형사책임에서 논의되는 강제추행이라고 하기보다는 전형적인 성희롱의 양태에 해당한다 할 것이고, 피해자 역시 당초 법적 분쟁을 제기하면서 피고인의 행태에 대하여는 성희롱으로 인한 모욕감을 주로 호소하였다.

다. 앞서 본 바와 같이 피고인이 피해자의 가슴을 만진 사실을 인정할 만한 증거는 없으나, 피해자의 진술과 같이 피고인의 손등이 피해자의 가슴 부분에 접촉된 적이 있다 하더라도 극히 짧은 시간에 이루어진 순간적인 접촉이었고, 사람들이 정상적인 사회활동 중에도 이성의 성적으로 중요한 부위에 우연히 접촉하기도 하는 경우도 있고, 여러 대화가 오가는 과정에 손등으로 피해자의 가슴 아래 부위를 순간적으로 접촉하는 행태로 인하여 성적 만족이나 자극, 흥분 등의 경향성이 뚜렷이 드러난 것이라고 평가하기도 어렵다 할 것이므로, 상당한 시간 일정한 공간 안에 있었던 이성들 사이에 순간적인 신체접촉이 이루어진 부위가 성적으로 민감할 수 있는 부위라는 이유만으로 손등으로 가슴 아랫부분 쪽을 순간적으로 접촉하는 양태의 거동을 곧바로 강제적 형태의 추행행위라고 평가하는 것은 무리하다고 보인다.

라. 피해자는 이 사건 이전뿐 아니라 이후에도 오랜 시간 동안 피고인과 이야기를 나누었고 골프용품 매장에서 문을 닫을 때까지 정상적으로 근무하였으며, 피고인을 상대로 하여 상피고인 1과 함께 형사책임을 묻는 법적분쟁을 제기하고 난 다음 피고인의 그날 있었던 여러 행위들 중에서 상피고인 1의 노골적인 신체접촉 행태에 대하여 옆에 있던 피고인이 수수방관하면서 웃는 등의 행동을 함으로 인하여 피해감정을 가장 많이 가지게 된 것이라고 밝힌 바 있는데, 피해자가 피고인의 그러한 행태로 인하여 성적 수치심이 더욱 깊어진 측면이 있다 하더라도 그러한 피고인의 행위양태에 대하여 사회윤리적 비난을 가할 수 있을지언정 따로 형사책임을 묻기는 어렵고, 그러한 피해자의 피해감정에 기초하여 사후적으로 확인한 여러 다양한 행태들 중에서 시간적 간격을 두고 드문드문 있었던 이성 간의 신체접촉 행태를 접촉 부위에 터잡아 추출한 다음 행위자의 의도와는 무관하게 일련의 연속된 단일한 행위태양으로 파악하여 폭행행위와 추행행위가 동시

에 실현된 유형력의 행사라고까지 평가하는 것도 무리하다고 보인다.

마. 이 사건이 발생한 골프용품 매장은 누구든지 들어올 수 있도록 개방된 공간으로 외부에서도 내부를 관찰할 수 있었고, 당시 영업 중이었으며, 상당한 시간 동안 수차례에 걸쳐 피고인과 피해자가 대면하여 대화를 나누는 등 접촉을 하는 과정에 이성 간 강제추행의 행위태양으로 논할 수 있을 만한 접촉행태가 공소사실 기재 행위 중 앞서 인정한 행위나 양태로 축소되어 인정되는 상황이고, 피해자가 법적 분쟁을 제기하면서 그러한 행위태양이 구체적으로 특정된 것이 상피고인 1의 노골적인 신체접촉에 의한 강제추행에 대한 피해감정과 아울러 그러한 행위를 방관하거나 그에 더하여 성희롱성 언사나 거동을 하였던 피고인의 행태에 대한 피해감정의 증폭에 의한 것이었다고 한다면, 피고인의 행위에 대한 윤리적·사회적 비난과 성희롱 행위에 대한 민사상 책임을 논할 수 있을지언정 그 당시 피고인에게 강제추행의 주관적인 범의까지 있었다고 단정하기 어렵다.

이를 종합하여 볼 때, 이 사건 당일 있었던 피고인의 행위로 인해 피해자에 대한 민사상 손해배상책임이 발생하는 것은 별론으로 하고, 그러한 행위가 객관적으로 일반인에게 성적 수치심이나 혐오감을 일으키게 하고 선량한 성적 도덕관념에 반하는 행위로서 피해자의 성적 자유(성적 자기결정권)를 폭력적으로 침해한 행위태양에까지 이른 것이라고 평가하기는 어렵고, 앞서 인정한 행위를 함에 있어 피고인에게 강제추행의 고의가 있었다고 인정하기 부족하다 할 것이며, 달리 피고인이 강제추행의 의사로 공소사실 기재와 같은 강제추행의 행위태양으로 평가하기에 충분한 행위를 한 것이라고 인정할 만한 다른 증거가 없다.

(4) 결론

그렇다면 피고인에 대한 공소사실은 범죄의 증명이 없는 경우에 해당하므로 형사소송법 제325조 후단에 의하여 무죄를 선고한다.

이상의 이유로 주문과 같이 판결한다.

CHAPTER 4

형벌 이외의
부과처분은?

01. 성충동약물치료명령에 대해 궁금합니다

QUESTION

장기간의 형 집행 및 그에 부수하여 전자장치 부착 등의 처분이 예정된 사람에 대하여 '성폭력범죄자의 성충동 약물치료에 관한 법률'에 의한 약물치료명령을 부과하기 위한 요건은 무엇인가요?

그리고 '성폭력범죄자의 성충동 약물치료에 관한 법률'에 의한 약물치료명령의 요건인 '성폭력범죄를 다시 범할 위험성'의 의미 및 성도착증 환자로 진단받은 피청구자가 요건을 갖춘 것으로 보기 위한 요건과 그 판단기준은 무엇인가요?

ANSWER

성폭력범죄자의 성충동 약물치료에 관한 법률'에 의한 약물치료명령(이하 '치료명령'이라고만 합니다)은 사람에 대하여 성폭력범죄를 저지른 성도착증 환자로서 성폭력범죄를 다시 범할 위험성이 있다고 인정되는 19세 이상의 사람에 대하여 약물투여 및 심리치료 등의 방법으로 도착적인 성기능을 일정 기간 동안 약화 또는 정상화하는 치료를 실시하는 보안처분을 말합니다.

그리하여 장기간의 형 집행 및 그에 부수하여 전자장치 부착 등의 처분이 예정된 사람에 대해서는 위 형 집행 및 처분에도 재범의 방지와 사회복귀의 추진 및 국민의 보호를 위한 추가적인 조치를 취할 필요성이 인정되는 불가피한 경우에 한하여 이를 부과함이 타당하다고 할 것입니다.

그리고 '성폭력범죄자의 성충동 약물치료에 관한 법률'에 의한 약물치료명령의 요건으로 '성폭력범죄를 다시 범할 위험성'이란 재범할 가능성만으로는 부족하고 피청구자가 장래에 다시 성폭력범죄를 범하여 법적 평온을 깨뜨릴 상당한 개연성을 의미합니다.

　판단기준과 관련하여, 비록 피청구자가 성도착증 환자로 진단받았다고 하더라도 그러한 사정만으로 바로 피청구자에게 성폭력범죄에 대한 재범의 위험성이 있다고 단정할 것이 아니라, 치료명령의 집행시점에도 여전히 약물치료가 필요할 만큼 피청구자에게 성폭력범죄를 다시 범할 위험성이 있고 피청구자의 동의를 대체할 수 있을 정도의 상당한 필요성이 인정되는 경우에 한하여 비로소 치료명령의 요건을 갖춘 것으로 보아야 할 것입니다. 또한 이 경우 법원이 피청구자의 '성폭력범죄를 다시 범할 위험성'을 판단할 때에는 피청구자의 직업과 환경, 동종 범행으로 인한 처벌 전력, 당해 범행 이전의 행적, 범행의 동기, 수단, 범행 후의 정황, 개전의 정 등과 아울러 피청구인의 정신성적 장애의 종류와 정도 및 치료가능성, 피청구인이 치료명령의 과정에서 받을 약물치료 또는 인지행동치료 등을 자발적이고도 적극적으로 따르고자 하는 의지, 처방 약물로 인하여 예상되는 부작용의 가능성과 정도, 예상되는 형 집행 기간과 그 종료 당시 피청구자의 연령 및 주위 환경과 그 후 약물치료 등을 통하여 기대되는 재범방지 효과 등의 여러 사정을 종합적으로 평가하여 판결 시를 기준으로 객관적으로 판단하여야 할 것입니다(대법원 2014.2.27. 선고 2013도12301, 2013전도252, 2013치도2 판결 참조).

1. 사건의 표시

1) 사　　건　　대법원 2014.2.27. 선고 2013도12301, 2013전도252, 2013치도2 판결
성폭력범죄의 처벌 등에 관한 특례법 위반(강간 등 살인)·특정범죄 가중처벌 등에 관한 법률 위반(영리약취·유인 등)[인정된 죄명: 특정범죄 가중처벌 등에 관한 법률 위반(약취·유인)]·주거침입·야

간주거침입절도 · 절도 · 부착명령 · 치료명령

2) 피고인 겸 피부착명령청구자, 피치료명령청구자
3) 상 고 인   피고인 겸 피부착명령청구자, 피치료명령청구자

2. 판시사항

1) 미성년자를 약취한 후 강간 목적으로 상해 등을 가하고 나아가 강간 및 살인미수를 범한 경우, 약취한 미성년자에 대한 상해 등으로 인한 특정범죄 가중처벌 등에 관한 법률 위반죄와 미성년자에 대한 강간 및 살인미수행위로 인한 성폭력범죄의 처벌 등에 관한 특례법 위반죄의 죄수 관계(= 실체적 경합범)

2) 장기간의 형 집행 및 그에 부수하여 전자장치 부착 등의 처분이 예정된 사람에 대하여 '성폭력범죄자의 성충동 약물치료에 관한 법률'에 의한 약물치료명령을 부과하기 위한 요건

3) '성폭력범죄자의 성충동 약물치료에 관한 법률'에 의한 약물치료명령의 요건인 '성폭력범죄를 다시 범할 위험성'의 의미 및 성도착증 환자로 진단받은 피청구자가 약물치료명령의 요건을 갖춘 것으로 보기 위한 요건과 그 판단 기준

3. 판결요지

1) 미성년자인 피해자를 약취한 후에 강간을 목적으로 피해자에게 가혹한 행위 및 상해를 가하고 나아가 그 피해자에 대한 강간 및 살인미수를 범

하였다면, 이에 대하여는 약취한 미성년자에 대한 상해 등으로 인한 특정범죄 가중처벌 등에 관한 법률 위반죄 및 미성년자인 피해자에 대한 강간 및 살인미수행위로 인한 성폭력범죄의 처벌 등에 관한 특례법 위반죄가 각 성립하고, 설령 상해의 결과가 피해자에 대한 강간 및 살인미수행위 과정에서 발생한 것이라 하더라도 위 각 죄는 서로 형법 제37조 전단의 실체적 경합범 관계에 있다.

2) '성폭력범죄자의 성충동 약물치료에 관한 법률'에 의한 약물치료명령(이하 '치료명령'이라고만 한다)은 사람에 대하여 성폭력범죄를 저지른 성도착증 환자로서 성폭력범죄를 다시 범할 위험성이 있다고 인정되는 19세 이상의 사람에 대하여 약물투여 및 심리치료 등의 방법으로 도착적인 성기능을 일정기간 동안 약화 또는 정상화하는 치료를 실시하는 보안처분이다. 이러한 치료명령은 성폭력범죄의 재범을 방지하고 사회복귀의 촉진 및 국민의 보호 등을 목적으로 한다는 점에서 특정 범죄자에 대한 보호관찰 및 전자장치 부착 등에 관한 법률과 치료감호법이 각 규정한 전자장치 부착명령 및 치료감호처분과 취지를 같이 하지만, 원칙적으로 형 집행 종료 이후 신체에 영구적인 변화를 초래할 수도 있는 약물의 투여를 피청구자의 동의 없이 강제적으로 상당 기간 실시하게 된다는 점에서 헌법이 보장하고 있는 신체의 자유와 자기결정권에 대한 가장 직접적이고 침익적인 처분에 해당한다고 볼 수 있다. 따라서 앞서 본 바와 같은 치료명령의 내용 및 특성과 최소침해성의 원칙 등을 요건으로 하는 보안처분의 성격 등에 비추어 장기간의 형 집행 및 그에 부수하여 전자장치 부착 등의 처분이 예정된 사람에 대해서는 위 형 집행 및 처분에도 불구하고 재범의 방지와 사회복귀의 촉진 및 국민의 보호를 위한 추가적인 조치를 취할 필요성이 인정되는 불가피한 경우에 한하여 이를 부과함이 타당하다.

3) '성폭력범죄자의 성충동 약물치료에 관한 법률'에 의한 약물치료명령(이하 '치료명령'이라고만 한다)의 요건으로 '성폭력범죄를 다시 범할 위험성'이란 재범할 가능성만으로는 부족하고 피청구자가 장래에 다시 성폭력범죄를 범하여 법적 평온을 깨뜨릴 상당한 개연성을 의미한다. 그런데 장기간의 형 집행이 예정된 사람의 경우에는 치료명령의 선고 시점과 실제 치료명령의 집행시점 사이에 상당한 시간적 간격이 있어 성충동 호르몬 감소나 노령화 등으로 성도착증이 자연스럽게 완화되거나 치유될 가능성을 배제하기 어렵고, 피청구자의 동의 없이 강제적으로 이루어지는 치료명령 자체가 피청구자의 신체의 자유와 자기결정권에 대한 중대한 제한이 되는 사정을 감안하여 보면, 비록 피청구자가 성도착증 환자로 진단받았다고 하더라도 그러한 사정만으로 바로 피청구자에게 성폭력범죄에 대한 재범의 위험성이 있다고 단정할 것이 아니라, 치료명령의 집행시점에도 여전히 약물치료가 필요할 만큼 피청구자에게 성폭력범죄를 다시 범할 위험성이 있고 피청구자의 동의를 대체할 수 있을 정도의 상당한 필요성이 인정되는 경우에 한하여 비로소 치료명령의 요건을 갖춘 것으로 보아야 한다. 또한 이 경우 법원이 피청구자의 '성폭력범죄를 다시 범할 위험성'을 판단할 때에는 피청구자의 직업과 환경, 동종 범행으로 인한 처벌 전력, 당해 범행 이전의 행적, 범행의 동기, 수단, 범행 후의 정황, 개전의 정 등과 아울러 피청구인의 정신성적 장애의 종류와 정도 및 치료 가능성, 피청구인이 치료명령의 과정에서 받을 약물치료 또는 인지행동치료 등을 자발적이고도 적극적으로 따르고자 하는 의지, 처방 약물로 인하여 예상되는 부작용의 가능성과 정도, 예상되는 형 집행 기간과 그 종료 당시 피청구자의 연령 및 주위환경과 그 후 약물치료 등을 통하여 기대되는 재범방지 효과 등의 여러 사정을 종합적으로 평가하여 판결 시를 기준으로 객관적으로 판단하여야 한다.

4. 관계 법령

■ 형법

제37조(경합범)

판결이 확정되지 아니한 수개의 죄 또는 금고 이상의 형에 처한 판결이 확정된 죄와 그 판결확정 전에 범한 죄를 경합범으로 한다.

■ 구 형법(2013.4.5. 법률 제11731호로 개정되기 전의 것)

제287조(미성년자의 약취, 유인)

미성년자를 약취 또는 유인한 자는 10년 이하의 징역에 처한다.

■ 구 형법(2012.12.18. 법률 제11574호로 개정되기 전의 것)

제297조(강간)

폭행 또는 협박으로 부녀를 강간한 자는 3년 이상의 유기징역에 처한다.

■ 특정범죄 가중처벌 등에 관한 법률

제5조의2(약취·유인죄의 가중처벌)

② 「형법」 제287조의 죄를 범한 사람이 다음 각 호의 어느 하나에 해당하는 행위를 한 경우에는 다음 각 호와 같이 가중처벌한다.
   3. 약취 또는 유인한 미성년자를 폭행·상해·감금 또는 유기(遺棄)하거나 그 미성년자에게 가혹한 행위를 한 경우에는 무기 또는 5년 이상의 징역에 처한다.

■ 구 성폭력범죄의 처벌 등에 관한 특례법(2012.12.18. 법률 제11556호로 전부 개정되기 전의 것)

제7조(13세 미만의 미성년자에 대한 강간, 강제추행 등)

① 13세 미만의 여자에 대하여 「형법」 제297조(강간)의 죄를 범한 사람은 무기 또는 10년 이상의 징역에 처한다.

제9조(강간 등 살인·치사)

① 제3조부터 제7조까지, 제14조(제3조부터 제7조까지의 미수범으로 한정한다)의 죄 또는 「형

법」 제297조(강간)부터 제300조(미수범)까지의 죄를 범한 사람이 다른 사람을 살해한 때에는 사형 또는 무기징역에 처한다.

제14조(미수범)

제3조부터 제9조까지 및 제13조의 미수범은 처벌한다.

■ 성폭력범죄자의 성충동 약물치료에 관한 법률

제1조(목적)

이 법은 사람에 대하여 성폭력범죄를 저지른 성도착증 환자로서 성폭력범죄를 다시 범할 위험성이 있다고 인정되는 사람에 대하여 성충동 약물치료를 실시하여 성폭력범죄의 재범을 방지하고 사회복귀를 촉진하는 것을 목적으로 한다.

제4조(치료명령의 청구)

① 검사는 사람에 대하여 성폭력범죄를 저지른 성도착증 환자로서 성폭력범죄를 다시 범할 위험성이 있다고 인정되는 19세 이상의 사람에 대하여 약물치료명령(이하 "치료명령"이라고 한다)을 법원에 청구할 수 있다.

② 검사는 치료명령 청구대상자(이하 "치료명령 피청구자"라 한다)에 대하여 정신건강의학과 전문의의 진단이나 감정을 받은 후 치료명령을 청구하여야 한다.

③ 제1항에 따른 치료명령의 청구는 공소가 제기되거나 치료감호가 독립청구된 성폭력범죄사건(이하 "피고사건"이라 한다)의 항소심 변론종결 시까지 하여야 한다.

④ 법원은 피고사건의 심리결과 치료명령을 할 필요가 있다고 인정하는 때에는 검사에게 치료명령의 청구를 요구할 수 있다.

⑤ 피고사건에 대하여 판결의 확정 없이 공소가 제기되거나 치료감호가 독립청구된 때부터 15년이 지나면 치료명령을 청구할 수 없다.

⑥ 제2항에 따른 정신건강의학과 전문의의 진단이나 감정에 필요한 사항은 대통령령으로 정한다.

제8조(치료명령의 판결 등)

① 법원은 치료명령 청구가 이유 있다고 인정하는 때에는 15년의 범위에서 치료기간을 정하여 판결로 치료명령을 선고하여야 한다.

② 치료명령을 선고받은 사람(이하 "치료명령을 받은 사람"이라 한다)은 치료기간 동안 「보호

관찰 등에 관한 법률」에 따른 보호관찰을 받는다.

③ 법원은 다음 각 호의 어느 하나에 해당하는 때에는 판결로 치료명령 청구를 기각하여야 한다.

　1. 치료명령 청구가 이유 없다고 인정하는 때

　2. 피고사건에 대하여 무죄(심신상실을 이유로 치료감호가 선고된 경우는 제외한다)·면소·공소기각의 판결 또는 결정을 선고하는 때

　3. 피고사건에 대하여 벌금형을 선고하는 때

　4. 피고사건에 대하여 선고를 유예하거나 집행유예를 선고하는 때

④ 치료명령 청구사건의 판결은 피고사건의 판결과 동시에 선고하여야 한다.

⑤ 치료명령 선고의 판결 이유에는 요건으로 되는 사실, 증거의 요지 및 적용 법조를 명시하여야 한다.

⑥ 치료명령의 선고는 피고사건의 양형에 유리하게 참작되어서는 아니 된다.

⑦ 피고사건의 판결에 대하여 「형사소송법」에 따른 상소 및 상소의 포기·취하가 있는 때에는 치료명령 청구사건의 판결에 대하여도 상소 및 상소의 포기·취하가 있는 것으로 본다. 상소권회복 또는 재심의 청구나 비상상고가 있는 때에도 또한 같다.

⑧ 검사 또는 치료명령 피청구자 및 「형사소송법」 제340조·제341조에 규정된 사람은 치료명령에 대하여 독립하여 「형사소송법」에 따른 상소 및 상소의 포기·취하를 할 수 있다. 상소권회복 또는 재심의 청구나 비상상고의 경우에도 또한 같다.

5. 상고심 판단 이유

1) 피고사건에 대하여

　미성년자인 피해자를 약취한 후에 강간을 목적으로 피해자에게 가혹한 행위 및 상해를 가하고 나아가 그 피해자에 대한 강간 및 살인미수를 범하였다면, 이에 대하여는 약취한 미성년자에 대한 상해 등으로 인한 특정범죄 가중처벌 등에 관한 법률 위반죄 및 미성년자인 피해자에 대한 강간 및 살인미수행위로 인한 성폭력범죄의 처벌 등에 관한 특례법 위반

죄가 각 성립하고, 설령 상해의 결과가 피해자에 대한 강간 및 살인미수 행위 과정에서 발생한 것이라 하더라도 위 각 죄는 서로 형법 제37조 전단의 실체적 경합범 관계에 있다고 할 것이다.

같은 취지의 원심 판단은 정당하고, 거기에 상고이유 주장과 같이 불가벌적 수반행위나 죄수에 관한 법리를 오해하는 등의 위법이 없다.

한편 피고인 겸 피부착명령청구자, 피치료명령청구자(이하 '피고인'이라고만 한다)의 연령·성행·지능과 환경, 이 사건 각 범행의 동기·수단과 결과, 범행 후의 정황 등 기록에 나타난 양형의 조건이 되는 여러 가지 사정을 살펴보면, 피고인과 국선변호인이 주장하는 정상을 참작하더라도 피고인에 대하여 무기징역을 선고한 원심의 형의 양정이 심히 부당하다고 인정할 현저한 사유가 있다고 볼 수 없다.

2) 부착명령청구사건 및 치료명령청구사건에 대하여

(1) 피고인이 피고사건에 관하여 상고를 제기한 이상 부착명령청구사건 및 치료명령청구사건에 관하여도 모두 상고를 제기한 것으로 의제된다. 그러나 상고장에 이유의 기재가 없고, 상고이유서에도 이에 대한 불복이유의 기재를 찾아볼 수 없다.

(2) 치료명령청구사건에 관하여 직권으로 판단한다.

① 「성폭력범죄자의 성충동 약물치료에 관한 법률」에 의한 약물치료명령(이하 '치료명령'이라고만 한다)은 사람에 대하여 성폭력범죄를 저지른 성도착증 환자로서 성폭력범죄를 다시 범할 위험성이 있다고 인정되는 19세 이상의 사람에 대하여 약물투여 및 심리치료 등의 방법으로 도착적인 성기능을 일정기간 동안 약화 또는 정상화하는 치료를 실시하는 보안처분이다. 이러한 치료명령은 성폭력범죄의 재범을 방지하

고 사회복귀의 촉진 및 국민의 보호 등을 목적으로 한다는 점에서 특정 범죄자에 대한 보호관찰 및 전자장치 부착 등에 관한 법률과 치료감호법이 각 규정한 전자장치 부착명령 및 치료감호처분과 그 취지를 같이 하지만, 원칙적으로 형 집행 종료 이후 신체에 영구적인 변화를 초래할 수도 있는 약물의 투여를 피청구자의 동의 없이 강제적으로 상당 기간 실시하게 된다는 점에서 헌법이 보장하고 있는 신체의 자유와 자기결정권에 대한 가장 직접적이고 침익적인 처분에 해당한다고 볼 수 있다. 따라서 앞서 본 바와 같은 치료명령의 내용 및 특성과 최소침해성의 원칙 등을 요건으로 하는 보안처분의 성격 등에 비추어 장기간의 형 집행 및 그에 부수하여 전자장치 부착 등의 처분이 예정된 사람에 대해서는 위 형 집행 및 처분에도 불구하고 재범의 방지와 사회복귀의 촉진 및 국민의 보호를 위한 추가적인 조치를 취할 필요성이 인정되는 불가피한 경우에 한하여 이를 부과함이 상당할 것이다.

한편 치료명령의 요건으로 '성폭력범죄를 다시 범할 위험성'이라 함은 재범할 가능성만으로는 부족하고 피청구자가 장래에 다시 성폭력범죄를 범하여 법적 평온을 깨뜨릴 상당한 개연성을 의미한다. 그런데 장기간의 형 집행이 예정된 사람의 경우에는 치료명령의 선고 시점과 실제 치료명령의 집행시점 사이에 상당한 시간적 간격이 있어 성충동 호르몬 감소나 노령화 등으로 성도착증이 자연스럽게 완화되거나 치유될 가능성을 배제하기 어렵고, 앞서 본 바와 같이 피청구자의 동의 없이 강제적으로 이루어지는 치료명령 자체가 피청구자의 신체의 자유와 자기결정권에 대한 중대한 제한이 되는 사정을 감안하여 보면, 비록 피청구자가 성도착증 환자로 진단받았다고 하더라도 그러한 사정만으로 바로 피청구자에게 성폭력범죄에 대한 재범의 위험성이 있다고 단정할 것이 아니라, 치료명령의 집행시점에도 여전히 약물치료가 필요할 만큼 피청구자에게 성폭력범죄를 다시 범할 위험성이 있고 피청구자의 동의를 대체할 수 있을 정도의 상당한 필요성이 인정되는 경우에 한하여 비로소 치료명령의 요건을 갖춘 것으로 보아야 한다. 또한 이 경우 법원이 피청구자의 '성폭력범죄를 다시 범할 위험성'을 판단함에 있어서는 피청구자의 직업과 환경, 동종 범행으로 인한 처벌 전력, 당해 범행 이전의 행적, 그 범행의 동기, 수단, 범행 후의 정황, 개전의 정 등과 아울러 피청구인의 정신성적 장애의 종류와 정도 및 치료 가능성, 피청구인이 치료명령의 과정에서 받을 약물치료 또는 인지행동치료 등을 자발적이고도 적극적으로 따르고자 하는 의지, 처방 약물로 인하여 예상되는 부작용의 가능성과 정도, 예상되는 형 집행 기간과 그 종료 당시 피청구자의 연령 및 주위환경과 그 후 약물치료 등을 통하여 기대되는 재범방지 효과 등의 여러 사정을 종합적으로 평가하여 판결시를 기준으로 객관적으로 판단하여야 할 것이다.

② 원심은, 피고인이 평소에 여자 아동을 대상으로 하는 음란물 등을 보면서 여아를 상대로 성적 욕구를 해소하려는 환상을 가지고 피해자의 언니 등과 성관계하는 것을 상상해 오다가 결국 이 사건 성폭력범행을 저지르게 된 점, 한국 성범죄자 재범 위험성 평가척도를 적용한 결과 피고인의 성범죄 재범 위험성이 13점으로 '상' 수준에 해당하고, 정신병질자 선별도구의 평가 결과 피고인의 성범죄 재범 위험성은 20점으로 '중' 구간(7~24점)에서도 상위 구간에 해당하여 재범 위험성이 높다고 평가된 점, 피고인은 성도착증인 비폐쇄적 유형의 소아기호증의 성적 취향을 가지고 있으며 이 사건 성폭력범죄도 소아기호증이 원인이 되어 저지른 점, 그 밖에 판시 성폭력범죄의 범행 동기나 경위, 피고인의 나이, 성행 및 성에 대한 인식과 태도 등을 종합하여 보면, 피고인에게 성도착증, 성폭력범죄 재범의 위험성이 모두 인정된다

고 판단하여 피고인에 대하여 5년간 치료명령을 명한 제1심판결을 유지하였다.

위와 같은 원심판결 이유에 더하여 원심이 적법하게 채택한 증거들에 의하여 알 수 있는 다음과 같은 사정 즉, 피고인의 이 사건 범행은 우발적으로 저지른 범행이라기보다 심야에 피씨(PC)방에서 만난 피해자의 어머니로부터 피해자의 아버지가 술에 취해 잠들어 있다는 말을 듣고 평소 위치를 알고 있던 피해자의 집으로 찾아가 잠을 자고 있던 피해자를 과감하게 이불째로 들고 나와 본인만이 알고 있는 은폐된 장소로 데리고 가 강간범행을 저지르는 등 일련의 범행이 상당히 계획적이고 치밀하게 이루어진 점, 피고인은 미성년자인 피해자의 상태나 반항에 아랑곳하지 아니하고 자신의 성적 욕구를 충족하기 위하여 손가락으로 피해자의 성기 속에 집어넣고 흔들거나 피해자의 볼 등을 물고 심지어는 살인의 의도로 피해자의 목 부위를 강하게 조르는 등 변태적이고 가학적인 행위를 서슴지 아니하였던 점, 피고인은 이 사건 범행 이전부터 성도착증세는 물론 반사회적 인격장애와 병적 도벽, 게임 중독 등의 증상을 보이면서 사회적 유대관계가 없이 생활하여 왔고, 이 사건 형기 복역 도중에 피고인의 성도착증세 등이 치료·완화되리라고 기대하기는 어려워 보이는 점, 피고인이 무기징역형을 복역한다면 이 사건 치료명령이 실제로 집행될 가능성은 없으나, 피고인이 가석방 등으로 출소할 경우를 가정할 경우 피고인은 이 사건과 같이 가학적이고 잔인한 성폭력범죄를 다시 범할 개연성이 매우 높아 치료명령에 대한 피고인의 동의를 대체할 수 있을 정도의 고도의 필요성이 있다고 인정되는 점 등을 종합해 보면, 피고인에 대하여 치료명령의 요건으로서 성폭력범죄의 재범의 위험성이 있다고 판단한 원심의 결론은 수긍할 수 있다고 할 것이다.

3) 결론

그러므로 상고를 기각하기로 하여 관여 대법관의 일치된 의견으로 주문과 같이 판결한다.

02. 신상정보공개명령은 언제 저지른 죄부터 적용되는 건가요?

QUESTION

아동·청소년 대상 성폭력범죄의 경우, 아동·청소년의 성보호에 관한 법률 제38조의2 규정이 시행된 2011년 1월 1일 이후에 범죄를 저지른 자에 대하여만 고지명령이 선고되는 것인가요?

ANSWER

2010년 4월 15일에 신설된 아동·청소년의 성보호에 관한 법률(이하 '법률 제10260호 아동성보호법'이라 합니다) 제38조의2는 제1항 제1호에서 같은 법 제38조의 공개명령 대상자 중 '아동·청소년 대상 성폭력범죄를 저지른 자'에 대하여 고지명령도 함께 선고하도록 규정하고 있는데, '법률 제10260호 아동성보호법' 부칙(2010.4.15.) 제1조는 "이 법은 공포한 날부터 시행한다. 다만 제31조의2, 제38조의2 및 제38조의3의 개정규정은 2011년 1월 1일부터 시행한다."고 규정하고 있고, 위 부칙 제1조는 "제38조의2 및 제38조의3의 개정규정은 같은 개정규정 시행 후 최초로 아동·청소년 대상 성범죄를 범하여 고지명령을 선고받은 고지대상자부터 적용한다."고 규정하고 있습니다.

따라서 아동·청소년 대상 성폭력범죄의 경우, '법률 제10260호 아동성보호법' 제38조의2 규정이 시행된 2011년 1월 1일 이후에 범죄를 저지른 자에 대하여만 고지명령을 선고할 수 있다고 할 것입니다.

1. 사건의 표시

1) 사　　건　　대법원 2012.11.15. 선고 2012도10410, 2012전도189 판결[10] 성폭력범죄의 처벌 등에 관한 특례법 위반(특수강도강간 등)[일부인정된 죄명: 성폭력범죄의 처벌 및 피해자보호 등에 관한 법률 위반(특수강도강간 등)]·성폭력범죄의 처벌 및 피해자보호 등에 관한 법률 위반(특수강도강간 등)·성폭력범죄의 처벌 및 피해자보호 등에 관한 법률 위반(특수강간)·특수강도미수·야간주거침입절도·야간주거침입절도 미수·사기·여신전문금융업법 위반·부착명령
2) 피고인 겸 피부착명령청구자　　　피고인
3) 상　고　인　　피고인 겸 피부착명령청구자

2. 판시사항

1) 아동·청소년 대상 성폭력범죄의 경우, 아동·청소년의 성보호에 관한 법률 제38조의2 규정이 시행된 2011년 1월 1일 이후에 범죄를 저지른 자에 대하여만 고지명령을 선고할 수 있는지 여부(적극)

2) 피고인이 아동·청소년 대상 성폭력범죄를 범하여 구 성폭력범죄의 처벌 및 피해자보호 등에 관한 법률 위반으로 기소된 사안에서, 17세 청소년들을 상대로 저지른 2008년 11월 4일자 및 2009년 8월 29일자 특수강간 범행에 관하여 피고인이 공개명령의 대상이 되는지는 구 아동·청소

10　이 사건에서 피고인 1에 대하여는 징역 8월, 피고인 2에 대하여는 징역 6월이 각각 선고되었고, 피고인들에게 각 성폭력 치료강의 40시간의 수강명령이 부과되었다.

년의 성보호에 관한 법률 부칙 제3조 제4항에서 정하는 바에 따라 공개명령의 요건이 충족되었는지를 심리하여 판단하여야 하고, 또한 위 범행은 고지명령을 규정한 아동·청소년의 성보호에 관한 법률 제38조의2 규정이 시행되기 이전의 범죄에 해당하여 같은 법 부칙 제1조, 제4조에 따라 고지명령의 대상이 되지 않는데도, 이와 달리 본 원심판결에 법리오해 등 위법이 있다고 한 사례

3. 판결요지

1) 2010년 4월 15일 신설된 아동·청소년의 성보호에 관한 법률(이하 '법률 제10260호 아동성보호법'이라 한다) 제38조의2는 제1항 제1호에서 같은 법 제38조의 공개명령 대상자 중 '아동·청소년 대상 성폭력범죄를 저지른 자'에 대하여 고지명령도 함께 선고하도록 규정하고 있는데, '법률 제10260호 아동성보호법' 부칙(2010.4.15.) 제1조는 "이 법은 공포한 날부터 시행한다. 다만 제31조의2, 제38조의2 및 제38조의3의 개정규정은 2011년 1월 1일부터 시행한다."고 규정하고 있고, 위 부칙 제4조는 " 제38조의2 및 제38조의3의 개정규정은 같은 개정규정 시행 후 최초로 아동·청소년 대상 성범죄를 범하여 고지명령을 선고받은 고지대상자부터 적용한다."고 규정하고 있다. 따라서 아동·청소년 대상 성폭력범죄의 경우, '법률 제10260호 아동성보호법' 제38조의2 규정이 시행된 2011년 1월 1일 이후에 범죄를 저지른 자에 대하여만 고지명령을 선고할 수 있다.

2) 피고인이 아동·청소년 대상 성폭력범죄를 범하여 구 성폭력범죄의 처벌 및 피해자보호 등에 관한 법률(2010.4.15. 법률 제10258호 성폭력범죄의 피해자보호 등에 관한 법률로 개정되기 전의 것) 위반으로 기소된 사안에서, 17세

의 청소년들을 상대로 저지른 2008년 11월 4일자 및 2009년 8월 29일자 특수강간 범행은 성폭력범죄의 처벌 등에 관한 특례법(이하 '성폭력특례법'이라 한다) 제32조 제1항에서 정한 등록대상 성폭력범죄에 해당하지만, 범행 당시 시행되던 구 청소년의 성보호에 관한 법률(2009.6.9. 법률 제9765호 아동·청소년의 성보호에 관한 법률로 전부 개정되기 전의 것) 제2조 제3호, 제2호 (나)목에 규정된 청소년 대상 성폭력범죄에도 해당하므로, 이에 관하여 피고인이 공개명령의 대상이 되는지는 구 아동·청소년의 성보호에 관한 법률3 부칙(2009.6.9.) 제3조 제4항(2010.7.23. 법률 제10391호로 개정된 것)에서 정하는 바에 따라 공개명령의 요건이 충족되었는지를 심리하여 판단하여야 하고, 또한 위 각 범행은 고지명령을 규정한 아동·청소년의 성보호에 관한 법률(이하 '법률 제10260호 아동성보호법'이라 한다) 제38조의2 규정이 시행되기 이전의 범죄에 해당하여 '법률 제10260호 아동성보호법' 부칙(2010.4.15.) 제1조, 제4조에 따라 고지명령의 대상이 되지 않는데도, 이와 달리 피고인이 성폭력특례법 제37조, 제41조의 공개명령 및 고지명령의 대상이 된다고 본 원심판결에 성폭력특례법 제37조, 제41조의 적용범위에 관한 법리를 오해하여 필요한 심리를 다하지 아니한 위법이 있다고 한 사례이다.

4. 관계 법령

■ 구 아동·청소년의 성보호에 관한 법률(2010. 4. 15. 법률 제10260호)

제38조(등록정보의 공개)

① 법원은 다음 각 호의 어느 하나에 해당하는 자(이하 "공개대상자"라 한다)에 대하여 판결로 제3항의 공개정보를 등록기간 동안 정보통신망을 이용하여 공개하도록 하는 명령(이하 "공개명령"이라 한다)을 아동·청소년대상 성범죄 사건의 판결과 동시에 선고하여야 한다. 다만, 아동·청소년대상 성범죄 사건에 대하여 벌금형을 선고하

거나 피고인이 아동·청소년인 경우, 그 밖에 신상정보를 공개하여서는 아니 될 특별한 사정이 있다고 판단되는 경우에는 그러하지 아니하다.

1. 아동·청소년대상 성폭력범죄를 저지른 자
2. 이 법에 따른 신상공개 결정 또는 열람명령·공개명령을 선고받고 다시 아동·청소년대상 성폭력범죄를 저지른 자
3. 13세 미만의 아동·청소년을 대상으로 아동·청소년대상 성범죄를 저지른 자로서 13세 미만의 아동·청소년을 대상으로 아동·청소년대상 성범죄를 다시 범할 위험성이 있다고 인정되는 자
4. 아동·청소년대상 성폭력범죄를 저지른 자로서 아동·청소년대상 성폭력범죄를 다시 범할 위험성이 있다고 인정되는 자
5. 아동·청소년대상 성폭력범죄를 범하였으나 「형법」 제10조제1항에 따라 처벌할 수 없는 자로서 아동·청소년대상 성폭력범죄를 다시 범할 위험성이 있다고 인정되는 자

② 제1항에 따른 등록정보의 공개기간(「형의 실효 등에 관한 법률」 제7조에 따른 기간을 초과하지 못한다)은 판결이 확정된 때부터 기산한다. 다만, 공개명령을 받은 자가 실형 또는 치료감호를 선고받은 경우에는 그 형 또는 치료감호의 전부 또는 일부의 집행을 종료하거나 집행이 면제된 때부터 기산한다.

③ 제1항에 따라 공개하도록 제공되는 등록정보(이하 "공개정보"라 한다)는 다음 각 호와 같다.

1. 성명
2. 나이
3. 주소 및 실제거주지(읍·면·동까지로 한다)
4. 신체정보(키와 몸무게)
5. 사진
6. 아동·청소년대상 성범죄 요지

④ 공개정보의 구체적인 형태와 내용에 관하여는 대통령령으로 정한다.
⑤ 제3항의 공개정보를 정보통신망을 이용하여 열람하고자 하는 자는 「민법」 제4조에 따른 성년자로서 실명인증 절차를 거쳐야 한다.

⑥ 실명인증, 공개정보 유출 방지를 위한 기술 및 관리에 관한 구체적인 방법과 절차는 대통령령으로 정한다.

제38조의2(등록정보의 고지)

① 법원은 제38조의 공개대상자 중 다음 각 호의 어느 하나에 해당하는 자(이하 "고지대상자"라 한다)에 대하여 판결로 제38조에 따른 공개명령 기간 동안 제3항에 따른 고지정보를 고지대상자가 거주하는 읍·면·동의 지역주민에게 고지하도록 하는 명령(이하 "고지명령"이라 한다)을 아동·청소년대상 성범죄 사건의 판결과 동시에 선고하여야 한다. 다만, 아동·청소년대상 성범죄 사건에 대하여 벌금형을 선고하거나 피고인이 아동·청소년인 경우, 그 밖에 신상정보를 공개하여서는 아니 될 특별한 사정이 있다고 판단하는 경우에는 그러하지 아니하다.
  1. 아동·청소년대상 성폭력범죄를 저지른 자
  2. 아동·청소년대상 성폭력범죄를 범하였으나, 「형법」 제10조제1항에 따라 처벌할 수 없는 자로서 등록대상 성폭력범죄를 다시 범할 위험성이 있다고 인정되는 자
② 제1항에 따른 고지명령은 다음 각 호의 기간 이내에 하여야 한다.
  1. 집행유예를 선고받은 고지대상자는 신상정보 최초 등록일부터 1개월 이내
  2. 금고 이상의 실형을 선고받은 고지대상자는 출소 후 거주할 지역에 전입한 날부터 1개월 이내
  3. 고지대상자가 다른 지역으로 전출하는 경우에는 변경정보 등록일부터 1개월 이내
③ 제1항에 따라 고지하여야 하는 고지정보는 다음 각 호와 같다.
  1. 고지대상자가 이미 거주하고 있거나 전입하는 경우에는 제38조제3항의 공개정보. 다만, 제38조제3항제3호에 따른 주소 및 실제거주지는 상세주소를 포함한다.
  2. 고지대상자가 전출하는 경우에는 제1호의 고지정보와 그 대상자의 전출 정보
④ 제1항에 따른 고지명령을 선고받은 자는 제38조제1항에 따른 공개명령을 선고받은 자로 본다.

부칙(2010.4.15. 법률 제10260호)

제1조(시행일)

이 법은 공포한 날부터 시행한다. 다만 제31조의2, 제38조의2 및 제38조의3의 개정

규정은 2011년 1월 1일부터 시행한다.

제4조(등록정보의 고지에 관한 적용례)

제38조의2 및 제38조의3의 개정규정은 같은 개정규정 시행 후 최초로 아동·청소년 대상 성범죄를 범하여 고지명령을 선고받은 고지대상자부터 적용한다.

■ 형법

제297조(강간)

폭행 또는 협박으로 사람을 강간한 자는 3년 이상의 유기징역에 처한다.

■ 구 성폭력범죄의 처벌 및 피해자보호 등에 관한 법률(2010.4.15. 법률 제10258호 성폭력범죄의 피해자보호 등에 관한 법률로 개정되기 전의 것)

제6조(특수강간 등)

① 흉기 기타 위험한 물건을 휴대하거나 2인 이상이 합동하여 형법 제297조(강간)의 죄를 범한 자는 무기 또는 5년 이상의 징역에 처한다.

■ 구 성폭력범죄의 처벌 등에 관한 특례법(법률 제10258호, 2010.4.15. 제정)

제32조(신상정보 등록대상자)

① 제2조 제1항 제3호·제4호, 같은 조 제2항(같은 조 제1항 제3호·제4호만 한정한다), 제3조부터 제10조까지 및 제14조의 범죄(이하 "등록대상 성폭력범죄"라 한다)로 유죄판결이 확정된 자 또는 제37조 제1항 제2호에 따라 공개명령이 확정된 자는 신상정보 등록대상자(「아동·청소년의 성보호에 관한 법률」 제33조에 따른 신상정보 등록대상자는 제외한다. 이하 "등록대상자"라 한다)가 된다.

제37조(등록정보의 공개)

① 법원은 다음 각 호의 어느 하나에 해당하는 자(「아동·청소년의 성보호에 관한 법률」 제38조에 따른 공개대상자는 제외한다. 이하 "공개대상자"라 한다)에 대하여 판결로 제3항의 공개정보를 등록기간 동안 정보통신망을 이용하여 공개하도록 하는 명령(이하 "공개명령"이라 한다)을 등록대상 성폭력범죄 사건의 판결과 동시에 선고하여야 한다. 다만, 신

상정보를 공개하여서는 아니 될 특별한 사정이 있다고 판단되는 경우에는 그러하지 아니하다.

1. 등록대상 성폭력범죄를 저지른 자
2. 등록대상 성폭력범죄를 범하였으나 「형법」 제10조제1항에 따라 처벌할 수 없는 자로서 등록대상 성폭력범죄를 다시 범할 위험성이 있다고 인정되는 자

② 제1항에 따른 등록정보의 공개기간(「형의 실효 등에 관한 법률」 제7조에 따른 기간을 초과하지 못한다)은 판결이 확정된 때부터 기산한다. 다만, 공개명령을 받은 자가 실형 또는 치료감호를 선고받은 경우에는 그 형 또는 치료감호의 전부 또는 일부의 집행을 종료하거나 집행이 면제된 때부터 기산한다.

③ 제1항에 따라 공개하도록 제공되는 등록정보(이하 "공개정보"라 한다)는 다음 각 호와 같다.

1. 성명
2. 나이
3. 주소 및 실제거주지(읍·면·동까지로 한다)
4. 신체정보(키와 몸무게)
5. 사진
6. 등록대상 성폭력범죄 요지

④ 공개정보의 구체적인 형태와 내용에 관하여는 대통령령으로 정한다.
⑤ 공개정보를 정보통신망을 이용하여 열람하려는 자는 「민법」 제4조에 따른 성년자로서 실명인증 절차를 거쳐야 한다.
⑥ 실명인증, 공개정보 유출 방지를 위한 기술 및 관리에 관한 구체적인 방법과 절차는 대통령령으로 정한다.

제41조(등록정보의 고지)

① 법원은 공개대상자 중 다음 각 호의 어느 하나에 해당하는 자(이하 "고지대상자"라 한다)에 대하여 판결로 제37조에 따른 공개명령 기간 동안 제3항에 따른 고지정보를 고지대상자가 거주하는 읍·면·동의 지역주민에게 고지하도록 하는 명령(이하 "고지명령"이라 한다)을 등록대상 성폭력범죄 사건의 판결과 동시에 선고하여야 한다. 다만, 신상정보를 공개하여서는 아니 될 특별한 사정이 있다고 판단하는 경우에

는 그러하지 아니하다.
1. 등록대상 성폭력범죄를 저지른 자
2. 등록대상 성폭력범죄를 범하였으나 「형법」 제10조 제1항에 따라 처벌할 수 없는 자로서 등록대상 성폭력범죄를 다시 범할 위험성이 있다고 인정되는 자
② 제1항에 따른 고지명령은 다음 각 호의 기간 이내에 고지하여야 한다.
1. 집행유예를 선고받은 고지대상자는 신상정보 최초 등록일부터 1개월 이내
2. 금고 이상의 실형을 선고받은 고지대상자는 출소 후 거주할 지역에 전입한 날부터 1개월 이내
3. 고지대상자가 다른 지역으로 전출하는 경우에는 변경정보 등록일부터 1개월 이내
③ 제1항에 따라 고지하여야 하는 고지정보는 다음 각 호와 같다.
1. 고지대상자가 이미 거주하고 있거나 전입하는 경우에는 제37조 제3항의 공개정보. 다만, 제37조 제3항 제3호에 따른 주소 및 실제거주지는 상세주소를 포함한다.
2. 고지대상자가 전출하는 경우에는 제1호의 고지정보와 그 대상자의 전출 정보
④ 제1항에 따른 고지명령을 선고받은 자는 제37조 제1항에 따른 공개명령을 선고받은 자로 본다.

부칙(법률 제10258호, 2010.4.15.)

제4조(벌칙에 관한 경과조치)
이 법 시행 전의 행위에 대한 벌칙을 적용할 때에는 종전의 「성폭력범죄의 처벌 및 피해자보호 등에 관한 법률」에 따른다.

■ 구 청소년의 성보호에 관한 법률(2009.6.9. 법률 제9765호 아동·청소년의 성보호에 관한 법률로 전부 개정되기 전의 것)

제2조(정의)
이 법에서 사용하는 용어의 정의는 다음과 같다.
2. "청소년대상 성범죄"는 다음 각 목의 어느 하나에 해당하는 죄를 말한다.
나. 청소년에 대한 「성폭력범죄의 처벌 및 피해자보호 등에 관한 법률」 제5조부터 제

12조까지의 죄

3. "청소년대상 성폭력범죄"는 청소년대상 성범죄에서 제8조부터 제12조까지의 죄를 제외한 죄를 말한다.

■ 구 아동·청소년의 성보호에 관한 법률(2010.7.23. 법률 제10391호로 개정되기 전의 것)

부칙(2009.6.9.)

제3조(신상정보의 등록·공개 등에 관한 특례·적용례 및 경과조치)

④ 제1항에도 불구하고 이 법 시행 당시 법률 제7801호 청소년의 성보호에 관한 법률 일부 개정법률 또는 법률 제8634호 청소년의 성보호에 관한 법률 전부 개정법률을 위반하고 확정판결을 받지 아니한 자에 대한 공개명령에 관하여는 제38조에 따른다.

5. 상고심 판단 이유

1) 상고이유를 판단한다

(1) 원심판결 이유를 기록에 비추어 살펴보면, 원심이 피고인 겸 피부착명령청구자(이하 '피고인'이라 한다)에 대한 정신감정을 하지 아니한 채 그 판시와 같은 사정을 들어 피고인의 심신미약 주장을 배척한 것은 정당하고, 거기에 상고이유의 주장과 같이 심신상실 또는 심신미약에 관한 법리를 오해하는 등의 위법이 없다. 그리고 정신감정을 해 달라는 주장은 적법한 상고이유가 되지 못한다.

(2) 피고인의 연령·성행·지능과 환경, 이 사건 범행의 동기·수단과 결과, 범행 후의 정황 등 기록에 나타난 양형의 조건이 되는 여러 가지 사정을 살펴보면, 국선변호인이 주장하는 정상을 참작하더라도 피고인에 대하여 징역 17년을 선고한 제1심판결을 유지한 원심의 형의 양정이 심

히 부당하다고 인정할 현저한 사유가 있다고 볼 수 없다.

(3) 기록에 의하면 피고인은 제1심판결에 대하여 항소하면서 심신미약과 양형부당만을 항소이유로 내세워 원심의 판단을 받았으므로(피고인은 원심 변론종결 이후에 비로소 '탄원 및 반성문의 글'이라는 서면을 제출하면서 '자수감경을 해 달라'는 취지의 주장을 하였을 따름이다), 피고인의 자수감경에 관한 주장은 원심의 심판범위에 속하지 아니하고, 따라서 원심이 이에 대하여 판단하지 않았더라도 위법이 아니다. 나아가 기록에 비추어 살펴보더라도 피고인은 자수한 것으로 볼 수 없을 뿐만 아니라, 자수한 자에 대하여는 법원이 임의로 형을 감경할 수 있음에 불과하므로 원심이 자수감경을 하지 아니하였더라도 거기에 무슨 위법이 있다고 할 수 없다.

2) 직권으로 판단한다.

(1) ① '성폭력범죄의 처벌 등에 관한 특례법'(2010.4.15. 법률 제10258호로 제정·공포된 것, 이하 '성폭력특례법'이라 한다)은 신상정보의 공개명령 및 고지명령의 대상에서 아동·청소년 대상 성폭력범죄를 저지른 자를 제외함으로써 그 대상을 성인 대상 성폭력범죄를 저지른 자로 제한하고 있고(성폭력특례법 제37조, 제41조), 아동·청소년 대상 성폭력범죄를 저지른 자에 대하여는 '아동·청소년의 성보호에 관한 법률'(2010.4.15. 법률 제10260호로 개정된 것, 이하 '법률 제10260호 아동성보호법'이라 한다) 제38조 및 제38조의2 등이 별도로 공개명령 및 고지명령의 대상으로 규정하고 있다. 따라서 비록 아동·청소년 대상 성폭력범죄가 성폭력특례법 제32조 제1항에 정하여진 등록대상 성폭력범죄에 해당하더라도, 법률 제10260호 아동성보호법 제38조 및 제38조의2 등에 의하여 공개명령 및 고지명령의 적용대상이 되는지 여부만이 문제될 뿐이고 성폭력특례법 제37조 및 제41조에 의한 공

개명령 및 고지명령의 대상이 되지는 아니한다(대법원 2011.11.24. 선고 2011도12296 판결, 대법원 2012.1.12. 선고 2011도15062 판결 등 참조).

② 한편 '아동·청소년의 성보호에 관한 법률'(2009.6.9. 법률 제9765호로 전부 개정된 것, 이하 '법률 제9765호 아동성보호법'이라 한다)에 의하여 도입된 신상정보의 공개명령 제도는 그 부칙 제1조, 제3조 제1항에 의하여 그 시행일인 2010년 1월 1일 이후 최초로 아동·청소년 대상 성범죄를 범하고 유죄판결이 확정된 자부터 적용하게 되어 있었으나, '아동·청소년의 성보호에 관한 법률'(2010.7.23. 법률 제10391호로 개정된 것)은 법률 제9765호 아동성보호법의 부칙 제3조에 제4항을 신설하여 "제1항에도 불구하고 이 법 시행 당시 법률 제7801호 청소년의 성보호에 관한 법률 일부 개정법률 또는 법률 제8634호 청소년의 성보호에 관한 법률 전부 개정법률을 위반하고 확정판결을 받지 아니한 자에 대한 공개명령에 관하여는 제38조에 따른다."고 규정하였다(이하 '법률 제9765호 아동성보호법 부칙 제3조 제4항'이라 한다). 이는 법률 제9765호 아동성보호법 시행 당시 '법률 제7801호 청소년의 성보호에 관한 법률' 또는 '법률 제8634호 청소년의 성보호에 관한 법률'(이하 '법률 제8634호 청소년성보호법'이라 한다)에 규정된 범죄(위반행위)를 범하여 열람결정 또는 열람명령의 대상이 되는 자 중에서 그때까지 아직 확정판결을 받지 아니한 자 일반에 대하여 법률 제9765호 아동성보호법 제38조에 따라 공개명령을 할 수 있도록 규정한 것이라고 해석함이 타당하다(대법원 2011.3.24. 선고 2010도16448, 2010전도153 판결 등 참조).

③ 그리고 2010년 4월 15일 신설된 법률 제10260호 아동성보호법 제38조의2는 제1항 제1호에서 같은 법 제38조의 공개명령 대상자 중 "아동·청소년 대상 성폭력범죄를 저지른 자"에 대하여 고지명령도 함께 선고하도록 규정하고 있는데, 법률 제10260호 아동성보호법 부칙 제

1조는 "이 법은 공포한 날부터 시행한다. 다만 제31조의2, 제38조의2 및 제38조의3의 개정규정은 2011년 1월 1일부터 시행한다."고 규정하고 있고, 부칙 제4조는 "제38조의2 및 제38조의3의 개정규정은 같은 개정규정 시행 후 최초로 아동·청소년 대상 성범죄를 범하여 고지명령을 선고받은 고지대상자부터 적용한다."고 규정하고 있다. 따라서 아동·청소년 대상 성폭력범죄의 경우, 법률 제10260호 아동성보호법 제38조의2 규정이 시행된 2011년 1월 1일 이후에 범죄를 저지른 자에 대하여만 고지명령을 선고할 수 있다.

(2) 이 사건 공소사실 중 2008년 11월 4일자 및 2009년 8월 29일자 성폭력범죄의 처벌 및 피해자보호 등에 관한 법률 위반(특수강간)의 점은 모두 17세의 청소년을 상대로 저질러진 특수강간 범행으로서 성폭력특례법 제32조 제1항에서 정한 등록대상 성폭력범죄에 해당하지만, 이는 범행 당시 시행되던 법률 제8634호 청소년성보호법의 제2조 제3호, 제2호 (나)목에 규정된 청소년 대상 성폭력범죄에도 해당하므로, 이 부분 공소사실에 관하여 피고인이 공개명령의 대상이 되는지는 법률 제9765호 아동성보호법 부칙 제3조 제4항에서 정하는 바에 따라 공개명령의 요건이 충족되었는지를 심리하여 판단하여야 한다. 또한 이 부분 공소사실은 고지명령을 규정한 법률 제10260호 아동성보호법 제38조의2 규정이 시행되기 이전의 범죄에 해당하므로 법률 제10260호 아동성보호법 부칙 제1조, 제4조에 따라 고지명령의 대상이 되지 않는다.

그럼에도 원심은 위와 같은 심리에 나아가지 아니한 채 피고인이 이 부분 공소사실에 관하여도 성폭력특례법 제37조, 제41조의 공개명령 및 고지명령의 대상이 된다는 제1심판결을 유지하였으니, 이러한 원심판결에는 성폭력특례법 제37조, 제41조의 적용범위에 관한 법리를 오해하여 필요한 심리를 다하지 아니함으로써 판결에 영향을 미친 위법이 있다. 따라서 원심판결 중 이 부분 공소사실에 관한 공개명령 및 고지명령 부분은 파기를 면할 수 없다.

한편 성폭력특례법 제37조, 제41조에 규정된 공개명령 및 고지명령은 등록대상 성폭력범죄 사건의 판결과 동시에 선고하는 부수처분이므로 그 공개명령 및 고지명령의 전부 또는 일부가 위법한 경우 나머지 피고사건 부분에 위법이 없더라도 그 부분까지 전부 파기하여야 한다.

(3) 피고인이 피고사건의 판결에 대하여 상고를 제기한 이상 부착명령청구사건의 판결에 대하여도 상고를 제기한 것으로 의제된다. 비록 부착명령청구사건에 관하여 상고장에 그 이유의 기재가 없고 상고이유서에도 이에 대한 불복이유의 기재를 찾아볼 수 없으나, 원심의 피고사건에 대한 판단이 위법하여 원심판결 중 피고사건에 관한 부분을 파기하는 경우에는 그와 함께 심리되어 동시에 판결이 선고되어야 하는 부착명령청구사건에 관한 부분 역시 파기하지 않을 수 없다.

3) 그러므로 원심판결을 파기하고, 사건을 다시 심리·판단하게 하기 위하여 원심법원에 환송하기로 하여 관여 대법관의 일치된 의견으로 주문과 같이 판결한다.

03. 성범죄를 저지른 사람은 누구든지 전자발찌를 차게 되나요?

QUESTION

특정 범죄자에 대한 위치추적 전자장치 부착 등에 관한 법률상 특정 범죄자에 대하여 집행유예를 선고할 경우, 보호관찰을 받을 것을 함께 명할지 여부와 구체적인 준수사항 내용, 전자장치 부착을 명할지 여부와 그 기간 등에 관한 판단이 법원의 재량사항에 속하는 것인가요?

ANSWER

특정 범죄자에 대한 위치추적 전자장치 부착 등에 관한 법률 제4장에서는 '형의 집행유예와 부착명령'에 관하여 규정하고 있는데, 그 장에 포함된 법 제28조 제1항에서 정한 부착명령은 법원이 형의 집행을 유예하면서 보호관찰을 받을 것을 명하는 때에만 가능한 것으로서, 법 제2장에서 정하고 있는 '징역형 종료 이후의 부착명령'과는 성질과 요건이 다릅니다.

또한 법 제4장의 부착명령에 관하여는 법 제31조가 부착명령 '청구사건'의 판결에 대한 상소에 관한 규정들인 법 제9조 제8항과 제9항은 준용하지 아니하고 있는 점, 보호관찰부 집행유예의 경우 보호관찰명령 부분만에 대한 일부상소는 허용되지 않는 점 등에 비추어 볼 때, 위와 같은 부착명령은 보호관찰부 집행유예와 서로 불가분의 관계에 있는 것으로서 독립하여 상소의 대상이 될 수 없다고 보아야 할 것입니다.

위와 같은 여러 사정을 종합하여 보면, 특정 범죄자에 대하여 집행유예를 선고할 경우에 보호관찰을 받을 것을 함께 명할지 여부 및 구체적인 준수사항의 내용, 나아가 법 제28조 제1항에 따라 전자장치의 부착을 명할지 여부 및 그 기간 등에 대한 법원의 판단은 그 전제가 되는 집행유예의 선고와 일체를 이루는 것으로서, 보호관찰명령이나 부착명령이 관련 법령에서 정하고 있는 요건에 위반한 것이 아닌 한, 형의 집행유예를 선고하는 것과 마찬가지로 법원의 재량사항에 속한다고 보는 것이 타당할 것입니다(대법원 2012.8.30. 선고 2011도14257 판결 참조).

1. 사건의 표시

1) 사　　건　　대법원 2012.8.30. 선고 2011도14257, 2011전도233 판결
　　　　　　　성폭력범죄의 처벌 및 피해자보호 등에 관한 법률 위반(친족관계에 의한 강제추행)·성폭력범죄의 처벌 등에 관한 특례법 위반(친족관계에 의한 강제추행)·부착명령
2) 피고인 겸 피부착명령청구자　　　피고인
3) 상 고 인　　검사

2. 판시사항

특정 범죄자에 대한 위치추적 전자장치 부착 등에 관한 법률상 특정 범죄자에 대하여 집행유예를 선고할 경우, 보호관찰을 받을 것을 함께 명할지 여부와 구체적인 준수사항 내용, 같은 법 제28조 제1항에 따라 전자장치 부착을 명할지 여부와 그 기간 등에 관한 판단이 법원의 재량사항에 속하는지 여부(원칙적 적극)

3. 판결요지

특정 범죄자에 대한 위치추적 전자장치 부착 등에 관한 법률(이하 '법'이라 한다) 제4장에서는 '형의 집행유예와 부착명령'에 관하여 규정하고 있는데, 그 장에 포함된 법 제28조 제1항에서 정한 부착명령은 법원이 형의 집행을 유예하면서 보호관찰을 받을 것을 명하는 때에만 가능한 것으로서, 법 제2장에서 정하고 있는 '징역형 종료 이후의 부착명령'과는 성질과 요건이 다르다. 또한 법 제4장의 부착명령에 관하여는 법 제31조가 부착명령 '청구사건'의 판결에 대한 상소에 관한 규정들인 법 제9조 제8항과 제9항은 준용하지 아니하고 있는 점, 보호관찰부 집행유예의 경우 보호관찰명령 부분만에 대한 일부상소는 허용되지 않는 점 등에 비추어 볼 때, 위와 같은 부착명령은 보호관찰부 집행유예와 서로 불가분의 관계에 있는 것으로서 독립하여 상소의 대상이 될 수 없다. 위와 같은 여러 사정을 종합하여 보면, 특정 범죄자에 대하여 집행유예를 선고할 경우에 보호관찰을 받을 것을 함께 명할지 여부 및 구체적인 준수사항의 내용, 나아가 법 제28조 제1항에 따라 전자장치의 부착을 명할지 여부 및 그 기간 등에 대한 법원의 판단은 그 전제가 되는 집행유예의 선고와 일체를 이루는 것으로서, 보호관찰명령이나 부착명령이 관련 법령에서 정하고 있는 요건에 위반한 것이 아닌 한, 형의 집행유예를 선고하는 것과 마찬가지로 법원의 재량사항에 속한다고 보는 것이 타당하다.

4. 관계 법령

■ 특정 범죄자에 대한 위치추적 전자장치 부착 등에 관한 법률

제5조(전자장치 부착명령의 청구)

① 검사는 다음 각 호의 어느 하나에 해당하고, 성폭력범죄를 다시 범할 위험성이 있

다고 인정되는 사람에 대하여 전자장치를 부착하도록 하는 명령(이하 "부착명령"이라 한다)을 법원에 청구할 수 있다.

1. 성폭력범죄로 징역형의 실형을 선고받은 사람이 그 집행을 종료한 후 또는 집행이 면제된 후 10년 이내에 성폭력범죄를 저지른 때
2. 성폭력범죄로 이 법에 따른 전자장치를 부착받은 전력이 있는 사람이 다시 성폭력범죄를 저지른 때
3. 성폭력범죄를 2회 이상 범하여(유죄의 확정판결을 받은 경우를 포함한다) 그 습벽이 인정된 때
4. 19세 미만의 사람에 대하여 성폭력범죄를 저지른 때
5. 신체적 또는 정신적 장애가 있는 사람에 대하여 성폭력범죄를 저지른 때

② 검사는 미성년자 대상 유괴범죄를 저지른 사람으로서 미성년자 대상 유괴범죄를 다시 범할 위험성이 있다고 인정되는 사람에 대하여 부착명령을 법원에 청구할 수 있다. 다만, 유괴범죄로 징역형의 실형 이상의 형을 선고받아 그 집행이 종료 또는 면제된 후 다시 유괴범죄를 저지른 경우에는 부착명령을 청구하여야 한다.

③ 검사는 살인범죄를 저지른 사람으로서 살인범죄를 다시 범할 위험성이 있다고 인정되는 사람에 대하여 부착명령을 법원에 청구할 수 있다. 다만, 살인범죄로 징역형의 실형 이상의 형을 선고받아 그 집행이 종료 또는 면제된 후 다시 살인범죄를 저지른 경우에는 부착명령을 청구하여야 한다.

④ 제1항부터 제3항까지의 규정에 따른 부착명령의 청구는 공소가 제기된 특정범죄사건의 항소심 변론종결 시까지 하여야 한다.

⑤ 법원은 공소가 제기된 특정범죄사건을 심리한 결과 부착명령을 선고할 필요가 있다고 인정하는 때에는 검사에게 부착명령의 청구를 요구할 수 있다.

⑥ 제1항부터 제3항까지의 규정에 따른 특정범죄사건에 대하여 판결의 확정 없이 공소가 제기된 때부터 15년이 경과한 경우에는 부착명령을 청구할 수 없다.

제9조(부착명령의 판결 등)

① 법원은 부착명령 청구가 이유 있다고 인정하는 때에는 다음 각 호에 따른 기간의 범위 내에서 부착기간을 정하여 판결로 부착명령을 선고하여야 한다. 다만, 19세 미만의 사람에 대하여 특정범죄를 저지른 경우에는 부착기간 하한을 다음 각 호

에 따른 부착기간 하한의 2배로 한다.

1. 법정형의 상한이 사형 또는 무기징역인 특정범죄: 10년 이상 30년 이하
2. 법정형 중징역형의 하한이 3년 이상의 유기징역인 특정범죄(제1호에 해당하는 특정범죄는 제외한다): 3년 이상 20년 이하
3. 법정형 중징역형의 하한이 3년 미만의 유기징역인 특정범죄(제1호 또는 제2호에 해당하는 특정범죄는 제외한다): 1년 이상 10년 이하

④ 법원은 다음 각 호의 어느 하나에 해당하는 때에는 판결로 부착명령 청구를 기각하여야 한다.

4. 특정범죄사건에 대하여 선고유예 또는 집행유예를 선고하는 때(제28조제1항에 따라 전자장치 부착을 명하는 때를 제외한다)

⑧ 특정범죄사건의 판결에 대하여 상소 및 상소의 포기·취하가 있는 때에는 부착명령 청구사건의 판결에 대하여도 상소 및 상소의 포기·취하가 있는 것으로 본다. 상소권회복 또는 재심의 청구나 비상상고가 있는 때에도 또한 같다.

⑨ 제8항에도 불구하고 검사 또는 피부착명령청구자 및 「형사소송법」 제340조·제341조에 규정된 자는 부착명령에 대하여 독립하여 상소 및 상소의 포기·취하를 할 수 있다. 상소권회복 또는 재심의 청구나 비상상고의 경우에도 또한 같다.

제28조(형의 집행유예와 부착명령)

① 법원은 특정범죄를 범한 자에 대하여 형의 집행을 유예하면서 보호관찰을 받을 것을 명할 때에는 보호관찰기간의 범위 내에서 기간을 정하여 준수사항의 이행 여부 확인 등을 위하여 전자장치를 부착할 것을 명할 수 있다.

제31조(준용)

이 장에 따른 부착명령에 관하여는 제6조, 제9조 제5항부터 제7항까지, 제10조 제1항, 제12조, 제13조 제2항·제4항 제1호·제5항 제1호·제6항, 제14조, 제15조 제1항, 제16조부터 제19조까지 및 제26조를 준용한다.

5. 상고심 판단 이유

1) 「특정 범죄자에 대한 위치추적 전자장치 부착 등에 관한 법률」(이하 '법'이

라 한다) 제2장에서는 '징역형 종료 이후의 전자장치 부착'에 관하여 규정하고 있는데, 위 장에 포함된 법 제5조는 특정 범죄자가 그 특정범죄를 다시 범할 위험성이 있는 경우에 검사가 법원에 부착명령을 청구할 수 있다고 규정하고 있다. 위와 같은 검사의 청구에 대하여, 법원은 그 부착명령 청구가 이유 있다고 인정하는 때에는 판결로 부착명령을 선고하여야 하지만(법 제9조 제1항), 그 특정범죄사건에 대하여 집행유예를 선고하는 경우에는, 법 제28조 제1항에 따라 전자장치 부착을 명하는 때를 제외하고는, 판결로 부착명령 청구를 기각하여야 한다(법 제9조 제4항 제4호).

2) 한편 법 제4장에서는 '형의 집행유예와 부착명령'에 관하여 규정하고 있는데, 그 장에 포함된 법 제28조 제1항은 "법원은 특정범죄를 범한 자에 대하여 형의 집행을 유예하면서 보호관찰을 받을 것을 명할 때에는 보호관찰기간의 범위 내에서 기간을 정하여 준수사항의 이행 여부 확인 등을 위하여 전자장치를 부착할 것을 명할 수 있다."고 규정하여 집행유예를 선고하는 경우에도 일정한 경우 전자장치의 부착을 명할 수 있도록 하고 있다. 그러나 이러한 부착명령은 법원이 형의 집행을 유예하면서 보호관찰을 받을 것을 명하는 때에만 가능한 것으로서, 법 제2장에서 정하고 있는 '징역형 종료 이후의 부착명령'과는 그 성질과 요건이 다르다. 또한 법 제4장의 부착명령에 관하여는 법 제31조가 부착명령 '청구사건'의 판결에 대한 상소에 관한 규정들인 법 제9조 제8항과 제9항은 준용하지 아니하고 있는 점, 보호관찰부 집행유예의 경우 그 보호관찰명령 부분만에 대한 일부상소는 허용되지 않는 점 등에 비추어 볼 때, 위와 같은 부착명령은 보호관찰부 집행유예와 서로 불가분의 관계에 있는 것으로서 독립하여 상소의 대상이 될 수 없다고 할 것이다. 위와 같은 여러 사정들을 종합하여 보면, 특정 범죄자에 대하여 집행유예를 선

고할 경우에 보호관찰을 받을 것을 함께 명할지 여부 및 그 구체적인 준수사항의 내용, 나아가 법 제28조 제1항에 따라 전자장치의 부착을 명할지 여부 및 그 기간 등에 대한 법원의 판단은 그 전제가 되는 집행유예의 선고와 일체를 이루는 것으로서, 그 보호관찰명령이나 부착명령이 관련 법령에서 정하고 있는 요건에 위반한 것이 아닌 한, 형의 집행유예를 선고하는 것과 마찬가지로 법원의 재량사항에 속한다고 봄이 타당하다.

3) 따라서 원심이 피고인에 대하여 보호관찰부 집행유예를 선고하면서 전자장치의 부착을 명하지 아니한 것이 위법하다는 취지의 검사의 이 사건 상고이유의 주장은, 위와 같은 법 규정 및 법리에 비추어 적법한 상고이유가 될 수 없다.

4) 이에 상고를 기각하기로 하여, 관여 대법관의 일치된 의견으로 주문과 같이 판결한다.

04. 접근금지명령과 과도한 주류음용금지는 언제까지 지켜야 하나요?

QUESTION

법원에서, 강간치상죄를 저지른 피고인 겸 피부착명령청구자에 대하여 징역 6년에 공개명령 10년, 고지명령 10년 및 10년간 위치추적 전자장치의 부착을 명하면서, 준수사항으로 "1. 전자장치 부착기간 중 매일 오전 1시부터 오전 5시까지 주거지 이외로의 외출금지, 2. 피해자 A에 대하여 100m 이내 접근금지, 3. 200시간의 성폭력 치료프로그램 이수, 4. 과도한 주류 음용금지"를 부과하였습니다.

그런데 위와 같은 준수사항 중 "피해자 A에 대하여 100m 이내 접근금지"와 "과도한 주류음용금지"에 대하여 그 준수기간이 정하여지지 않았습니다.

그렇다면 위 준수사항은 특정 범죄자에 대한 위치추적 전자장치 부착 등에 관한 법률 제9조의2 제1항을 위반한 것이 아닌가요?

ANSWER

위와 유사한 사례로서 대법원 2012도1047 판결은, 강간치상죄를 범한 피고인 겸 피부착명령청구자에 대하여 유죄판결과 함께 위치추적 전자장치 부착을 명한 제1심판결을 원심이 그대로 유지한 사안에서, 특정 범죄자에 대한 위치추적 전자장치 부착 등에 관한 법률 (이하 '전자장치부착법'이라 한다) 제9조의2 제1항은 부착명령을 선고하는 경우에 준수사항을 부과하려면 '부착기간의 범위에서 준수기간을 정하여' 부과하도록 규정하고 있는데도, 준수사항으로 '피해자에 대한 100m 이내 접근금지'와 '과도한 주류 음용금지'를 부과하면서 준수기간을 정하지 아니한 원심의 조치에 전자장치부착법 제9조의2 제1항을 위반한 위법이 있다고 판단하였습니다(대법원 2012.5.24. 선고 2012도1047 판결 참조).

따라서 위 사건의 경우에도 법원이 피고인에게 준수기간을 정하지 않은 상태에서 "피해자 A에 대하여 100m 이내 접근금지"와 "과도한 주류음용금지"를 준수사항을 부과한 것은 전자장치부착법 제9조의2 제1항을 위반하였다고 할 것입니다.

1. 사건의 표시

1) 사   건   대법원 2012.5.24. 선고 2012도1047, 2012전도26[11]
           강간치상·부착명령
2) 피 고 인   피고인
3) 상 고 인   피고인

2. 판시사항

성폭력범죄를 저지른 피고인 겸 피부착명령청구자에 대하여 유죄판결과 함께 위치추적 전자장치 부착을 명한 제1심판결을 원심이 그대로 유지한 사안에서, 특정 범죄자에 대한 위치추적 전자장치 부착 등에 관한 법률 제9조의2 제1항 제3호, 제5호의 준수사항을 부과하면서 준수기간을 정하지 아니한 원심의 조치에 같은 법 제9조의2 제1항을 위반한 위법이 있다고 한 사례이다.

---

11 이 사건에서 피고인은 강간치상·부착명령으로 기소되었는데, 1심에서는 징역 6년, 10년간 공개정보 및 10년간 위치추적 전자장치부착명령이 선고되었고, 항소심에서는 위 형이 그대로 유지되었으나, 상고심에서는 부착명령청구사건 부분만 파기환송되었을 뿐 징역 6년, 10년간 공개정보는 그대로 유지되어 확정되었다.

3. 판결요지

강간치상죄를 범한 피고인 겸 피부착명령청구자에 대하여 유죄판결과 함께 위치추적 전자장치 부착을 명한 제1심판결을 원심이 그대로 유지한 사안에서, 특정 범죄자에 대한 위치추적 전자장치 부착 등에 관한 법률(이하 '전자장치부착법'이라 한다) 제9조의2 제1항은 부착명령을 선고하는 경우에 준수사항을 부과하려면 '부착기간의 범위에서 준수기간을 정하여' 부과하도록 규정하고 있는데도, 준수사항으로 '피해자에 대한 100m 이내 접근금지'와 '과도한 주류 음용금지'를 부과하면서 준수기간을 정하지 아니한 원심의 조치에 전자장치부착법 제9조의2 제1항을 위반한 위법이 있다고 한 사례이다.

4. 관계 법령

■ 형법

제297조(강간)
폭행 또는 협박으로 사람을 강간한 자는 3년 이상의 유기징역에 처한다.

제301조(강간 등 상해·치상)
제297조, 제297조의2 및 제298조부터 제300조까지의 죄를 범한 자가 사람을 상해하거나 상해에 이르게 한 때에는 무기 또는 5년 이상의 징역에 처한다.

■ 특정 범죄자에 대한 위치추적 전자장치 부착 등에 관한 법률

제2조(정의)
이 법에서 사용하는 용어의 정의는 다음과 같다.
2. "성폭력범죄"란 다음 각 목의 범죄를 말한다.
가. 「형법」 제2편제32장 강간과 추행의 죄 중 제297조(강간)·제298조(강제추행)·제299조(준강간, 준강제추행)·제300조(미수범)·제301조(강간 등 상해·치상)·제301조의2(강간 등 살인·치사)·제302조(미성년자등에 대한 간음)·제303조(업무상위력등에 의한 간음)·제305조

(미성년자에 대한 간음, 추행)·제305조의2(상습범), 제2편 제38장 절도와 강도의 죄 중 제339조(강도강간)·제340조(해상강도) 제3항(부녀를 강간한 죄만을 말한다) 및 제342조(미수범)의 죄(제339조 및 제340조 제3항 중 부녀를 강간한 죄의 미수범만을 말한다)

제5조(전자장치 부착명령의 청구)

① 검사는 다음 각 호의 어느 하나에 해당하고, 성폭력범죄를 다시 범할 위험성이 있다고 인정되는 사람에 대하여 전자장치를 부착하도록 하는 명령(이하 "부착명령"이라 한다)을 법원에 청구할 수 있다.

3. 성폭력범죄를 2회 이상 범하여(유죄의 확정판결을 받은 경우를 포함한다) 그 습벽이 인정된 때

제9조(부착명령의 판결 등)

① 법원은 부착명령 청구가 이유 있다고 인정하는 때에는 다음 각 호에 따른 기간의 범위 내에서 부착기간을 정하여 판결로 부착명령을 선고하여야 한다. 다만, 19세 미만의 사람에 대하여 특정범죄를 저지른 경우에는 부착기간 하한을 다음 각 호에 따른 부착기간 하한의 2배로 한다.

1. 법정형의 상한이 사형 또는 무기징역인 특정범죄: 10년 이상 30년 이하

제9조의2(준수사항)

① 법원은 제9조제1항에 따라 부착명령을 선고하는 경우 부착기간의 범위에서 준수기간을 정하여 다음 각 호의 준수사항 중 하나 이상을 부과할 수 있다. 다만, 제4호의 준수사항은 500시간의 범위에서 그 기간을 정하여야 한다.

1. 야간 등 특정 시간대의 외출제한
2. 특정지역·장소에의 출입금지
    2의2 주거지역의 제한
3. 피해자 등 특정인에의 접근금지
4. 특정범죄 치료 프로그램의 이수
5. 그 밖에 부착명령을 선고받는 사람의 재범방지와 성행교정을 위하여 필요한 사항

5. 상고심 판단 이유

1) 피고사건에 관하여

원심판결 이유를 기록에 비추어 살펴보면, 원심이 그 판시와 같은 사정을 들어 피고인의 심신장애에 관한 주장을 배척한 것은 정당하고, 거기에 상고이유의 주장과 같은 법리오해 등의 잘못이 없다.

그리고 원심의 형량이 과중하다거나, 원심이 피고인에 대한 형을 정함에 있어 피고인이 수사기관에 공갈 등으로 고소하게 된 경위를 제대로 살피지 아니하였다거나, 피고인이 자수한 점을 감경사유로 삼지 아니한 잘못이 있다는 취지의 주장 등은 모두 양형부당의 주장에 해당한다.

그러나 형사소송법 제383조 제4호에 의하면 사형, 무기 또는 10년 이상의 징역이나 금고가 선고된 사건에서만 양형부당을 사유로 한 상고가 허용되는 것이므로, 피고인에 대하여 그보다 가벼운 형이 선고된 이 사건에서는 형의 양정이 부당하다는 주장은 적법한 상고이유가 되지 못한다.

2) 부착명령사건에 관하여

(1) 제1심이 피고인에 대하여 10년간 위치추적 전자장치의 부착을 명한 것이 잘못이라는 취지의 주장은 피고인이 이를 항소이유로 삼거나 원심이 직권으로 심판대상으로 삼은 바가 없는 것을 상고이유에서 비로소 주장하는 것으로서 적법한 상고이유가 되지 못한다.

(2) 직권으로 살펴본다.

원심은, 피고인 겸 피부착명령청구자에 대하여 징역 6년에 공개명령 10년, 고지명령 10년 및 10년간 위치추적 전자장치의 부착을 명하면서, 준수사항으로 "1. 전자장치 부착기간 중 매일 오전 1시부터 오전 5시까지 주거지 이외로의 외출금지, 2. 피해자 노○에 대하여 100m 이내 접근금지, 3. 200시간의 성폭력 치료 프로그램 이수, 4. 과도한 주류 음용금지"를 부과한 제1심판결을 유지하였다.

그런데 특정 범죄자에 대한 위치추적 전자장치 부착 등에 관한 법률(이하 '전자장치부착법'이라 한다) 제9조의2 제1항은 부착명령을 선고하는 경우에 준수사항을 부과하려면 "부착기간의 범위에서 준수기간을 정하여" 부과하도록 규정하고 있다. 그럼에도 원심은 같은 항 제3호의 준수사항으로 "피해자 노○에 대하여 100m 이내 접근금지"와 제5호의 준수사항으로 "과도한 주류 음용금지"를 부과하면서 그 준수기간을 정하지 아니한 제1심판결을 그대로 유지하였는바, 이러한 원심의 조치는 전자장치부착법 제9조의2 제1항을 위반한 것이다. 이 점에서 원심판결은 그대로 유지될 수 없다.

3) 결론

그러므로 원심판결 중 부착명령청구사건 부분을 파기하고, 이 부분 사건을 다시 심리·판단하도록 하기 위하여 원심법원에 환송하고, 피고사건에 대한 상고를 기각하기로 하여, 관여 대법관의 일치된 의견으로 주문과 같이 판결한다.

05. 항소심을 받을 때 성인이 되었는데 신상정보 공개명령 및 고지명령의 대상이 되는 것인가요?

QUESTION

저는 1993년 5월생으로서, 아동·청소년의 성보호에 관한 법률 위반(음란물제작·배포 등)·아동·청소년의 성보호에 관한 법률 위반(강간 등)으로 기소되었습니다.

1심 판결 선고 당시에는 아동·청소년의 성보호에 관한 법률 제2조 제1호 소정의 아동·청소년으로서 공개명령 및 고지명령의 대상에 해당되지 않았지만, 항소심에 이르러 만 19세 도달하는 2012년 1월 1일을 경과하여 신상정보의 공개명령 및 고지명령의 대상이 되었다고 판단되었습니다.

항소심의 판단이 타당한 것인가요?

ANSWER

아동·청소년의 성보호에 관한 법률 제38조 제1항 단서, 제38조의2 제1항 단서는 '아동·청소년대상 성범죄 사건에 대하여 벌금형을 선고하거나 피고인이 아동·청소년인 경우, 그 밖에 신상정보를 공개하여서는 아니될 특별한 사정이 있다고 판단되는 경우'를 공개명령 또는 고지명령 선고에 관한 예외사유로 규정하고 있는데, 공개명령 및 고지명령의 성격과 본질, 관련 법률의 내용과 취지 등에 비추어 공개명령 등의 예외사유로 규정되어 있는 위 '피고인이 아동·청소년인 경우'에 해당하는지는 사실심 판결의 선고 시를 기준으로 판단하여야 한다는 것이 판례의 입장입니다(대법원 2012.5.24. 선고 2012도2763 판결).

그렇다면 이 사건에서 제1심판결 선고 당시에는 귀하께서 아동·청소년

성보호법에서 정한 '아동·청소년'으로서 공개명령·고지명령의 대상에 해당하지 않았으나, 항소심에 이르러 만 19세에 도달하는 해의 1월 1일이 경과되어 '아동·청소년'에서 제외됨으로써 공개명령·고지명령의 대상이 된다고 판단한 것은 타당하다고 생각됩니다.

1. 사건의 표시

1) 사　　　건　　대법원 2012.5.24. 선고 2012도2763 판결[12]
　　　　　　　　　아동·청소년의 성보호에 관한 법률 위반(음란물 제작·배포 등)[예비적 죄명: 성폭력범죄의 처벌 등에 관한 특례법 위반(카메라 등 이용 촬영)]·아동·청소년의 성보호에 관한 법률 위반(강간 등)(예비적 죄명:강요)]
2) 피　고　인　　피고인
3) 상　고　인　　피고인

2. 판시사항

1) 아동·청소년의 성보호에 관한 법률에서 정한 공개명령 및 고지명령 제도의 의의와 법적 성격(=일종의 보안처분)

2) 아동·청소년의 성보호에 관한 법률 제38조 제1항 단서, 제38조의2 제1

---

[12] 이 사건에서 피고인은 아동·청소년의 성보호에 관한 법률 위반(음란물제작·배포 등)[예비적 죄명: 성폭력범죄의 처벌 등에 관한 특례법 위반(카메라 등 이용 촬영)]·아동·청소년의 성보호에 관한 법률 위반(강간 등)[예비적 죄명: 강요]로 기소되었는데, 항소심에서 모두 유죄로 인정되어 징역 2년, 단기 1년 6월, 80시간 성폭력 치료프로그램 이수, 3년간 정보공개 및 고지명령이 선고되었고, 상고심에서 위 형이 그대로 유지되어 확정되었다.

항 단서에서 공개명령 또는 고지명령 선고의 예외사유로 규정한 '피고인이 아동·청소년인 경우'의 판단 기준 시점(=사실심 판결 선고 시)

3. 판결요지

1) 아동·청소년의 성보호에 관한 법률(이하 '아동·청소년성보호법'이라고 한다)이 정한 공개명령 절차는 아동·청소년대상 성범죄자의 신상정보를 일정기간 동안 정보통신망을 이용하여 공개하도록 하는 조치를 취함으로써 필요한 절차를 거친 사람은 누구든지 인터넷을 통해 공개명령 대상자의 공개정보를 열람할 수 있도록 하는 제도이다. 또한 위 법률이 정한 고지명령 절차는 아동·청소년대상 성폭력범죄자의 신상정보 등을 공개명령기간 동안 고지명령 대상자가 거주하는 지역의 일정한 주민 등에게 고지하도록 하는 조치를 취함으로써 일정한 지역 주민 등이 인터넷을 통해 열람하지 않고도 고지명령 대상자의 고지정보를 알 수 있게 하는 제도이다. 위와 같은 공개명령 및 고지명령 제도는 아동·청소년대상 성폭력범죄 등을 효과적으로 예방하고 그 범죄로부터 아동·청소년을 보호함을 목적으로 하는 일종의 보안처분으로서, 그 목적과 성격, 운영에 관한 법률의 규정 내용 및 취지 등을 종합해 보면, 공개명령 및 고지명령 제도는 범죄행위를 한 자에 대한 응보 등을 목적으로 그 책임을 추궁하는 사후적 처분인 형벌과 구별되어 그 본질을 달리한다.

2) 아동·청소년의 성보호에 관한 법률 제38조 제1항 단서, 제38조의2 제1항 단서는 '아동·청소년대상 성범죄 사건에 대하여 벌금형을 선고하거나 피고인이 아동·청소년인 경우, 그 밖에 신상정보를 공개하여서는 아니 될 특별한 사정이 있다고 판단되는 경우'를 공개명령 또는 고지명령

선고에 관한 예외사유로 규정하고 있는데, 공개명령 및 고지명령의 성격과 본질, 관련 법률의 내용과 취지 등에 비추어 공개명령 등의 예외사유로 규정되어 있는 위 '피고인이 아동·청소년인 경우'에 해당하는지는 사실심 판결의 선고 시를 기준으로 판단하여야 한다.

4. 관계 법령

■ **아동·청소년의 성보호에 관한 법률**(법률 제10582호, 2011.4.12. 타법개정)

제2조(정의)

이 법에서 사용하는 용어의 뜻은 다음과 같다.

   1. "아동·청소년"이란 19세 미만의 자를 말한다. 다만, 19세에 도달하는 연도의 1월 1일을 맞이한 자는 제외한다.

제38조(등록정보의 공개)

① 법원은 다음 각 호의 어느 하나에 해당하는 자(이하 "공개대상자"라 한다)에 대하여 판결로 제3항의 공개정보를 등록기간 동안 정보통신망을 이용하여 공개하도록 하는 명령(이하 "공개명령"이라 한다)을 아동·청소년대상 성범죄 사건의 판결과 동시에 선고하여야 한다. 다만, 아동·청소년대상 성범죄 사건에 대하여 벌금형을 선고하거나 피고인이 아동·청소년인 경우, 그 밖에 신상정보를 공개하여서는 아니 될 특별한 사정이 있다고 판단되는 경우에는 그러하지 아니하다.

1. 아동·청소년대상 성폭력범죄를 저지른 자
2. 이 법에 따른 신상공개 결정 또는 열람명령·공개명령을 선고받고 다시 아동·청소년대상 성폭력범죄를 저지른 자
3. 13세 미만의 아동·청소년을 대상으로 아동·청소년대상 성범죄를 저지른 자로서 13세 미만의 아동·청소년을 대상으로 아동·청소년대상 성범죄를 다시 범할 위험성이 있다고 인정되는 자
4. 아동·청소년대상 성폭력범죄를 저지른 자로서 아동·청소년대상 성폭력범죄를 다시 범할 위험성이 있다고 인정되는 자

5. 아동·청소년대상 성폭력범죄를 범하였으나 「형법」 제10조제1항에 따라 처벌할 수 없는 자로서 아동·청소년대상 성폭력범죄를 다시 범할 위험성이 있다고 인정되는 자
② 제1항에 따른 등록정보의 공개기간(「형의 실효 등에 관한 법률」제7조에 따른 기간을 초과하지 못한다)은 판결이 확정된 때부터 기산한다. 다만, 공개명령을 받은 자가 실형 또는 치료감호를 선고받은 경우에는 그 형 또는 치료감호의 전부 또는 일부의 집행을 종료하거나 집행이 면제된 때부터 기산한다.
③ 제1항에 따라 공개하도록 제공되는 등록정보(이하 "공개정보"라 한다)는 다음 각 호와 같다.
   1. 성명
   2. 나이
   3. 주소 및 실제거주지(읍·면·동까지로 한다)
   4. 신체정보(키와 몸무게)
   5. 사진
   6. 아동·청소년대상 성범죄 요지
④ 공개정보의 구체적인 형태와 내용에 관하여는 대통령령으로 정한다.
⑤ 제3항의 공개정보를 정보통신망을 이용하여 열람하고자 하는 자는 「민법」 제4조에 따른 성년자로서 실명인증 절차를 거쳐야 한다.
⑥ 실명인증, 공개정보 유출 방지를 위한 기술 및 관리에 관한 구체적인 방법과 절차는 대통령령으로 정한다.

제38조의2(등록정보의 고지)
① 법원은 제38조의 공개대상자 중 다음 각 호의 어느 하나에 해당하는 자(이하 "고지대상자"라 한다)에 대하여 판결로 제38조에 따른 공개명령 기간 동안 제3항에 따른 고지정보를 고지대상자가 거주하는 읍·면·동의 지역주민에게 고지하도록 하는 명령(이하 "고지명령"이라 한다)을 아동·청소년대상 성범죄 사건의 판결과 동시에 선고하여야 한다. 다만, 아동·청소년대상 성범죄 사건에 대하여 벌금형을 선고하거나 피고인이 아동·청소년인 경우, 그 밖에 신상정보를 공개하여서는 아니 될 특별한 사정이 있다고 판단하는 경우에는 그러하지 아니하다.

1. 아동·청소년대상 성폭력범죄를 저지른 자
　　2. 아동·청소년대상 성폭력범죄를 범하였으나, 「형법」 제10조제1항에 따라 처벌할 수 없는 자로서 등록대상 성폭력범죄를 다시 범할 위험성이 있다고 인정되는 자
② 제1항에 따른 고지명령은 다음 각 호의 기간 이내에 하여야 한다.
　　1. 집행유예를 선고받은 고지대상자는 신상정보 최초 등록일부터 1개월 이내
　　2. 금고 이상의 실형을 선고받은 고지대상자는 출소 후 거주할 지역에 전입한 날부터 1개월 이내
　　3. 고지대상자가 다른 지역으로 전출하는 경우에는 변경정보 등록일부터 1개월 이내
③ 제1항에 따라 고지하여야 하는 고지정보는 다음 각 호와 같다.
　　1. 고지대상자가 이미 거주하고 있거나 전입하는 경우에는 제38조제3항의 공개정보. 다만, 제38조제3항제3호에 따른 주소 및 실제거주지는 상세주소를 포함한다.
　　2. 고지대상자가 전출하는 경우에는 제1호의 고지정보와 그 대상자의 전출 정보
④ 제1항에 따른 고지명령을 선고받은 자는 제38조제1항에 따른 공개명령을 선고받은 자로 본다.

5. 상고심 판단 이유

　아동·청소년의 성보호에 관한 법률(이하 '아동·청소년성보호법'이라고 한다)이 정한 공개명령 절차는 아동·청소년대상 성범죄자의 신상정보를 일정기간 동안 정보통신망을 이용하여 공개하도록 하는 조치를 취함으로써 필요한 절차를 거친 사람은 누구든지 인터넷을 통해 공개명령 대상자의 공개정보를 열람할 수 있도록 하는 제도이다. 또한 위 법률이 정한 고지명령 절차는 아동·청소년대상 성폭력범죄자의 신상정보 등을 공개명령기간 동안 고지명령 대상자가 거주하는 지역의 일정한 주민 등에게 고지하도록 하는 조치를 취함으로써 일정한 지역 주민 등이 인터넷을 통해 열람하지 않고도 고지명령 대상자의 고지정보를 알 수 있게 하는 제도이다. 위와 같은 공개명

령 및 고지명령 제도는 아동·청소년대상 성폭력범죄 등을 효과적으로 예방하고 그 범죄로부터 아동·청소년을 보호함을 목적으로 하는 일종의 보안처분으로서, 그 목적과 성격, 운영에 관한 법률의 규정 내용 및 취지 등을 종합해 보면, 공개명령 및 고지명령 제도는 범죄행위를 한 자에 대한 응보 등을 목적으로 그 책임을 추궁하는 사후적 처분인 형벌과 구별되어 그 본질을 달리한다고 할 것이다(대법원 2011.3.24. 선고 2010도14393, 2010전도120 판결 등 참조).

한편 아동·청소년성보호법 제38조 제1항 단서, 제38조의2 제1항 단서는 '아동·청소년대상 성범죄 사건에 대하여 벌금형을 선고하거나 피고인이 아동·청소년인 경우, 그 밖에 신상정보를 공개하여서는 아니 될 특별한 사정이 있다고 판단되는 경우'를 공개명령 또는 고지명령의 선고에 관한 예외사유로 규정하고 있는바, 위와 같은 공개명령 및 고지명령의 성격과 본질, 관련 법률의 내용과 취지 등에 비추어 공개명령 등의 예외사유로 규정되어 있는 위 '피고인이 아동·청소년인 경우'에 해당하는지 여부는 사실심 판결의 선고 시를 기준으로 판단하여야 할 것이다.

원심판결 이유에 의하면, 원심은, 피고인이 제1심판결 선고 당시에는 아동·청소년성보호법에서 정한 '아동·청소년'으로서 공개명령·고지명령의 대상에 해당하지 않았으나, 원심에 이르러 만 19세에 도달하는 해의 1월 1일이 경과되어 '아동·청소년'에서 제외됨으로써 공개명령·고지명령의 대상이 된다고 보아, 아동·청소년대상 성폭력범죄에 관한 공소사실을 유죄로 인정하여 실형을 선고하고도 공개명령·고지명령을 선고하지 아니한 제1심판결을 파기하고 직권으로 피고인에 대하여 각 3년간의 공개명령 및 고지명령을 선고하였다.

앞서 본 법리에 비추어 기록을 살펴보면 원심의 위와 같은 조치는 정당한 것으로 수긍할 수 있고, 거기에 상고이유의 주장과 같이 아동·청소년성보호법상 공개명령·고지명령에 관한 법리를 오해하는 등의 위법이 없다.

그리고 피고인에게 징역 10년 미만의 형이 선고된 이 사건에서 형의 양정이 부당하다는 사유는 적법한 상고이유가 되지 못한다.

그러므로 상고를 기각하기로 하여 관여 대법관의 일치된 의견으로 주문과 같이 판결한다.

06. 소년보호처분도 성범죄 전과에 포함되나요?

QUESTION

저는 과거 성폭력범죄로 소년보호처분을 받은 전력이 있는데, 다시 강간상해죄를 범하여 '특정 범죄자에 대한 위치추적 전자장치 부착 등에 관한 법률' 제5조 제1항 제3호에 근거하여 부착명령이 청구되었습니다.

그렇다면 '특정 범죄자에 대한 위치추적 전자장치 부착 등에 관한 법률' 제5조 제1항 제3호에서 부착명령청구 요건으로 정한 '성폭력범죄를 2회 이상 범하여(유죄의 확정판결을 받은 경우를 포함한다)'에 '소년보호처분을 받은 전력'이 포함되는 것인가요?

ANSWER

'특정 범죄자에 대한 위치추적 전자장치 부착 등에 관한 법률'(이하 '전자장치부착법'이라 한다) 제5조 제1항 제3호는 검사가 전자장치 부착명령을 법원에 청구할 수 있는 경우 중의 하나로 '성폭력범죄를 2회 이상 범하여(유죄의 확정판결을 받은 경우를 포함한다) 그 습벽이 인정된 때'라고 규정하고 있는데, 이 규정 전단은 문언상 '유죄의 확정판결을 받은 전과사실을 포함하여 성폭력범죄를 2회 이상 범한 경우'를 의미한다고 해석됩니다. 따라서 피부착명령청구자가 소년법에 의한 보호처분(이하 '소년보호처분'이라고 한다)을 받은 전력이 있다고 하더라도, 이는 유죄의 확정판결을 받은 경우에 해당하지 아니함이 명백하므로, 피부착명령청구자가 2회 이상 성폭력범죄를 범하였는지를 판단할 때 소년보호처분을 받은 전력을 고려할 것이 아니라는 것이 최근 전원합의체 판결입니다(대법원 2012.3.22. 선고 2011도15057, 2011전도249 전원합의체 판결 참조).

따라서 위 사안과 같은 경우, 귀하께서는 피고사건 범죄사실인 강간상해죄를 1회 범한 것 외에 과거에 성폭력범죄로 소년보호처분을 받은 사실이 있다는 사유만으로는 위 규정에서 정한 '성폭력범죄를 2회 이상 범한 경우'에 해당하지 않는다고 보아 부착명령청구가 기각되는 것이 타당하다고 생각됩니다.

1. 사건의 표시

1) 사　　건　　대법원 2012.3.22. 선고 2011도15057, 2011전도249 전원합의체 판결[13]
　　　　　　　 강간상해·강도상해·상해·부착명령
2) 피고인 겸 피부착명령청구자　　피고인
3) 상 고 인　　검사

2. 판시사항

1) '특정 범죄자에 대한 위치추적 전자장치 부착 등에 관한 법률' 제5조 제1항 제3호에서 부착명령청구 요건으로 정한 '성폭력범죄를 2회 이상 범하여(유죄의 확정판결을 받은 경우를 포함한다)'에 '소년보호처분을 받은 전력'이 포함되는지 여부(소극)

2) 피고인이 성폭력범죄로 소년보호처분을 받은 전력이 있는데 다시 강간상해죄를 범하여 '특정 범죄자에 대한 위치추적 전자장치 부착 등에 관

---

[13] 이 사건에서 피고인은 강간상해·강도상해·상해·부착명령으로 기소되었는데, 1심에서 징역 5년, 강도상해의 점은 무죄, 부착명령청구는 기각되었고, 항소심 및 상고심에서는 위 형이 그대로 유지되었다.

한 법률' 제5조 제1항 제3호에 근거하여 부착명령이 청구된 사안에서, '성폭력범죄를 2회 이상 범한 경우'에 해당하지 않는다고 보아 부착명령청구를 기각한 원심판단을 정당하다고 한 사례

3. 판결요지

1) 다수의견

(1) 죄형법정주의 원칙상 형벌법규는 문언에 따라 엄격하게 해석·적용하여야 하고 피고인에게 불리한 방향으로 지나치게 확장해석하거나 유추해석하여서는 안 되는 것이 원칙이고, 이는 특정 범죄자에 대한 위치추적 전자장치 부착명령의 요건을 해석할 때에도 마찬가지이다.

(2) '특정 범죄자에 대한 위치추적 전자장치 부착 등에 관한 법률'(이하 '전자장치부착법'이라 한다) 제5조 제1항 제3호는 검사가 전자장치 부착명령을 법원에 청구할 수 있는 경우 중의 하나로 '성폭력범죄를 2회 이상 범하여 (유죄의 확정판결을 받은 경우를 포함한다) 그 습벽이 인정된 때'라고 규정하고 있는데, 이 규정 전단은 문언상 '유죄의 확정판결을 받은 전과사실을 포함하여 성폭력범죄를 2회 이상 범한 경우'를 의미한다고 해석된다. 따라서 피부착명령청구자가 소년법에 의한 보호처분(이하 '소년보호처분'이라고 한다)을 받은 전력이 있다고 하더라도, 이는 유죄의 확정판결을 받은 경우에 해당하지 아니함이 명백하므로, 피부착명령청구자가 2회 이상 성폭력범죄를 범하였는지를 판단할 때 소년보호처분을 받은 전력을 고려할 것이 아니다.

2) 대법관 안대희, 대법관 양창수, 대법관 박병대, 대법관 김용덕의 반대의견

전자장치부착법 제5조 제1항 제3호에서 정한 2회 이상의 성폭력범죄에 소년보호처분을 받은 성폭력범죄 행위가 포함될 수 있고, 다른 사정들과 함께 종합하여 성폭력범죄의 습벽이 인정되는 경우에는 위 규정에 해당된다고 해석하여야 한다. 이러한 해석이 위 규정의 문언 및 전자장치부착법의 목적과 위 규정의 취지에 비추어 타당하다.

3) 피고인이 성폭력범죄로 소년법에 의한 보호처분을 받은 전력이 있는데 다시 강간상해죄를 범하여 '특정 범죄자에 대한 위치추적 전자장치 부착 등에 관한 법률' 제5조 제1항 제3호에 근거하여 부착명령이 청구된 사안에서, 피부착명령청구자가 피고사건 범죄사실인 강간상해죄를 1회 범한 것 외에 과거에 성폭력범죄로 소년보호처분을 받은 사실이 있다는 사유만으로는 위 규정에서 정한 '성폭력범죄를 2회 이상 범한 경우'에 해당하지 않는다고 보아 부착명령청구를 기각한 원심판단을 정당하다고 한 사례이다.

4. 관계 법령

■ 헌법

제12조

① 모든 국민은 신체의 자유를 가진다. 누구든지 법률에 의하지 아니하고는 체포·구속·압수·수색 또는 심문을 받지 아니하며, 법률과 적법한 절차에 의하지 아니하고는 처벌·보안처분 또는 강제노역을 받지 아니한다.

■ 형법

제1조(범죄의 성립과 처벌)

① 범죄의 성립과 처벌은 행위 시의 법률에 의한다.

제297조(강간)

폭행 또는 협박으로 사람을 강간한 자는 3년 이상의 유기징역에 처한다.

제301조(강간 등 상해·치상)

제297조, 제297조의2 및 제298조부터 제300조까지의 죄를 범한 자가 사람을 상해하거나 상해에 이르게 한 때에는 무기 또는 5년 이상의 징역에 처한다.

■ 구 특정 성폭력범죄자에 대한 위치추적 전자장치 부착에 관한 법률(2009.5.8. 법률 제9654호 특정 범죄자에 대한 위치추적 전자장치 부착 등에 관한 법률로 개정되기 전의 것)

제5조(전자장치 부착명령의 청구)

① 검사는 다음 각 호의 어느 하나에 해당하고, 성폭력범죄를 다시 범할 위험성이 있다고 인정되는 자에 대하여 유기징역형의 전부 또는 일부의 집행을 종료하거나 집행이 면제된 후에 전자장치를 부착하도록 하는 명령(이하 "부착명령"이라 한다)을 법원에 청구할 수 있다.

3. 성폭력범죄를 2회 이상 범하여 그 습벽이 인정된 때

■ 구 특정 범죄자에 대한 위치추적 전자장치 부착 등에 관한 법률(2010.4.5. 법률 제10257호로 개정되기 전의 것)

제5조(전자장치 부착명령의 청구)

① 검사는 다음 각 호의 어느 하나에 해당하고, 성폭력범죄를 다시 범할 위험성이 있다고 인정되는 자에 대하여 전자장치를 부착하도록 하는 명령(이하 "부착명령"이라 한다)을 법원에 청구할 수 있다.

3. 성폭력범죄를 2회 이상 범하여 그 습벽이 인정된 때

■ 특정 범죄자에 대한 위치추적 전자장치 부착 등에 관한 법률(2010.4.5. 법률 제10257호로 개정된 것)

제1조(목적)

이 법은 특정 범죄자의 재범 방지와 성행(性行)교정을 통한 재사회화를 위하여 그의 행적을 추적하여 위치를 확인할 수 있는 전자장치를 신체에 부착하게 하는 부가적인 조치를 취함으로써 특정범죄로부터 국민을 보호함을 목적으로 한다.

제5조(전자장치 부착명령의 청구)

① 검사는 다음 각 호의 어느 하나에 해당하고, 성폭력범죄를 다시 범할 위험성이 있다고 인정되는 사람에 대하여 전자장치를 부착하도록 하는 명령(이하 "부착명령"이라 한다)을 법원에 청구할 수 있다.

   3. 성폭력범죄를 2회 이상 범하여(유죄의 확정판결을 받은 경우를 포함한다) 그 습벽이 인정된 때

제9조(부착명령의 판결 등)

④ 법원은 다음 각 호의 어느 하나에 해당하는 때에는 판결로 부착명령 청구를 기각하여야 한다.

   1. 부착명령 청구가 이유 없다고 인정하는 때
   2. 특정범죄사건에 대하여 무죄(심신상실을 이유로 치료감호가 선고된 경우는 제외한다)·면소·공소기각의 판결 또는 결정을 선고하는 때
   3. 특정범죄사건에 대하여 벌금형을 선고하는 때
   4. 특정범죄사건에 대하여 선고유예 또는 집행유예를 선고하는 때(제28조제1항에 따라 전자장치 부착을 명하는 때를 제외한다)

■ **소년법**

제1조(목적)

이 법은 반사회성(反社會性)이 있는 소년의 환경 조정과 품행 교정(矯正)을 위한 보호처분 등의 필요한 조치를 하고, 형사처분에 관한 특별조치를 함으로써 소년이 건전하게 성장하도록 돕는 것을 목적으로 한다.

제32조(보호처분의 결정)

① 소년부 판사는 심리 결과 보호처분을 할 필요가 있다고 인정하면 결정으로써 다음 각 호의 어느 하나에 해당하는 처분을 하여야 한다.

1. 보호자 또는 보호자를 대신하여 소년을 보호할 수 있는 자에게 감호 위탁

2. 수강명령

3. 사회봉사명령

4. 보호관찰관의 단기(短期) 보호관찰

5. 보호관찰관의 장기(長期) 보호관찰

6. 「아동복지법」에 따른 아동복지시설이나 그 밖의 소년보호시설에 감호 위탁

7. 병원, 요양소 또는 「보호소년 등의 처우에 관한 법률」에 따른 소년의료보호시설에 위탁

8. 1개월 이내의 소년원 송치

9. 단기 소년원 송치

10. 장기 소년원 송치

⑥ 소년의 보호처분은 그 소년의 장래 신상에 어떠한 영향도 미치지 아니한다.

5. 상고심 판단 이유

1) 피고사건에 관하여

원심이 그 판시와 같은 이유로 이 사건 공소사실 중 강도상해의 점에 대하여 범죄사실의 증명이 없는 때에 해당한다고 보아 무죄를 선고한 데에 논리와 경험의 법칙에 반하거나 자유심증주의의 한계를 벗어난 위법은 없다. 그에 관련한 상고이유는 적법한 상고이유가 되지 못한다.

또한 검사는 원심판결의 유죄 부분에 대하여도 상고를 제기하였으나, 상고장에 이유의 기재가 없고 상고이유서에도 그에 관한 기재는 없다.

2) 부착명령청구사건에 관하여

죄형법정주의의 원칙상 형벌법규는 문언에 따라 엄격하게 해석·적용하여야 하고 피고인에게 불리한 방향으로 지나치게 확장해석하거나 유추해석

하여서는 안 되는 것이 원칙이고, 이는 특정 범죄자에 대한 위치추적 전자장치 부착명령의 요건의 해석에 있어서도 마찬가지이다.

특정 범죄자에 대한 위치추적 전자장치 부착 등에 관한 법률(이하 '전자장치부착법'이라 한다) 제5조 제1항 제3호는 검사가 전자장치 부착명령을 법원에 청구할 수 있는 경우 중의 하나로 '성폭력범죄를 2회 이상 범하여(유죄의 확정판결을 받은 경우를 포함한다) 그 습벽이 인정된 때'라고 규정하고 있는바, 이 규정 전단은 그 문언상 '유죄의 확정판결을 받은 전과사실을 포함하여 성폭력범죄를 2회 이상 범한 경우'를 의미한다고 해석된다. 따라서 피부착명령청구자가 소년법에 의한 보호처분(이하 '소년보호처분'이라고 한다)을 받은 전력이 있다고 하더라도, 이는 유죄의 확정판결을 받은 경우에 해당하지 아니함이 명백하므로, 피부착명령청구자가 2회 이상 성폭력범죄를 범하였는지를 판단함에 있어 그 소년보호처분을 받은 전력을 고려할 것이 아니다.

원심이 같은 취지에서, 피부착명령청구자가 이 사건 피고사건의 범죄사실인 성폭력범죄를 1회 범한 것 외에 과거에 성폭력범죄로 소년보호처분을 받은 사실이 있다는 사유만으로는 전자장치부착법 제5조 제1항 제3호가 정한 성폭력범죄를 2회 이상 범한 경우에 해당하지 않는다고 판단하여 검사의 부착명령청구를 기각한 것은 정당하고, 거기에 상고이유에서 주장하는 바와 같이 위 규정의 해석에 관한 법리를 오해한 위법은 없다.

3) 결론

그러므로 상고를 모두 기각하기로 하여 주문과 같이 판결한다. 이 판결에는 부착명령청구사건에 관하여 대법관 안대희, 대법관 양창수, 대법관 박병대, 대법관 김용덕의 반대의견이 있는 외에는 관여 법관의 의견이 일치하였으며, 다수의견에 대한 대법관 전수안, 대법관 신영철, 대법관 이인복, 대법관 이상훈, 대법관 박보영의 보충의견과 반대의견에 대한 대법관 박병대, 대법관 김용덕의 보충의견이 있다.

4) 대법관 안대희, 대법관 양창수, 대법관 박병대, 대법관 김용덕의 반대의견

(1) 다수의견은 전자장치부착법 제5조 제1항 제3호(이하 '이 사건 규정'이라 한다) 중 '성폭력범죄를 2회 이상 범하여(유죄의 확정판결을 받은 경우를 포함한다)' 부분과 관련하여, 성폭력범죄로 소년보호처분을 받은 전력은 여기에 해당하지 않는다고 해석한다. 그러나 다음과 같은 이유로 이 사건 규정에서 정하고 있는 습벽 판단의 기본이 되는 '성폭력범죄'에는 소년보호처분을 받은 성폭력범죄 행위가 포함된다고 해석함이 타당하므로 다수의견에는 동의할 수 없다.

① 먼저 이 사건 규정의 문언은 습벽 판단의 기본이 되는 2회 이상 범한 성폭력범죄를 유죄의 확정판결을 받은 성폭력범죄로 제한하고 있지 않다.

이 사건 규정은 전자장치 부착명령의 청구사유로 '성폭력범죄를 2회 이상 범하여(유죄의 확정판결을 받은 경우를 포함한다) 그 습벽이 인정된 때'라고 규정하고 있어 '성폭력범죄를 2회 이상 범하여' 다음에 '(유죄의 확정판결을 받은 경우를 포함한다)'를 부기하는 형식을 취하고 있다.

이 사건 규정에서 사용하고 있는 '범하여'라는 표현은 헌법을 비롯하여 여러 법률 규정에서 사용되고 있는데, 거의 예외 없이 '범죄 행위를 한 경우'라고 하는 행위의 실체적인 측면을 나타내는 데에 사용되고 있을 뿐, 그 범죄로 인하여 유죄의 판결이 확정된 경우, 즉 절차적인 측면까지 포함하는 개념으로는 사용되고 있지 않다. 오히려 법률에서 유죄의 확정판결을 받은 경우 등 어떠한 절차까지 이루어진 경우로 제한할 필요가 있는 때에는, 범죄를 '범하여'라는 표현에서 더 나아가 해당 절차를 명확히 규정함으로써, '범하여'가 가지는 의미가 실체적인 측면에 그침을 명확히 하고 있다.

예를 들어, 헌법 제12조 제3항 단서의 '장기 3년 이상의 형에 해당하는 죄를 범하고 도피 또는 증거인멸의 염려가 있을 때', 형법 제301조(강간 등 상해·치상)의 '제297조 내지 제300조의 죄를 범한 자가 사람을 상해하거나 상해에 이르게 한 때', 소년법 제4조 제1항 제1호의 '죄를 범한 소년', 성폭력범죄의 처벌 등에 관한 특례법 제41조 제1항 제2호의 '등록대상 성폭력범죄를 범하였으나 형법 제10조 제1항에 따라 처벌할 수 없는 자로서 등록대상 성폭력범죄를 다시 범할 위험성이 있다고 인정되는 자' 등에서 사용하고 있는 죄를 '범한다'는 개념은 범죄 행위를 한 경우를 뜻함이 명백하다.

그리고 공직선거법 제266조 제1항의 '죄를 범함으로 인하여 징역형의 선고를 받은 자', 성폭력방지 및 피해자보호 등에 관한 법률 제19조 제1항 제4호의 '죄를 범하여 형 또는 치료감호를 선고받고 그 형 또는 치료감호의 전부 또는 일부의 집행이 종료되거나 집행이 유예·면제된 날부터 10년이 지나지 아니한 사람' 및 이 사건 규정이 들어 있는 전자장치부착법 제13조 제4항 제1호의 '부착명령의 집행 중 다른 죄를 범하여 구속영장의 집행을 받아 구금된 때', 같은 항 제2호의 '부착명령의 집행 중 다른 죄를 범하여 금고 이상의 형의 집행을 받게 된 때', 부칙(법률 제9654호, 2009.5.8.) 제3조의 '특정범죄를 범하여 이 법 시행 당시 형의 집행 또는 치료감호 중에 있는 자'라는 규정 등도 모두 '범하여'라는 표현을 '범죄 행위를 하여'라는 의미로만 사용하는 한편, 어떠한 절차적인 제한이 필요한 경우에는 그 절차적인 제한을 별도로 기재하는 형식을 취하고 있다.

따라서 이 사건 규정의 '2회 이상 성폭력범죄를 범하여'라는 개념도 헌법이나 다른 법률들과 달리 볼 필요는 없다고 보이며, 문언 그대로 '2회 이상 성폭력범죄 행위를 한 경우'를 뜻한다고 보아야 한다.

나아가, 이 사건 규정은 '범하여' 다음의 괄호 안에 '유죄의 확정판결을 받은 경우를 포함한다'라고 규정하고 있지만, 유죄의 확정판결을 받은 경우에 한하여 포함한다거나 유죄의 확정판결을 받은 경우가 아니라면 포함되지 않는다는 표현을 사용하고 있지 않다. 위 괄호 부분은 2010. 4. 15. 법률 제10257호로 전자장치부착법이 개정되면서 이 사건 규정에 새로 도입된 것으로서, 부착명령청구사건이 성폭력범죄 피고사건에 대한 부수적인 절차라는 점 때문에 개정 전 이 사건 규정 등의 '2회 이상 범한 성폭력범죄'에 당해 피고사건 범죄사실인 성폭력범죄만 포함되고 전과인 성폭력범죄 행위는 제외되는 것 아니냐는 해석상 문제가 제기되자 그 논란을 해소하기 위하여 추가한 것이지, 전과범죄를 유죄 확정판결이 있는 경우에 한하여 고려한다는 취지에서 둔 규정이 아님은 입법 경과에 비추어 분명하다. 대법원에서는 위 괄호 부분이 없는 개정 전의 이 사건 규정에 대하여도 당해 피고사건의 범죄사실 외에 유죄의 확정판결을 받은 성폭력범죄 행위가 포함된다고 해석하였으므로(대법원 2010.4.29. 선고 2010도1374, 2010전도2 판결 참조), 신설된 위 괄호 부분은 그 문언에서 보는 바와 같이 '범하여'라는 개념 속에 유죄의 확정판결을 받은 전과도 포함될 수 있음을 분명히 하기 위한 주의적·부가적인 표현이라 보일 뿐, 2회 이상의 성폭력범죄에 포섭되는 행위의 범위를 더 제한하거나 그에 대한 예외를 두기 위한 특별한 규정이라고는 볼 수 없다.

그러므로 이 사건 규정의 문언 및 개정 경과에 의하면, 이 사건 규정에서 정한 2회 이상 성폭력범죄를 범한 경우에는 성폭력범죄를 범한 전과나 전력이 포함될 수 있고, 유죄의 확정판결을 받은 행위 외에 소년보호처분을 받은 행위도 포함될 수 있다고 보아야 한다.

② 다음으로 전자장치부착법의 목적과 이 사건 규정의 취지에 비추어 보아도 습벽 판단의 기본이 되는 '성폭력범죄'에 소년보호처분을 받은

성폭력범죄 행위가 포함된다고 해석하는 것이 타당하다.

전자장치부착법은 성폭력범죄자 등의 재범 방지와 성행교정을 통한 재사회화, 그리고 성폭력범죄 등으로부터 국민을 보호함을 그 목적으로 한다(제1조). 이에 따라 전자장치부착법 제5조 제1항은 재범의 위험성이 있는 여러 유형의 성폭력범죄자에 대해서 전자장치 부착명령을 청구할 수 있도록 하고 그 사유로서 각 호의 규정을 두고 있는데, 성폭력범죄로 징역형의 실형을 선고받은 사람이 그 집행을 종료한 후 또는 집행이 면제된 후 10년 이내에 성폭력범죄를 저지른 때(제1호), 성폭력범죄로 이 법에 따른 전자장치를 부착받은 전력이 있는 사람이 다시 성폭력범죄를 저지른 때(제2호), 16세 미만의 사람에 대하여 성폭력범죄를 저지른 때(제4호)와 같이 일정한 객관적인 사실을 청구사유로 하는 다른 규정들과는 달리, 이 사건 규정은 성폭력범죄를 2회 이상 범하여 그 습벽이 인정된 때라고 정함으로써 성폭력범죄자의 습벽을 부착명령의 본질적 요소로 삼고 있다.

일반적으로 습벽은 어떤 버릇, 범죄의 경향을 의미하는 것으로서 행위의 본질을 이루는 성질이 아니고, 행위자의 특성을 이루는 성질을 의미하므로(대법원 2006.5.11. 선고 2004도6176 판결 참조), 동일한 범죄의 전과가 없다고 하더라도 피고인의 연령, 성격, 직업, 환경, 범행의 횟수, 동기·수단·방법 및 장소 등 여러 사정을 종합하여 습벽을 인정할 수 있다고 해석된다(대법원 1986.6.10. 선고 86도778 판결, 대법원 2006.9.8. 선고 2006도2860 판결 등 참조). 다만 동일한 범죄의 전과나 전력은 중요한 판단자료가 되고 1회의 성폭력범죄만으로 그에 대한 습벽을 인정하는 것은 지나칠 수 있으며 또한 쉽지 않다는 고려에서 그 습벽을 인정하기 위한 최소한의 요건으로 성폭력범죄를 2회 이상 범한 경우를 정한 것이다.

그러므로 성폭력범죄를 2회 이상 범한 경우는 습벽 인정의 기본적인 사정에 불과하여 그 사정만으로 습벽이 인정되지는 아니하며, 더 나아가 습벽을 판단함에 필요한 다른 여러 사정들과 함께 종합하여 습벽이 인정될 경우에 비로소 이 사건 규정에 해당된다고 보아야 한다. 즉 성폭력범죄를 2회 이상 범하였다는 사정은 다른 습벽 인정을 위한 자료들과 마찬가지로 행위자의 특성을 이루는 성질인 습벽 인정을 위한 기본적인 사정으로서의 의미를 가진다고 할 것이고, 종전에 성폭력범죄로 인하여 유죄 확정판결을 받았다는 사유로 특별히 더 불이익하게 처우하겠다거나 종전에 성폭력범죄로 인하여 유죄 확정판결을 받은 경우에 한하여 습벽 인정을 위한 자료로 사용하겠다는 취지로는 볼 수 없다.

그동안 대법원은 상습성 내지 습벽을 인정하는 자료에는 아무런 제한이 없다고 보고, 소년보호처분을 받은 범죄도 상습성 내지 습벽을 인정하는 자료로 삼을 수 있다고 해석하여 왔다(대법원 1973.7.24. 선고 73도1255 전원합의체 판결, 대법원 1990.6.26. 선고 90도887 판결 등 참조). 이는 위와 같이 습벽이 행위의 본질을 이루는 요소가 아닌 행위자의 특성을 이루는 성질임을 고려한 것으로 보이며, 이에 비추어 보면 습벽을 인정하기 위한 기본적인 사정에 해당하는 2회 이상 범한 성폭력범죄의 경우에도 마찬가지로 소년보호처분을 받은 성폭력범죄 행위를 배제할 이유가 없다. 만약 이와 달리 해석한다면 성폭력범죄 행위로 소년보호처분을 받은 경우에, 그 성폭력범죄 행위가 성폭력범죄의 습벽을 인정하기 위한 기본적인 사정으로서의 '성폭력범죄를 2회 이상 범하여'라는 부분의 판단에서는 제외되는 반면, 성폭력범죄의 습벽을 인정하기 위한 판단 자료로는 사용될 수 있다는 것이 되어 논리적으로나 이 사건 규정을 둔 실질에 어긋나는 결과를 낳게 되며, 종전 판례의 흐름에도 배치된다. 예를 들어 피부착명령청구자가 과거에 같은 수법으로 성폭력범죄를 반복하여 소년보호처분을 여러 번 받고 나서도 성년이 되어 단기간 내에 다시 당해 성폭력범죄를 범한 경우에, 종전의 반복된 성폭력범죄 행위에 비추어 그 습벽이 충분히 인정되고 특히 실무상 성년에 임박한 소년범에 대하여 소년보호처분이 내려지는 경우가 없다고는 할 수 없음에도 다수의견에 의하면 부착명령청구가 기각되어야 하는데, 이는 부당한 결론으로서 성폭력범죄 등으로부터 국민을 보호함을 목적으로 하는 전자장치부착법의 취지에 크게 어긋난다고 할 것이다.

결국 성폭력범죄의 습벽을 인정하기 위해서 다수의견이 제시하고 있는 과거 성폭력범죄에 대하여 유죄의 확정판결을 받아야 한다는 추가적인 요건은 성폭력범죄의 습벽이라는 이 사건 규정의 본질적 요소와 무관하며, 오히려 그 요건을 갖추도록 요구하게 되면 범죄자의 재범 방지와 성행교정을 통한 재사회화라고 하는 부착명령의 보안처분으로서의 성격과 성폭력범죄 등으로부터 국민을 보호함을 목적으로 하는 전자장치부착법의 입법목적에 부응하지 못하고 구체적 타당성을 잃을 염려마저 있으므로 부당하다고 할 것이다.

③ 결론적으로, 이 사건 규정에서 정한 2회 이상의 성폭력범죄에 소년보호처분을 받은 성폭력범죄 행위가 포함될 수 있고, 다른 사정들과 함께 종합하여 성폭력범죄의 습벽이 인정되는 경우에는 이 사건 규정에 해당된다고 해석하여야 한다. 이러한 해석이 이 사건 규정의 문언 및 전자장치부착법의 목적과 이 사건 규정의 취지에 비추어 타당하다.

(2) 원심판결 및 이 사건 기록에 의하면, 피부착명령청구자는 1999년 2월 4일 서울지방법원 의정부지원에서 미성년자에 대한 강간치상죄로 징역 장기 2년, 단기 1년 6월을 선고받고 항소하여 1999년 4월 22일 서울고등법원에서 서울가정법원 소년부로 송치되어 소년보호처분을 받은 전력이 있음을 알 수 있다. 위 강간치상 행위는 이 사건 규정의 '성폭력범죄의

유형에 해당하므로, 원심으로서는 소년보호처분의 대상이 된 위 강간치상 행위까지 포함하여 2회 이상의 성폭력범죄를 범한 경우에 해당하는지를 살피고 나아가 피부착명령청구자에게 성폭력범죄의 습벽이 인정되는지를 더 심리·판단하였어야 할 것이다.

그럼에도 원심은 소년보호처분의 대상이 된 성폭력범죄는 이 사건 규정의 '성폭력범죄'에 포함되지 않는다는 이유로, 위와 같은 심리·판단에 이르지 아니한 채 곧바로 피부착명령청구자에 대한 부착명령청구를 기각한 제1심을 유지하였다. 따라서 이러한 원심의 조치에는 이 사건 규정에 관한 법리를 오해하여 필요한 심리를 다하지 아니한 잘못이 있으므로, 이를 다시 심리·판단하게 하기 위하여 원심법원에 파기 환송함이 상당하다.

5) 다수의견에 대한 대법관 전수안, 대법관 신영철, 대법관 이인복, 대법관 이상훈, 대법관 박보영의 보충의견

(1) 헌법 제12조 제1항은 "모든 국민은 신체의 자유를 가진다. 누구든지 법률에 의하지 아니하고는 체포·구속·압수·수색 또는 심문을 받지 아니하며, 법률과 적법한 절차에 의하지 아니하고는 처벌·보안처분 또는 강제노역을 받지 아니한다."라고 하여 보안처분에 관하여도 법률에 의하도록 규정하고 있다. 전자장치부착법에 의한 전자감시제도는 성폭력범죄로부터 국민을 보호함을 목적으로 하는 일종의 보안처분이므로(대법원 2011.7.28. 선고 2011도5813, 2011전도99 판결 참조), 전자장치 부착명령청구의 요건을 정하고 있는 규정도 위와 같은 헌법 정신을 구현할 수 있도록 가능한 한 기본권 침해를 최소화하는 방향으로 엄격히 해석·적용되어야 하고, 피부착명령청구자에게 불리하게 유추해석하거나 확장해석하여서는 안 된다.

전자장치부착법 제5조 제1항 제3호는 '성폭력범죄를 2회 이상 범하여(유죄의 확정판결을 받은 경우를 포함한다)'라는 요건과 '그 습벽이 인정된 때'라는 요건이 모두 충족되어야만 전자장치 부착명령을 청구할 수 있는 것으로 규정하고 있고, 여기서 '성폭력범죄를 2회 이상 범하여(유죄의 확정판결을 받은 경우를 포함한다)'라고 함은 피부착명령청구자가 당해 피고사건의 범죄사실에서 성폭력범죄를 2회 이상 범한 경우가 아니더라도 당해 피고사건의 범죄사실과 그 전에 확정된 유죄판결에서 인정된 성폭력범죄를 합하여 2회 이상이 되는 경우에는 이에 해당함을 명백히 한 것으로 해석될 뿐이므로, '소년보호처분을 받은 경우' 등을 포함하여 성폭력범죄를 2회 이상 범한 경우도 위 규정에 해당한다고 해석하는 것은 피부착명령청구자에게 불리한 유추해석이거나 확장해석이어서 허용될 수 없다.

반대의견은, 위 규정이 성폭력범죄의 습벽을 부착명령의 본질적 요소로 삼고 있고 성폭력범죄의 전과나 전력은 습벽 인정을 위한 여러 사정의 하나가 될 뿐이므로 이를 유죄 확정판결을 받은 전과로 한정하여 해석할 필요가 없다고 하나, 2회 이상의 성폭력범행이 그러한 습벽 인정에 필수적 요건인 이상 그 범위는 엄격하게 제한해석될 필요가 있다.

(2) 위와 같이 해석하여야 함은 그 개정 경위에 의하여서도 뒷받침된다. 즉, 2010년 4월 15일 법률 제10257호로 개정되기 전의 구 전자장치부착법 제5조 제1항 제3호 및 구 특정 성폭력범죄자에 대한 위치추적 전자장치 부착에 관한 법률(2009.5.8. 법률 제9654호 특정 범죄자에 대한 위치추적 전자장치 부착 등에 관한 법률로 개정되기 전의 것, 이하 '구 성폭력범죄자 전자장치부착법'이라 한다) 제5조 제1항 제3호는 모두 전자장치 부착명령의 청구요건으로 '성폭력범죄를 2회 이상 범하여 그 습벽이 인정된 때'라고만 규정하고 있었고, 종래 대법원은 위 전자장치 부착명령의 청구요건과 유사한 형태로

보호감호의 요건을 규정한 구 사회보호법 제5조 제2호의 '별표에 규정된 죄를 수회 범하여 상습성이 인정될 때'의 해석에 관하여 "전과사실을 포함하지 아니한 당해 감호청구의 원인이 되는 사실이 수개인 경우로서 상습성이 인정되는 때만을 말한다."고 판시하여 왔으므로(대법원 1995.12.12. 선고 95감도93 판결 등 참조), 전자장치부착법을 해석함에 있어서도 전과사실을 포함하지 아니한 당해 피고사건의 범죄사실에서 성폭력범죄를 2회 이상 범한 경우만을 의미하는 것으로 해석될 소지가 있었다. 이에, 2010. 4. 15. 법률 제10257호로 개정된 전자장치부착법은 당해 피고사건의 범죄사실만으로 성폭력범죄를 2회 이상 범한 것이 아니더라도 유죄의 확정판결을 받은 경우를 포함하여 성폭력범죄를 2회 이상 범한 경우에 해당하면 그에 포섭되는 것으로 규정하게 된 것이다.

위 개정법률이 2010년 4월 15일 공포된 후 그 시행을 앞둔 시점에서, 대법원도 구 성폭력범죄자 전자장치부착법 제5조 제1항 제3호에서의 '2회 이상'의 범행에 유죄의 확정판결을 받은 경우가 포함된다고 판시한 바 있으나(대법원 2010.4.29. 선고 2010도1374, 2010전도2 판결 등 참조), 이 역시 기판력이 인정되는 유죄 확정판결에 한정하였을 뿐 소년보호처분과 같은 일체의 전력이 포함된다고 보지는 아니하였다.

결국 위와 같은 개정 경위에 비추어 보더라도 성폭력범죄를 2회 이상 범한 경우에는 유죄의 확정판결만이 포함되고 소년보호처분의 전력은 이에 포함되지 않는 것으로 해석된다.

(3) 소년법 제1조는 "이 법은 반사회성이 있는 소년의 환경 조정과 품행 교정을 위한 보호처분 등의 필요한 조치를 하고 형사처분에 관한 특별조치를 함으로써 소년이 건전하게 성장하도록 돕는 것을 목적으로 한다."고 밝히고 있고, 그 제32조 제6항은 "소년의 보호처분은 그 소년의 장

래 신상에 어떠한 영향도 미치지 아니한다."고 규정하고 있으므로, 전자장치부착법 제5조 제1항 제3호를 해석함에 있어서도 이러한 취지가 충분히 고려되어야 한다. 피부착명령청구자가 과거에 성폭력범죄로 소년보호처분을 받은 적이 있다는 사실을 유죄의 확정판결을 받은 경우와 동등하게 '성폭력범죄를 2회 이상 범하여(유죄의 확정판결을 받은 경우를 포함한다)'의 범행에 포함시켜 전자장치 부착명령청구의 요건에 해당하는 것으로 보는 것은 위와 같은 소년법의 취지에도 부합하지 않는다.

그리고 소년보호처분이 가정법원이나 지방법원 소년부의 실체적인 심리·판단을 거쳐 이루어지는 처분이라고는 하나, 형사소송절차와 달리 법원이 소년에 대한 후견적 지위에서 직권으로 진행하고 검사의 관여가 없으며 소년이 심판의 당사자라기보다는 심리의 객체로 취급되는 소년보호사건의 심리절차를 거쳐 내려지는 것이어서, 증거조사 방식이 소년부 판사의 재량에 상당 부분 위임되어 있고 자백에 대한 보강증거를 필요로 하는 형사소송법의 규정이 적용되지 않는 등(대법원 1982.10.15. 자82모36 결정 참조) 그 심리가 실체적 진실의 발견에 집중되어 있는 구조가 아니다. 또한 소년이 죄를 범한 경우에는 형사소송절차와는 달리 친고죄에서의 고소 등 공소제기요건이 흠결되거나 형의 감면사유 또는 처벌조각사유가 있는 경우에도 소년보호처분을 받을 수 있다. 이러한 점에 비추어 보아도 피부착명령청구자가 과거에 소년보호처분을 받은 사실을 형사소송절차에서 엄격한 증명에 의하여 유죄가 증명된 확정판결이 있는 경우와 동일시하기는 어렵다.

(4) 부착명령청구사건의 심리절차는 공소가 제기된 성폭력범죄사건을 전제로 하여 그와 함께 심리·판단이 이루어지는 부수적 절차이고(대법원 2010.4.29. 선고 2010도1626, 2010전도3 판결 참조), 성폭력범죄사건에서 그 범죄

사실에 대한 실체적 심리·판단 없이 면소 또는 공소기각의 형식적 재판을 하는 경우 부착명령청구사건에서 따로 그 청구의 원인이 되는 동일한 범죄사실에 대하여 실체적으로 심리·판단하는 것은 허용되지 않는다(대법원 2009.10.29. 선고 2009도7282, 2009전도21 판결 참조). 그런데 소년보호처분은 유죄의 확정판결이 아닐 뿐 아니라 기판력도 인정되지 않고(대법원 1985.5.28. 선고 85도21 판결 등 참조), 공소제기 없이 검사의 소년부 송치로 소년보호처분이 이루어질 수도 있으므로, 소년보호처분을 받은 전력을 전자장치부착법 제5조 제1항 제3호의 성폭력범죄를 범한 경우에 해당한다고 하려면 필연적으로 과거 소년보호처분의 비행사실을 부착명령청구사건의 심리절차에서 다시 심리·판단하여야 하게 될 터인데, 이는 피고사건의 부수적 절차로서 이루어지는 부착명령청구사건의 심리절차의 성격에도 부합하지 않는다.

뿐만 아니라 피부착명령청구자가 과거에 성폭력범죄를 범하였다는 범죄사실로 기소되었다가 유죄의 확정판결 없이 공소기각판결(결정)이나 면소판결을 받은 경우 또는 그러한 혐의로 수사를 받은 뒤 기소유예처분을 받은 경우 등에 있어서도 성폭력범죄를 범한 사실이 있는지가 다투어진다면 마찬가지의 문제가 발생할 것인데, 이 또한 부당하다.

(5) 성폭력범죄자 등의 재범 방지와 성행교정을 통한 재사회화를 도모하고 성폭력범죄 등으로부터 국민을 보호하고자 하는 전자장치부착법의 입법목적에 비추어 피부착명령청구자의 소년보호처분 전력도 그 요건에 포함시킬 필요가 있다는 반대의견의 취지에는 공감하나, 과거의 어떤 전력이 전자장치 부착명령의 요건에 해당하는지는 법률에 명확히 규정되어야 하며, 규정의 문언을 넘어선 완화된 해석에는 동의할 수 없다.

6) 반대의견에 대한 대법관 박병대, 대법관 김용덕의 보충의견

(1) 다수의견에 대한 보충의견이 지적하는 바와 같이 소년보호처분의 특수성을 고려한다고 하더라도, 이 사건 규정에서 습벽 판단의 기본이 되는 성폭력범죄에 소년보호처분을 받은 성폭력범죄 행위가 포함된다는 해석을 달리할 것은 아니다.

기본적으로 소년법 제4조 제1항 제1호에 의한 소년보호사건은 '죄를 범한 소년'을 그 대상으로 하고, 법원은 일정한 조사와 심리를 거친 결과 위와 같은 소년의 범행사실이 인정될 때에 비로소 소년보호처분의 결정을 할 수 있다. 성폭력범죄에 대한 소년보호사건은 검찰에서 기소 대신 소년부 송치를 하여 개시되기도 하지만, 법원이 심리한 결과 범행사실은 인정되면서도 소년의 특수성을 고려하여 송치하는 경우도 많고, 1심 유죄 판결이 이루어진 후 항소심에서 송치되는 경우도 흔히 있으며 이 사건도 그 경우에 해당한다. 소년부 판사는 범행 자체가 인정되지 않을 때에는 불개시결정을 하거나 불처분결정을 할 것이고, 소년보호처분에 대하여는 항고와 재항고가 허용되므로, 비록 소년보호처분이 확정판결이 아니고 기판력도 없다고 하더라도, 소년보호처분이 확정된 경우에는 범행사실에 대한 실체적 심리 판단을 거친 것으로 보아야 하고 그에 따른 절차법적인 적법성을 부정할 이유가 없다.

실제 범행사실이 없음에도 소년보호처분이 내려졌을 수 있다는 가정을 하는 것은 극히 예외적인 상황을 전제로 한 것이므로, 그러한 특이 상황의 부작용을 우려하여 소년보호처분의 전력을 모조리 제외하여야 한다는 것은 적절하다고 할 수 없으며, 만약 실제 그런 사유가 있다면 부착명령청구사건의 심리과정에서 탄핵할 기회를 가질 수 있다. 따라서 성폭력범죄에 대한 습벽을 인정하기 위한 자료로서 과거에 성폭력범죄를 저지르고 나서 소년보호처분을 받은 경우와 유죄의 확정판결을 받은 경우를 본질적으로 달리 취급할 근거는 충분하지 않다고 할 것이다.

또한 친고죄에서의 고소 등 공소제기요건의 흠결사유나 처벌조각사유가 있는 경우에, 형사소송절차와는 달리 소년보호처분을 받을 가능성은 있다. 그렇지만 위 사유들이 적절히 반영되어 불처분 등이 이루어졌을 수도 있고, 그렇지 않다고 하더라도 소년보호처분이 이루어진 성폭력범죄에 대하여 위 사유들이 문제되어 다투어진 경우에는 그에 관한 심리를 하여 이 사건 규정에서 정한 '2회 이상 범한 성폭력범죄'의 범주에 속할 수 있는 성폭력범죄 행위 사실을 인정할 수 있는지 내지는 소년보호처분이 그에 대한 증명 자료로 삼기에 충분한지 여부를 형사소송법에서 정한 자유심증주의에 의하여 판단하면 될 것이다. 습벽을 인정하기 위해서 그에 관한 사유들 및 관련 증거 자료들에 대한 구체적인 심리가 필요한 이상, 2회 이상 성폭력범죄를 범한 사실과 관련하여 위와 같이 심리한다고 하더라도 이를 부당한 절차라고 할 수는 없다.

한편 소년법 제32조 제6항은 "소년의 보호처분은 그 소년의 장래 신상에 어떠한 영향도 미치지 아니한다."라고 규정하고 있다. 그렇지만 이 사건 규정에서 습벽 인정의 기초자료로 반영되는 것은 성폭력범죄 행위 자체이지 소년보호처분이 아니므로 위 규정에 반하지 않는다. 즉 소년보호처분을 받은 전력을 고려한다고 하더라도 이는 성폭력범죄 행위에 관하여 판결에 준하는 절차를 거침에 따라 그 행위를 범하였다는 점에 대한 증거자료로서 의미를 가질 뿐이며, 소년보호처분을 받은 전력 그 자체에 의하여 불리한 처분에 관한 구성요건이나 불이익을 가중하는 요건이 되지 아니하므로, 소년보호처분에 의하여 소년의 장래 신상에 영향을 미친다고 할 수 없다. 앞에서 본 바와 같이 소년보호처분을 받은 범죄도 상습성 내지 습벽을 인정하는 자료로 삼을 수 있다고 판시한 대법원 판례들은 위 소년법 규정이 소년보호처분을 상습성 인정의 자료로 하는 것까지 제한하거나 금지하는 취지라고는 해석할 수 없다는 것을 근거로 들고 있는데, 위 대법원 판례들을 변경하지 아니하는 한 위 해석은 이 사건 규정의 경우에도 마찬가지로 적용될 수 있다.

이 사건 규정은 성폭력범죄를 범한 전과나 전력이 있다는 사정만으로는 부족하고 그 외에 다른 여러 사정을 종합하여 성폭력범죄의 습벽이 인정되는 경우에 비로소 적용된다. 성폭력범죄로 소년보호처분을 받은 소년이 성년이 된 후 단기간 내에 성폭력범죄를 다시 범한 경우에는, 교육적 조치에 의한 개선가능성을 고려한 소년보호처분이 제대로 효과를 이루지 못하였음을 의미하지만, 과거의 범행 내용, 횟수 및 재범에 이르게 된 경위 등의 여러 사정을 종합하여 그 습벽을 인정하기에 충분한지 살펴야 할 것이고, 또한 소년보호처분을 받은 후 상당히 장기간이 지난 후에 다시 성폭력범죄를 범한 경우에는 미성숙 단계에서의 과거의 성폭력범죄 행위가 습벽을 인정할 수 있는 실질적인 자료가 될 수 있는지 신중을 기하여야 할 것이다. 따라서 소년보호처분을 받은 성폭력범죄 행위가 이 사건 규정에서 정한 성폭력범죄에 포함된다고 하더라도, 이로 인하여 반사회성이 고정화되지 않은 과거 소년기의 비행사실 때문에 그 장래에 지나친 불이익이 초래될 수 있다고 우려할 필요는 없다.

(2) 다수의견에 대한 보충의견은 성폭력범죄의 전력과 관련하여 유죄의 확정판결을 받은 경우로 제한하지 아니하면, 성폭력범행의 전력에 관하여 이 사건에서 문제되는 소년보호처분을 받은 경우 뿐 아니라 공소기각이나 면소판결을 받은 경우, 기소유예처분을 받은 경우 등에도 부착명령이 인정되게 되어 제도가 남용될 수 있다고 우려한다.

그러나 이 사건 규정이 적용되는 2회의 성폭력범죄에 소년보호처분을 받은 성폭력범죄가 포함된다고 하여, 공소기각, 면소, 기소유예 등의 전력까지도 2회의 성폭력범죄를 범한 경우에 포함되어야 한다는 결론으로 당연히 이어진다고 보기는 어렵다.

또한 이 사건 규정이 적용되려면 2회 이상 성폭력범죄를 범한 것 외에 성폭력범죄의 습벽이 인정되어야 하고, 부착명령이 인정되려면 그에 대한 대전제로 전자장치부착법 제5조 제1항에서 정한 바에 따라 성폭력범죄를 다시 범할 위험성이 인정되어야 한다. 따라서 이 사건 규정의 적용과 관련하여 법원의 심리절차를 거친 소년보호처분의 전력 외에 그러한 절차를 거치지 아니한 기소유예의 전력 등을 이 사건 규정이 적용되는 2회의 성폭력범죄에 포함시키는 해석론을 취한다고 하더라도, 실제로 위 전력들을 내세워 부착명령을 청구하는 사건이 얼마나 있을지 자체도 의문이지만, 설령 그러한 사건이 있더라도 이 사건 규정의 습벽에 관한 증명의 관문을 통과하여야 하고 나아가 '재범의 위험성' 요건을 갖추어야 비로소 부착명령이 가능할 것이므로, 당해 성폭력범죄 행위, 습벽 내지 재범의 위험성에 관한 증거 유무 및 증명력에 관한 심리를 통하여 충분히 해결할 수 있으며, 크게 우려할 필요는 없을 것이다.

이상과 같이 반대의견에 대한 보충의견을 밝힌다.

07. 군인에게 전자발찌를 채울 수 있나요?

QUESTION

저는 현역 군인인데, 성폭력범죄의 처벌 등에 관한 특례법 위반(13세 미만 미성년자 강간 등)·아동·청소년의 성보호에 관한 법률 위반4·절도·부착명령으로 기소되었습니다.

위와 같이 현역 군인인 성폭력범죄 피고인에게 집행유예를 선고하는 경우, 보호관찰, 사회봉사, 수강명령 및 보호관찰 부과를 전제로 한 위치추적 전자장치 부착명령 부과가 가능한가요?

ANSWER

보호관찰 등에 관한 법률(이하 '보호관찰법'이라 한다) 제56조는 군사법원법 제2조 제1항 각 호의 어느 하나에 해당하는 사람에게는 보호관찰법을 적용하지 아니한다고 규정하고, 제64조 제1항에서 사회봉사·수강명령 대상자에 대하여는 제56조의 규정을 준용하도록 함으로써 현역 군인 등 이른바 군법 적용 대상자에 대한 특례 조항을 두고 있는데, 군법 적용 대상자에 대한 지휘관들의 지휘권 보장 등 군대라는 부분사회의 특수성을 고려할 필요가 있는 점, 군법 적용 대상자에 대하여는 보호관찰 등의 집행이 현실적으로 곤란하고 이러한 정책적 고려가 입법 과정에서 반영된 것으로 보이는 점 등 보호관찰 등에 관한 현행 법체제 및 규정 내용을 종합적으로 검토하면, 위 특례 조항은 군법 적용 대상자에 대하여는 보호관찰법이 정하고 있는 보호관찰, 사회봉사, 수강명령의 실시 내지 집행에 관한 규정을 적용할 수 없음은 물론 보호관찰, 사회봉사, 수강명령 자체를 명할 수 없다는 의미로 해석됩니다.

따라서 위 사안과 같이 현역 군인인 성폭력범죄 피고인에게 집행유예를 선고하는 경우 보호관찰 등에 관한 법률 제56조가 정한 군법 적용 대상자에 대한 특례 규정상 보호관찰을 받을 것을 명할 수 없기 때문에, 보호관찰의 부과를 전제로 한 위치추적 전자장치의 부착명령 역시 명할 수 없다고 할 것입니다(대법원 2012.2.23. 선고 2011도8124, 2011전도141 판결 참조).

1. 사건의 표시

1) 사　　　건　　대법원 2012.2.23. 선고 2011도8124, 2011전도141 판결[14]
성폭력범죄의 처벌 등에 관한 특례법 위반(13세 미만 미성년자 강간 등)·아동·청소년의 성보호에 관한 법률 위반(강간 등)·절도·부착명령
2) 피고인 겸 피부착명령청구자　　피고인
3) 상　고　인　피고인 겸 피부착명령청구자

2. 판시사항

1) 현역 군인 등 군법 적용 대상자에 대한 특례를 규정한 '보호관찰 등에 관한 법률' 제56조, 제64조 제1항의 해석상 군법 적용 대상자에게 보호관찰, 사회봉사, 수강명령을 명할 수 있는지 여부(소극)

---

[14] 위 사건에서 1심은 "징역 3년에 집행유예 4년, 보호관찰 2년, 40시간 성폭력치료강의 수강명령, 5년간 정보공개"가 선고되었고, 2심에서는 "징역 3년에 집행유예 5년, 보호관찰 및 40시간 성폭력치료강의 수강명령, 5년간 정보공개, 4년간 위치추적 전자장치 부착 명령"이 선고되었으나, 상고심에서는 "보호관찰 및 성폭력치료강의 40시간 수강명령, 보호관찰을 부과를 전제로 한 전자장치 무착명령 부분"이 위법함을 이유로 파기환송하였다.

2) '특정 범죄자에 대한 위치추적 전자장치 부착 등에 관한 법률'상 특정범죄를 범한 자에 대하여 형의 집행을 유예하는 경우에는 보호관찰을 명하는 때에만 위치추적 전자장치 부착을 명할 수 있는지 여부(적극)

3) 현역 군인인 성폭력범죄 피고인에게 집행유예를 선고하는 경우 '보호관찰 등에 관한 법률'이 정한 군법 적용 대상자에 대한 특례 규정상 보호관찰을 명할 수 없어 보호관찰의 부과를 전제로 한 위치추적 전자장치의 부착명령 역시 명할 수 없는데도, 원심이 피고인에 대하여 전자장치의 부착을 명한 것은 위법하다고 한 사례

3. 판결요지

1) 보호관찰 등에 관한 법률(이하 '보호관찰법'이라 한다) 제56조는 군사법원법 제2조 제1항 각 호의 어느 하나에 해당하는 사람에게는 보호관찰법을 적용하지 아니한다고 규정하고, 제64조 제1항에서 사회봉사·수강명령 대상자에 대하여는 제56조의 규정을 준용하도록 함으로써 현역 군인 등 이른바 군법 적용 대상자에 대한 특례 조항을 두고 있는데, 군법 적용 대상자에 대한 지휘관들의 지휘권 보장 등 군대라는 부분사회의 특수성을 고려할 필요가 있는 점, 군법 적용 대상자에 대하여는 보호관찰 등의 집행이 현실적으로 곤란하고 이러한 정책적 고려가 입법 과정에서 반영된 것으로 보이는 점 등 보호관찰 등에 관한 현행 법체제 및 규정 내용을 종합적으로 검토하면, 위 특례 조항은 군법 적용 대상자에 대하여는 보호관찰법이 정하고 있는 보호관찰, 사회봉사, 수강명령의 실시 내지 집행에 관한 규정을 적용할 수 없음은 물론 보호관찰, 사회봉사, 수강명령 자체를 명할 수 없다는 의미로 해석된다.

2) 특정 범죄자에 대한 위치추적 전자장치 부착 등에 관한 법률 제28조 제1항은 "법원은 특정범죄를 범한 자에 대하여 형의 집행을 유예하면서 보호관찰을 받을 것을 명할 때에는 보호관찰기간의 범위 내에서 기간을 정하여 준수사항의 이행 여부 확인 등을 위하여 전자장치를 부착할 것을 명할 수 있다."고 규정하고 있고, 제9조 제4항 제4호는 "법원은 특정범죄 사건에 대하여 선고유예 또는 집행유예를 선고하는 때(제28조 제1항에 따라 전자장치 부착을 명하는 때를 제외한다)에는 판결로 부착명령 청구를 기각하여야 한다."고 규정하고 있으며, 제12조 제1항은 "부착명령은 검사의 지휘를 받아 보호관찰관이 집행한다."고 규정하고 있으므로, 법원이 특정범죄를 범한 자에 대하여 형의 집행을 유예하는 경우에는 보호관찰을 받을 것을 명하는 때에만 전자장치를 부착할 것을 명할 수 있다.

3) 현역 군인인 성폭력범죄 피고인에게 집행유예를 선고하는 경우 보호관찰 등에 관한 법률 제56조가 정한 군법 적용 대상자에 대한 특례 규정상 보호관찰을 받을 것을 명할 수 없어 보호관찰의 부과를 전제로 한 위치추적 전자장치의 부착명령 역시 명할 수 없는데도, 원심이 피고인에 대하여 전자장치의 부착을 명한 것은 위법하다고 한 사례이다.

4. 관계 법령

■ 헌법

제12조

① 모든 국민은 신체의 자유를 가진다. 누구든지 법률에 의하지 아니하고는 체포·구속·압수·수색 또는 심문을 받지 아니하며, 법률과 적법한 절차에 의하지 아니하고는 처벌·보안처분 또는 강제노역을 받지 아니한다.

■ 군사법원법

제2조(신분적 재판권)

① 군사법원은 다음 각 호의 어느 하나에 해당하는 사람이 범한 죄에 대하여 재판권을 가진다.
  1. 「군형법」 제1조제1항부터 제4항까지에 규정된 사람
  2. 국군부대가 관리하고 있는 포로

■ 보호관찰 등에 관한 법률

제56조(군법 적용 대상자에 대한 특례)

「군사법원법」 제2조제1항 각 호의 어느 하나에 해당하는 사람에게는 이 법을 적용하지 아니한다.

제64조(준용 규정)

① 사회봉사·수강명령 대상자에 대하여는 제34조부터 제36조까지 및 제54조부터 제57조까지의 규정을 준용한다.

② 사회봉사·수강명령

■ 특정 범죄자에 대한 위치추적 전자장치 부착 등에 관한 법률

제9조(부착명령의 판결 등)

④ 법원은 다음 각 호의 어느 하나에 해당하는 때에는 판결로 부착명령 청구를 기각하여야 한다.
  4. 특정범죄사건에 대하여 선고유예 또는 집행유예를 선고하는 때(제28조제1항에 따라 전자장치 부착을 명하는 때를 제외한다)

제12조(집행지휘)

① 부착명령은 검사의 지휘를 받아 보호관찰관이 집행한다.

제28조(형의 집행유예와 부착명령)

① 법원은 특정범죄를 범한 자에 대하여 형의 집행을 유예하면서 보호관찰을 받을 것을 명할 때에는 보호관찰기간의 범위 내에서 기간을 정하여 준수사항의 이행 여부 확인 등을 위하여 전자장치를 부착할 것을 명할 수 있다.

5. 상고심 판단 이유

1) 피고사건에 대하여

　헌법 제12조 제1항은 "모든 국민은 신체의 자유를 가진다. 누구든지 법률에 의하지 아니하고는 체포·구속·압수·수색 또는 심문을 받지 아니하며, 법률과 적법한 절차에 의하지 아니하고는 처벌·보안처분 또는 강제노역을 받지 아니한다."라고 정하여 처벌·보안처분·강제노역에 관한 법률주의 및 적법절차 원리를 선언하고 있다. 이를 이어받아 형법, 소년법 기타 법률은 이른바 범죄인에 대한 사회내 처우의 한 유형으로 도입된 보호관찰, 사회봉사, 수강을 받을 것을 명할 수 있도록 규정하고 있다. 그리고 보호관찰 등에 관한 법률(이하 '보호관찰법'이라 한다)은 제19조 내지 제64조에서 보호관찰 대상자 및 사회봉사·수강명령 대상자에 대한 보호관찰, 사회봉사, 수강명령의 실시 내지 집행에 관한 사항을 정하고 있다.

　그런데 보호관찰법 제56조는 군사법원법 제2조 제1항 각 호의 어느 하나에 해당하는 사람에게는 보호관찰법을 적용하지 아니한다고 규정하고, 제64조 제1항에서 사회봉사·수강명령 대상자에 대하여는 제56조의 규정을 준용하도록 함으로써 현역 군인 등 이른바 군법 적용 대상자에 대한 특례 조항을 두고 있는바, 군법 적용 대상자에 대한 지휘관들의 지휘권 보장 등 군대라는 부분사회의 특수성을 고려할 필요가 있는 점, 군법 적용 대상자에 대하여는 보호관찰 등의 집행이 현실적으로 곤란하고 이러한 정책적 고려가 입법 과정에서 반영된 것으로 보이는 점 등 보호관찰 등에 관한 현행 법체제 및 규정 내용을 종합적으로 검토하면, 위 특례 조항은 군법 적용 대상자에 대하여는 보호관찰법이 정하고 있는 보호관찰, 사회봉사, 수강명령의 실시 내지 집행에 관한 규정을 적용할 수 없음은 물론이고 보호관찰, 사회봉사, 수강명령 자체를 명할 수 없다는 의미로 해석된다.

그런데도 원심은 이와 달리 현역 군인으로서 군법 적용 대상자인 피고인에 대하여 집행유예를 선고하면서 보호관찰 및 성폭력치료강의 40시간의 수강을 명하였다. 이러한 원심판결에는 보호관찰법이 정한 군법 적용 대상자에 대한 특례 규정에 관한 법리를 오해한 위법이 있고 이러한 위법은 판결 결과에 영향을 미쳤음이 명백하다.

2) 부착명령사건에 대하여

원심은 제1심판결 중 피고사건을 파기하고 피고인에 대하여 징역 3년에 집행유예 5년을 선고하면서, 보호관찰, 40시간의 성폭력치료강의 수강, 5년간 피고인에 대한 정보의 공개를 명하였고, 부착명령 청구를 기각한 제1심과 달리 부착명령사건 부분을 파기하여 피고인에 대하여 4년간 위치추적 전자장치의 부착을 명하였다.

그러나 특정 범죄자에 대한 위치추적 전자장치 부착 등에 관한 법률 제28조 제1항은 "법원은 특정범죄를 범한 자에 대하여 형의 집행을 유예하면서 보호관찰을 받을 것을 명할 때에는 보호관찰기간의 범위 내에서 기간을 정하여 준수사항의 이행여부 확인 등을 위하여 전자장치를 부착할 것을 명할 수 있다."고 규정하고 있고, 제9조 제4항 제4호는 "법원은 특정범죄사건에 대하여 선고유예 또는 집행유예를 선고하는 때(제28조 제1항에 따라 전자장치 부착을 명하는 때를 제외한다)에는 판결로 부착명령 청구를 기각하여야 한다."고 규정하고 있으며, 제12조 제1항은 "부착명령은 검사의 지휘를 받아 보호관찰관이 집행한다."고 규정하고 있다.

위 법률에 의하면 법원이 특정범죄를 범한 자에 대하여 형의 집행을 유예하는 경우에는 보호관찰을 받을 것을 명하는 때에만 전자장치를 부착할 것을 명할 수 있다.

그런데 앞에서 본 바와 같이 군법 적용 대상자인 피고인에 대하여는 보호관찰을 받을 것을 명할 수 없으므로 보호관찰의 부과를 전제로 한 전자장치의 부착명령 역시 허용될 수 없다.

그런데도 원심이 피고인에 대하여 전자장치의 부착을 명한 것은 위법하므로 부착명령사건 부분도 파기를 면할 수 없다.

<u>3) 결론</u>

그러므로 원심판결 전부를 파기하고, 사건을 다시 심리·판단하도록 하기 위하여 원심법원에 환송하기로 하여, 관여 대법관의 일치된 의견으로 주문과 같이 판결한다.

08. 우발적 범행, 신상정보공개만은 피하고 싶습니다

QUESTION

저는 피해자 A(여, 16세)를 따라가다가 길 앞에 이르러 길이 어두워지자 A를 안고 손으로 A의 가슴을 만져 A를 강제로 추행하고, A의 머리와 어깨를 손으로 잡아당겨 A를 골목길로 끌고 가 계속하여 추행하고자 하였으나 A가 이에 대항하여 소리를 지르자 A의 얼굴을 주먹으로 때려 A에게 코피가 나게 하는 등 치료일수 미상의 상해를 가하였다는 이유로, 강제추행상해로 기소되었습니다.

공판과정에서 검사는 구형을 함에 있어서 신상정보공개명령도 함께 부과하였습니다. 하지만 저는 24세 학생으로서 초범이고, 술에 취해 우발적으로 범한 것에 불과하고, 깊이 반성하고 있습니다.

이러한 경우에도 신상정보공개명령이 부과되어야 하는 것인가요?

ANSWER

아동·청소년의 성보호에 관한 법률 제38조 제1항, 제38조의2 제1항 각 단서에서 공개명령과 고지명령의 예외사유의 하나로 규정된 '그 밖에 신상정보를 공개하여서는 아니될 특별한 사정이 있다고 판단되는 경우'에 해당하는지는 피고인의 연령, 직업, 재범위험성 등 행위자의 특성, 당해 범행의 종류, 동기, 범행과정, 결과 및 죄의 경중 등 범행의 특성, 공개명령 또는 고지명령으로 인하여 피고인이 입는 불이익의 정도와 예상되는 부작용, 그로 인해 달성할 수 있는 아동·청소년 대상 성범죄의 예방 효과 및 성범죄로부터의 아동·청소년 보호 효과 등을 종합적으로 고려하여 판단하여야 합니다 (대법원 2012.1.27. 선고 2011도14676 판결 참조).

위 사안과 동일한 사안[즉 피고인이 청소년인 피해자(여, 16세)를 대상으로 강제추행상해의 성폭력범죄를 저지른 사안]에서 대법원(위 2011도14676 판결)은 피고인이 24세 학생으로서 초범이고, 피고인의 범행이 주취 중 우발적으로 범해진 것으로 보여 성폭행의 습벽이 있다고 인정하기 어려운 점, 피고인이 사회적 유대관계가 분명하고 깊이 반성하고 있는 등 피고인에게 재범의 위험성이 있다고 보기 어려워 공개·고지명령이라는 보안처분을 부과할 필요성이 크지 않은 점, 추행의 정도가 중하지 아니하고 피해자도 피고인의 처벌이나 피고인의 신상정보가 공개·고지되는 것을 원하지 아니하고 있는 점 등을 종합할 때, 피고인에게 '신상정보를 공개하여서는 아니될 특별한 사정'이 있다고 판시하였습니다.

따라서 귀하의 경우에도 구체적인 상황을 전체적·객관적으로 살펴보아 신상정보공개대상에 해당하는지 여부를 판단하여야 할 것으로 보입니다.

1. 사건의 표시

1) 사　　　건　　대법원 2012.1.27. 선고 2011도14676 판결[15]
　　　　　　　　 강제추행상해
2) 피 고 인　　피고인
3) 상 고 인　　검사

---

15 위 사건에서 1심은 징역 2년 6월에 집행유예 3년, 성폭력치료강의 40시간 수강, 3년간 정보공개 및 고지명령이 선고되었으나, 항소심에서는 징역 2년 6월에 집행유예 3년, 성폭력치료강의 40시간 수강명령만이 선고되었으며, 상고심에서는 항소심의 선고형을 그대로 유지하였다.

2. 판시사항

1) 아동·청소년의 성보호에 관한 법률 제38조 제1항, 제38조의2 제1항 각 단서에서 정한 '신상정보를 공개하여서는 아니될 특별한 사정' 유무를 판단하는 기준

2) 피고인이 청소년(여, 16세)을 대상으로 강제추행상해의 성폭력범죄를 저지른 사안에서, 제반 사정을 종합할 때 '신상정보를 공개하여서는 아니될 특별한 사정'이 있다고 본 원심판단을 수긍한 사례.

3. 판결요지

1) 아동·청소년의 성보호에 관한 법률 제38조 제1항, 제38조의2 제1항 각 단서에서 공개명령과 고지명령의 예외사유의 하나로 규정된 '그 밖에 신상정보를 공개하여서는 아니될 특별한 사정이 있다고 판단되는 경우'에 해당하는지는 피고인의 연령, 직업, 재범위험성 등 행위자의 특성, 당해 범행의 종류, 동기, 범행과정, 결과 및 죄의 경중 등 범행의 특성, 공개명령 또는 고지명령으로 인하여 피고인이 입는 불이익의 정도와 예상되는 부작용, 그로 인해 달성할 수 있는 아동·청소년 대상 성범죄의 예방 효과 및 성범죄로부터의 아동·청소년 보호 효과 등을 종합적으로 고려하여 판단하여야 한다.

2) 피고인이 청소년인 피해자(여, 16세)를 대상으로 강제추행상해의 성폭력범죄를 저지른 사안에서, 피고인이 24세 학생으로서 초범이고, 피고인의 범행이 주취 중 우발적으로 범해진 것으로 보여 성폭행의 습벽이 있다고 인정하기 어려운 점, 피고인이 사회적 유대관계가 분명하고 깊이 반성하

고 있는 등 피고인에게 재범의 위험성이 있다고 보기 어려워 공개·고지 명령이라는 보안처분을 부과할 필요성이 크지 않은 점, 추행의 정도가 중하지 아니하고 피해자도 피고인의 처벌이나 피고인의 신상정보가 공개·고지되는 것을 원하지 아니하고 있는 점 등을 종합할 때, 피고인에게 '신상정보를 공개하여서는 아니될 특별한 사정'이 있다고 본 원심판단을 수긍한 사례이다.

4. 관계 법령

■ 아동·청소년의 성보호에 관한 법률

제38조(등록정보의 공개)

① 법원은 다음 각 호의 어느 하나에 해당하는 자(이하 "공개대상자"라 한다)에 대하여 판결로 제3항의 공개정보를 등록기간 동안 정보통신망을 이용하여 공개하도록 하는 명령(이하 "공개명령"이라 한다)을 아동·청소년대상 성범죄 사건의 판결과 동시에 선고하여야 한다. 다만, 아동·청소년대상 성범죄 사건에 대하여 벌금형을 선고하거나 피고인이 아동·청소년인 경우, 그 밖에 신상정보를 공개하여서는 아니 될 특별한 사정이 있다고 판단되는 경우에는 그러하지 아니하다.

1. 아동·청소년대상 성폭력범죄를 저지른 자

2. 이 법에 따른 신상공개 결정 또는 열람명령·공개명령을 선고받고 다시 아동·청소년대상 성폭력범죄를 저지른 자

3. 13세 미만의 아동·청소년을 대상으로 아동·청소년대상 성범죄를 저지른 자로서 13세 미만의 아동·청소년을 대상으로 아동·청소년대상 성범죄를 다시 범할 위험성이 있다고 인정되는 자

4. 아동·청소년대상 성폭력범죄를 저지른 자로서 아동·청소년대상 성폭력범죄를 다시 범할 위험성이 있다고 인정되는 자

5. 아동·청소년대상 성폭력범죄를 범하였으나 「형법」 제10조 제1항에 따라 처벌할 수 없는 자로서 아동·청소년대상 성폭력범죄를 다시 범할 위험성이 있다고 인

정되는 자

③ 제1항에 따라 공개하도록 제공되는 등록정보(이하 "공개정보"라 한다)는 다음 각 호와 같다.

　1. 성명

　2. 나이

　3. 주소 및 실제거주지(읍·면·동까지로 한다)

　4. 신체정보(키와 몸무게)

　5. 사진

　6. 아동·청소년대상 성범죄 요지

제38조의2(등록정보의 고지)

① 법원은 제38조의 공개대상자 중 다음 각 호의 어느 하나에 해당하는 자(이하 "고지대상자"라 한다)에 대하여 판결로 제38조에 따른 공개명령 기간 동안 제3항에 따른 고지정보를 고지대상자가 거주하는 읍·면·동의 지역주민에게 고지하도록 하는 명령(이하 "고지명령"이라 한다)을 아동·청소년대상 성범죄 사건의 판결과 동시에 선고하여야 한다. 다만, 아동·청소년대상 성범죄 사건에 대하여 벌금형을 선고하거나 피고인이 아동·청소년인 경우, 그 밖에 신상정보를 공개하여서는 아니 될 특별한 사정이 있다고 판단하는 경우에는 그러하지 아니하다.

　1. 아동·청소년대상 성폭력범죄를 저지른 자

　2. 아동·청소년대상 성폭력범죄를 범하였으나, 「형법」 제10조제1항에 따라 처벌할 수 없는 자로서 등록대상 성폭력범죄를 다시 범할 위험성이 있다고 인정되는 자

③ 제1항에 따라 고지하여야 하는 고지정보는 다음 각 호와 같다.

　1. 고지대상자가 이미 거주하고 있거나 전입하는 경우에는 제38조제3항의 공개정보. 다만, 제38조제3항제3호에 따른 주소 및 실제거주지는 상세주소를 포함한다.

　2. 고지대상자가 전출하는 경우에는 제1호의 고지정보와 그 대상자의 전출 정보

■ **형법**

제298조(강제추행)

폭행 또는 협박으로 사람에 대하여 추행을 한 자는 10년 이하의 징역 또는 1천 500

만 원 이하의 벌금에 처한다.

제301조(강간 등 상해·치상)

제297조, 제297조의2 및 제298조부터 제300조까지의 죄를 범한 자가 사람을 상해하거나 상해에 이르게 한 때에는 무기 또는 5년 이상의 징역에 처한다.

5. 상고심 판단 이유

1) 아동·청소년의 성보호에 관한 법률(이하 '법'이라 한다)은 제38조 제1항 본문에서 법원은 아동·청소년 대상 성폭력범죄를 저지른 자 등 그 각 호의 공개대상자에 대하여 같은 조 제3항에 기재된 성명, 나이, 주소 등 공개정보를 등록기간 동안 정보통신망을 이용하여 공개하도록 하는 명령(이하 '공개명령'이라 한다)을 아동·청소년 대상 성범죄 사건의 판결과 동시에 선고하여야 한다고 규정하고, 제38조의2 제1항 본문에서 법원은 아동·청소년 대상 성폭력범죄를 저지른 자 등 그 각 호의 고지대상자에 대하여 위 공개명령기간 동안 제3항에 따른 공개정보나 전출정보 등의 고지정보를 고지대상자가 거주하는 읍·면·동의 지역주민에게 고지하도록 하는 명령(이하 '고지명령'이라 한다)을 아동·청소년 대상 성범죄 사건의 판결과 동시에 선고하여야 한다고 규정하면서, 위 각 조문의 단서는 공개명령이나 고지명령을 선고하여야 하는 경우의 예외로서 '아동·청소년 대상 성범죄 사건에 대하여 벌금형을 선고하거나 피고인이 아동·청소년인 경우, 그 밖에 신상정보를 공개하여서는 아니될 특별한 사정이 있다고 판단하는 경우'를 규정하고 있다.

2) 여기에서, 공개명령과 고지명령의 예외사유의 하나로 규정된 '그 밖에 신상정보를 공개하여서는 아니될 특별한 사정이 있다고 판단되는 경우'에

해당하는지 여부는 피고인의 연령, 직업, 재범위험성 등 행위자의 특성, 당해 범행의 종류, 동기, 범행과정, 결과 및 그 죄의 경중 등 범행의 특성, 공개명령 또는 고지명령으로 인하여 피고인이 입는 불이익의 정도와 예상되는 부작용, 그로 인해 달성할 수 있는 아동·청소년 대상 성범죄의 예방 효과 및 성범죄로부터의 아동·청소년 보호 효과 등을 종합적으로 고려하여 판단하여야 한다.

3) 원심은, 피고인이 청소년을 대상으로 한 이 사건 강제추행상해의 성폭력범죄를 저지른 사실은 인정되나, 피고인이 아무런 전과도 없는 24세의 학생으로서 초범인 점, 피고인이 이 사건 범행 직전 피해자에게 자신의 전화번호를 피해자의 휴대전화에 입력해 주기까지 한 사정에 비추어 볼 때 이 사건 범행은 주취 중 우발적으로 범해진 것으로 보여 피고인에게 성폭행의 습벽이 있다고 인정하기 어려운 점, 피고인의 사회적 유대관계가 분명하고 피고인이 깊이 반성하고 있어 피고인에게 재범의 위험성이 있다고 보기 어려워 공개·고지명령이라는 보안처분을 부과할 필요성이 크지 않은 점, 이 사건 범행에 있어 추행의 정도가 중하지 아니하고 피해자도 피고인의 처벌이나 피고인의 신상정보가 공개·고지되는 것을 원하지 아니하고 있는 점 등을 종합해 보면, 피고인에게 '신상정보를 공개하여서는 아니될 특별한 사정'이 있다고 보아야 한다는 이유로 법이 정하고 있는 공개명령과 고지명령을 선고하지 아니하였다.

4) 위 법리와 기록에 비추어 살펴보면, 위와 같은 원심의 판단은 정당하다고 수긍이 되고, 거기에 상고이유로 주장하는 바와 같은 법 제38조 제1항의 공개명령과 법 제38조의2 제1항의 고지명령에 관한 법리오해 등의 위법이 없다.

5) 그러므로 상고를 기각하기로 하여 관여 대법관의 일치된 의견으로 주문과 같이 판결한다.

09. 대체 신상정보 고지 명령의 대상이 누구인가요?

QUESTION

A는 위력으로 청소년인 피해자(여, 14세)를 간음하였다고 하여 아동·청소년의 성보호에 관한 법률 위반(강간 등)으로 기소되었습니다. 한편 A는 성폭력범죄의 처벌 등에 관한 특례법 제32조 제1항에 규정된 등록대상 성폭력범죄를 범한 자에도 해당하기도 합니다.

그렇다면 위 성폭력범죄의 처벌 등에 관한 특례법에 의한 고지명령의 대상이 되는 것인가요?

ANSWER

성폭력범죄의 처벌 등에 관한 특례법(이하 '성폭법'이라 한다)은 신상정보 고지명령의 대상에서 아동·청소년 대상 성폭력범죄를 저지른 자를 제외함으로써 대상을 성인 대상 성폭력범죄를 저지른 자로 제한하고 있고, 대상 범죄가 행하여진 시기에 대해서도 신상정보 고지명령에 관한 규정 시행 후에 범한 범죄로 한정하는 부칙 규정을 두고 있는 아동·청소년의 성보호에 관한 법률(이하 '아청법'이라 한다)과 달리 아무런 제한을 두고 있지 아니한 점, 아청법이 아동·청소년 대상 성폭력범죄에 대하여 신상정보 고지명령을 도입한 것은 아동·청소년 대상 성범죄를 미연에 예방하고자 함에 입법취지가 있는 데 비하여, 성폭법이 성인 대상 성폭력범죄에 대하여 신상정보 고지명령을 도입한 것은 아동·청소년 대상 성범죄를 미연에 예방하고자 함은 물론 성인 대상 성범죄의 재범을 방지하고자 함에도 입법취지가 있는 점, 신상정보 고지명령을 담당하는 행정기관에 관하여도 성폭법은 형사정책 등

법무에 관한 사무를 관장하는 법무부로 정하고 있는 데 비하여, 아청법은 아동·청소년의 보호 등 아동·청소년에 관한 사무를 관장하는 여성가족부로 정하고 있는 점 등에 비추어 보면, 아청법 제38조 제1항 제1호에 규정된 아동·청소년 대상 성폭력범죄를 저지른 자에 대해서는 범죄가 행하여진 시기에 따라 아청법 제38조의2에 의한 고지명령의 대상이 되는지만이 문제될 뿐, 비록 성폭법 제32조 제1항에 규정된 등록대상 성폭력범죄를 저지른 자에 해당되더라도 같은 법 제41조에 의한 고지명령의 대상이 되지 아니한다고 해석하여야 할 것입니다(대법원 2011.11.24. 선고 2011도12296 판결 참조).

따라서 위 사안과 같은 경우, A의 범행이 범행이 성폭력범죄의 처벌 등에 관한 특례법(이하 '성폭법'이라 한다) 제32조 제1항에 규정된 등록대상 성폭력범죄에 해당하더라도 아청법 제38조 제1항 제1호에 규정된 아동·청소년 대상 성폭력범죄에도 해당되는 이상 성폭법 제41조에 의한 고지명령의 대상이 되지 아니하므로, 피고인에게 성폭법 제41조에 의한 고지명령을 선고할 수 없다고 할 것입니다.

1. 사건의 표시

1) 사　　건　　대법원 2011.11.24. 선고 2011도12296 판결[16]
　　　　　　　　아동·청소년의 성보호에 관한 법률 위반(강간 등)
2) 피 고 인　　피고인
3) 상 고 인　　검사

---

[16] 위 사건에서 1심은 징역 3년, 성폭력 치료프로그램 40시간 이수, 5년간 정보공개 및 고지명령이 선고되었으나, 항소심에서는 징역 3년, 성폭력 치료프로그램 40시간 이수, 5년간 정보공개명령이 선고되었으며, 상고심에서는 위 항소심의 선고형을 그대로 유지하였다.

2. 판시사항

1) 아동·청소년 대상 성폭력범죄를 저지른 자가 성폭력범죄의 처벌 등에 관한 특례법 제32조 제1항에 규정된 등록대상 성폭력범죄를 범한 자에도 해당하는 경우, 같은 법 제41조에 의한 고지명령의 대상이 되는지 여부(소극)

2) 피고인이 위력으로 청소년인 피해자(여, 14세)를 간음하였다고 하여 아동·청소년의 성보호에 관한 법률 위반(강간 등)으로 기소된 사안에서, 위 범행이 아동·청소년 대상 성폭력범죄에도 해당되는 이상 성폭력범죄의 처벌 등에 관한 특례법 제41조에 의한 고지명령을 선고할 수 없다고 한 사례

3. 판결요지

1) 성폭력범죄의 처벌 등에 관한 특례법(이하 '성폭법'이라 한다)은 신상정보 고지명령의 대상에서 아동·청소년 대상 성폭력범죄를 저지른 자를 제외함으로써 대상을 성인 대상 성폭력범죄를 저지른 자로 제한하고 있고, 대상 범죄가 행하여진 시기에 대해서도 신상정보 고지명령에 관한 규정 시행 후에 범한 범죄로 한정하는 부칙 규정을 두고 있는 아동·청소년의 성보호에 관한 법률(이하 '아청법'이라 한다)과 달리 아무런 제한을 두고 있지 아니한 점, 아청법이 아동·청소년 대상 성폭력범죄에 대하여 신상정보 고지명령을 도입한 것은 아동·청소년 대상 성범죄를 미연에 예방하고자 함에 입법취지가 있는 데 비하여, 성폭법이 성인 대상 성폭력범죄에 대하여 신상정보 고지명령을 도입한 것은 아동·청소년 대상 성범죄를 미연에 예방하고자 함은 물론 성인 대상 성범죄의 재범을 방지하고자 함에도 입

법취지가 있는 점, 신상정보 고지명령을 담당하는 행정기관에 관하여도 성폭법은 형사정책 등 법무에 관한 사무를 관장하는 법무부로 정하고 있는 데 비하여, 아청법은 아동·청소년의 보호 등 아동·청소년에 관한 사무를 관장하는 여성가족부로 정하고 있는 점 등에 비추어 보면, 아청법 제38조 제1항 제1호에 규정된 아동·청소년 대상 성폭력범죄를 저지른 자에 대해서는 범죄가 행하여진 시기에 따라 아청법 제38조의2에 의한 고지명령의 대상이 되는지만이 문제될 뿐, 비록 성폭법 제32조 제1항에 규정된 등록대상 성폭력범죄를 저지른 자에 해당되더라도 같은 법 제41조에 의한 고지명령의 대상이 되지 아니한다고 해석하여야 한다.

2) 피고인이 위력으로 청소년인 피해자(여, 14세)를 간음하였다고 하여 아동·청소년의 성보호에 관한 법률3 위반(강간 등)으로 기소된 사안에서, 위 범행이 성폭력범죄의 처벌 등에 관한 특례법(이하 '성폭법'이라 한다) 제32조 제1항에 규정된 등록대상 성폭력범죄에 해당하더라도 아청법 제38조 제1항 제1호에 규정된 아동·청소년 대상 성폭력범죄에도 해당되는 이상 성폭법 제41조에 의한 고지명령의 대상이 되지 아니하므로, 피고인에게 성폭법 제41조에 의한 고지명령을 선고할 수 없다고 한 사례이다.

4. 관계 법령

■ **아동·청소년의 성보호에 관한 법률**(법률 제10260호, 2010.4.15. 일부개정)

제7조(아동·청소년에 대한 강간·강제추행 등)

① 여자 아동·청소년에 대하여 「형법」 제297조의 죄를 범한 자는 5년 이상의 유기징역에 처한다.

⑤ 위계(僞計) 또는 위력으로써 여자 아동·청소년을 간음하거나 아동·청소년을 추행한 자는 제1항부터 제3항까지의 예에 따른다.

제38조(등록정보의 공개)

① 법원은 다음 각 호의 어느 하나에 해당하는 자(이하 "공개대상자"라 한다)에 대하여 판결로 제3항의 공개정보를 등록기간 동안 정보통신망을 이용하여 공개하도록 하는 명령(이하 "공개명령"이라 한다)을 아동·청소년대상 성범죄 사건의 판결과 동시에 선고하여야 한다. 다만, 아동·청소년대상 성범죄 사건에 대하여 벌금형을 선고하거나 피고인이 아동·청소년인 경우, 그 밖에 신상정보를 공개하여서는 아니 될 특별한 사정이 있다고 판단되는 경우에는 그러하지 아니하다.

  1. 아동·청소년대상 성폭력범죄를 저지른 자

제38조의2(등록정보의 고지)

① 법원은 제38조의 공개대상자 중 다음 각 호의 어느 하나에 해당하는 자(이하 "고지대상자"라 한다)에 대하여 판결로 제38조에 따른 공개명령 기간 동안 제3항에 따른 고지정보를 고지대상자가 거주하는 읍·면·동의 지역주민에게 고지하도록 하는 명령(이하 "고지명령"이라 한다)을 아동·청소년대상 성범죄 사건의 판결과 동시에 선고하여야 한다. 다만, 아동·청소년대상 성범죄 사건에 대하여 벌금형을 선고하거나 피고인이 아동·청소년인 경우, 그 밖에 신상정보를 공개하여서는 아니 될 특별한 사정이 있다고 판단하는 경우에는 그러하지 아니하다.

  1. 아동·청소년대상 성폭력범죄를 저지른 자

부칙(2010.4.15. 법률 제10260호)

제1조(시행일)

이 법은 공포한 날부터 시행한다. 다만 제31조의2, 제38조의2 및 제38조의3의 개정규정은 2011년 1월 1일부터 시행한다.

제4조(등록정보의 고지에 관한 적용례)

제38조의2 및 제38조의3의 개정규정은 같은 개정규정 시행 후 최초로 아동·청소년대상 성범죄를 범하여 고지명령을 선고받은 고지대상자부터 적용한다.

■ **성폭력범죄의 처벌 등에 관한 특례법**(법률 제10258호, 2010.4.15. 제정)

제32조(신상정보 등록대상자)

① 제2조 제1항 제3호·제4호, 같은 조 제2항(같은 제1항 제3호·제4호만 한정한다), 제3조

부터 제10조까지 및 제14조의 범죄(이하 "등록대상 성폭력범죄"라 한다)로 유죄판결이 확정된 자 또는 제37조 제1항 제2호에 따라 공개명령이 확정된 자는 신상정보 등록대상자(「아동·청소년의 성보호에 관한 법률」 제33조에 따른 신상정보 등록대상자는 제외한다. 이하 "등록대상자"라 한다)가 된다.

제37조(등록정보의 공개)

① 법원은 다음 각 호의 어느 하나에 해당하는 자(「아동·청소년의 성보호에 관한 법률」 제38조에 따른 공개대상자는 제외한다. 이하 "공개대상자"라 한다)에 대하여 판결로 제3항의 공개정보를 등록기간 동안 정보통신망을 이용하여 공개하도록 하는 명령(이하 "공개명령"이라 한다)을 등록대상 성폭력범죄 사건의 판결과 동시에 선고하여야 한다. 다만, 신상정보를 공개하여서는 아니 될 특별한 사정이 있다고 판단되는 경우에는 그러하지 아니하다.

1. 등록대상 성폭력범죄를 저지른 자

제41조(등록정보의 고지)

① 법원은 공개대상자 중 다음 각 호의 어느 하나에 해당하는 자(이하 "고지대상자"라 한다)에 대하여 판결로 제37조에 따른 공개명령 기간 동안 제3항에 따른 고지정보를 고지대상자가 거주하는 읍·면·동의 지역주민에게 고지하도록 하는 명령(이하 "고지명령"이라 한다)을 등록대상 성폭력범죄 사건의 판결과 동시에 선고하여야 한다. 다만, 신상정보를 공개하여서는 아니 될 특별한 사정이 있다고 판단하는 경우에는 그러하지 아니하다.

1. 등록대상 성폭력범죄를 저지른 자

③ 제1항에 따라 고지하여야 하는 고지정보는 다음 각 호와 같다.

   1. 고지대상자가 이미 거주하고 있거나 전입하는 경우에는 제37조 제3항의 공개정보. 다만, 제37조 제3항 제3호에 따른 주소 및 실제거주지는 상세주소를 포함한다.

   2. 고지대상자가 전출하는 경우에는 제1호의 고지정보와 그 대상자의 전출 정보

부칙(법률 제10258호, 2010.4.15.)

제2조(신상정보의 등록·공개 등에 관한 적용례)

② 제37조, 제38조, 제41조 및 제42조는 제37조, 제38조, 제41조 및 제42조의 시행

후 최초로 공개명령 또는 고지명령을 선고받은 대상자부터 적용한다.

■ 형법

제297조(강간)

폭행 또는 협박으로 사람을 강간한 자는 3년 이상의 유기징역에 처한다.

5. 상고심 판단 이유

1) 성폭력범죄의 처벌 등에 관한 특례법(2010.4.15. 법률 제10258호로 제정·공포된 것, 이하 '성폭법'이라 한다) 제41조, 제42조는 신상정보의 고지명령 제도를 규정하고 있고, 그 부칙 제1조는 시행일에 관하여 "이 법은 공포한 날부터 시행한다. 다만 제32조부터 제42조까지 및 제43조 제1항·제3항은 공포 후 1년이 경과한 날부터 시행한다."고 규정하고 있으며, 위 부칙 제2조 제2항은 신상정보의 공개·고지에 관한 적용례에 관하여 "제37조, 제38조, 제41조 및 제42조는 제37조, 제38조, 제41조 및 제42조의 시행 후 최초로 공개명령 또는 고지명령을 선고받은 대상자부터 적용한다."고 규정하고 있는바, 위 규정들에 의하면, 성폭법 제32조 제1항에 규정된 등록대상 성폭력범죄를 저지른 자에 대해서는 같은 법 제41조의 시행 전에 그 범죄를 범하고 그에 대한 공소제기가 이루어졌다고 하더라도 같은 법 제41조의 시행 당시 고지명령이 선고되지 아니한 이상 같은 법 제41조에 의한 고지명령의 대상이 된다고 봄이 상당하다 할 것이다(대법원 2011.9.29. 선고 2011도9253, 2011전도152 판결 참조).

2) 한편 성폭법 제41조 제1항 제1호는 공개대상자 중 같은 법 제32조 제1항에 규정된 등록대상 성폭력범죄를 저지른 자에 대하여 고지명령을 하

도록 규정하고 있고, 같은 법 제37조 제1항 제1호는 같은 법 제32조 제1항에 규정된 등록대상 성폭력범죄를 저지른 자를 공개대상자로 하되 아동·청소년의 성보호에 관한 법률(2010.4.15. 법률 제10260호로 개정된 것, 이하 '아청법'이라 한다) 제38조에 따른 공개대상자는 제외하도록 규정하고 있으며, 아청법 제38조 제1항 제1호는 아동·청소년 대상 성폭력범죄를 저지른 자를 공개대상자로 규정하고 있고, 같은 법 제38조의2 제1항 제1호는 같은 법 제38조의 공개대상자 중 아동·청소년 대상 성폭력범죄를 저지른 자에 대하여 고지명령을 하도록 규정하고 있다.

3) 이와 같이 성폭법은 신상정보의 고지명령의 대상에서 아동·청소년 대상 성폭력범죄를 저지른 자를 제외함으로써 그 대상을 성인 대상 성폭력범죄를 저지른 자로 제한하고 있고, 그 대상이 되는 범죄가 행하여진 시기에 대해서도 신상정보의 고지명령에 관한 규정의 시행 후에 범한 범죄로 한정하고 있는 부칙 규정을 두고 있는 아청법과는 달리 아무런 제한을 두고 있지 아니한 점, 아청법이 아동·청소년 대상 성폭력범죄에 대하여 신상정보의 고지명령을 도입한 것은 아동·청소년 대상 성범죄를 미연에 예방하고자 함에 그 입법취지가 있는 데 비하여 성폭법이 성인 대상 성폭력범죄에 대하여 신상정보의 고지명령을 도입한 것은 아동·청소년 대상 성범죄를 미연에 예방하고자 함은 물론 성인 대상 성범죄의 재범을 방지하고자 함에도 그 입법취지가 있는 점, 신상정보의 고지명령을 담당하는 행정기관에 관하여도 성폭법은 형사정책 등 법무에 관한 사무를 관장하는 법무부로 정하고 있는 데 비하여 아청법은 아동·청소년의 보호 등 아동·청소년에 관한 사무를 관장하는 여성가족부로 정하고 있는 점 등에 비추어 보면, 아청법 제38조 제1항 제1호에 규정된 아동·청소년 대상 성폭력범죄를 저지른 자에 대해서는 그 범죄가 행하여진 시기에 따

라 아청법 제38조의2에 의한 고지명령의 대상이 되는지 여부만이 문제될 뿐, 비록 성폭법 제32조 제1항에 규정된 등록대상 성폭력범죄를 저지른 자에 해당된다고 하더라도 같은 법 제41조에 의한 고지명령의 대상이 되지 아니한다고 해석함이 상당하다 할 것이다.

4) 따라서 피고인의 이 사건 공소사실 기재 범행이 성폭법 제32조 제1항에 규정된 등록대상 성폭력범죄에 해당되는 점만을 고려한다면 같은 법 제41조의 시행 전인 2010.7.31. 그 범죄를 범하고 같은 법 위반죄로 공소제기되었다고 하더라도 같은 법 부칙 제2조 제2항에 따라 같은 법 제41조에 의한 고지명령의 대상이 된다고 보아야 할 것임에도, 성폭법 부칙 제2조 제2항의 해석을 달리하여 같은 법 제41조에 의한 고지명령의 대상이 되지 아니한다는 원심의 판단은 같은 법 부칙 제2조 제2항의 적용범위에 관한 법리를 오해한 잘못이 있다고 할 것이나, 다만 피고인의 이 사건 공소사실 기재 범행이 위와 같이 성폭법 제32조 제1항에 규정된 등록대상 성폭력범죄에 해당된다고 하더라도 아청법 제38조 제1항 제1호에 규정된 아동·청소년 대상 성폭력범죄에도 해당되는 이상 성폭법 제41조에 의한 고지명령의 대상이 되지 아니하므로, 결국 피고인의 이 사건 공소사실 기재 범행에 대하여 성폭법 제41조에 의한 고지명령을 선고한 제1심판결을 위법하다고 판단한 원심의 결론은 결과적으로 정당하다 할 것이어서, 위와 같은 원심의 잘못은 판결 결과에 영향이 없다.

5) 그러므로 상고를 기각하기로 하여 관여 대법관의 일치된 의견으로 주문과 같이 판결한다.

10. 소년범으로 재판을 받고 있는데 전자발찌가 부착될 수 있나요?

QUESTION

저는 16세 미만인 A를 강간하였습니다. 그리하여 검사는 저에게 특정 범죄자에 대한 보호관찰 및 전자장치 부착 등에 관한 법률에 의하여 위치추적 전자장치 부착명령을 청구하였는데, 법원이 이를 저에 대한 특정범죄사건인 성폭력범죄의 처벌 등에 관한 특례법 위반(13세 미만 미성년자 강간 등) 사건 등과 병합심리한 다음 위 특정범죄사건인 성폭력범죄의 처벌 등에 관한 특례법 위반(13세 미만 미성년자 강간 등) 사건에 대하여 소년부송치결정을 하였습니다.
그렇다면 위와 같은 경우 부착명령이 부과될 수 있는 것인가요?

ANSWER

위 사안과 동일한 사안[검사가 피부착명령청구자 갑에 대하여 특정 범죄자에 대한 보호관찰 및 전자장치 부착 등에 관한 법률(이하 '위치추적법'이라 한다) 제5조 제1항 제4호의 사유로 부착명령을 청구하였는데, 법원이 이를 갑에 대한 특정범죄사건인 성폭력범죄의 처벌 등에 관한 특례법 위반(13세 미만 미성년자 강간 등) 등 사건과 병합 심리한 다음 특정범죄사건인 피고사건에 관하여 소년부송치결정을 한 사안]에서 해당 법원(울산지방법원 2013.2.15. 선고 2012고합384, 2012전고24 판결)은, 특정범죄사건인 피고사건과 부착명령 청구사건의 관할 법원이 피고사건에 대하여 보호처분이 상당하다고 판단할 경우 부착명령사건을 어떻게 처리하여야 하는지에 대하여 위치추적법이나 소년법에서 명시적인 규정을 두고 있지 아니하나, 소년법 제50조에서 소년부송치결정의 대상 사건을 '피고사건'으로 특정하고 있는데, 부착명령 청구사건(전고사건)은 보안처분의 성격을 가지고 있는 별개의 청구라고 보아야 하는 점, 소년보호사건에서 위치추적 전자장치의 부착과 관련한 명시적 규정을 두지 아니하여 부착명령 청구사건을 소년보호사건에서 어떻게 취급하여야 하는지에 대한 제도적 장치가 마련되어 있지 아니하고, 위치추적법 제4조에서 만 19세에 이르지 아니한 경우 위치추적법에 의한 전자장치의 부착을 금하고 있는 점 등 제반 사정을 종합할 때, 부착명령 청구사건은 소년부송치결정의 대상사건에 해당한다고 할 수 없어 관할 법원이 피고사건에 대한 소년부송치결정과 동시에 판결을 선고하여야 할 사건에 해당하고, 특정범죄사건인 피고사건에 대하여 소년부송치결정을 한 이상 징역형의 종료 이후 전자장치 부착을 전제로 청구하는 부착명령 청구는 그 청구의 전제가 되는 '피고사건'이 존속하지 아니한 결과에 이르러 피고사건과 부착명령사건은 피고사건에 대한 소년부송치결정의 고지로써 자연적으로 분리된다는 이유로 부착명령 청구를 기각하였습니다.

1. 사건의 표시

1) 사　　건　　울산지방법원 2013.2.15. 선고 2012고합384, 2012전고24 판결
　　　　　　　성폭력범죄의 처벌 등에 관한 특례법 위반(13세 미만 미성년자
　　　　　　　강간 등)·상해·폭행·부착명령
2) 피고인 겸 피부착명령청구자　　　피고인 겸 피부착명령청구자

2. 판시사항

　검사가 피부착명령청구자 갑에 대하여 특정 범죄자에 대한 보호관찰 및 전자장치 부착 등에 관한 법률에 의하여 위치추적 전자장치 부착명령을 청

구하였는데, 법원이 이를 갑에 대한 특정범죄사건 등과 병합 심리한 다음 피고사건에 관하여 소년부송치결정을 한 사안에서, 피고사건에 대하여 소년부송치결정을 한 이상 전자장치 부착명령 청구는 청구의 전제가 되는 피고사건이 존속하지 아니한다는 이유로 부착명령 청구를 기각한 사례이다.

3. 판결요지

검사가 피부착명령청구자 갑에 대하여 특정 범죄자에 대한 보호관찰 및 전자장치 부착 등에 관한 법률(이하 '위치추적법'이라 한다) 제5조 제1항 제4호의 사유로 부착명령을 청구하였는데, 법원이 이를 갑에 대한 특정범죄사건인 성폭력범죄의 처벌 등에 관한 특례법 위반(13세 미만 미성년자강간 등) 등 사건과 병합 심리한 다음 특정범죄사건인 피고사건에 관하여 소년부송치결정을 한 사안에서, 특정범죄사건인 피고사건과 부착명령 청구사건의 관할 법원이 피고사건에 대하여 보호처분이 상당하다고 판단할 경우 부착명령사건을 어떻게 처리하여야 하는지에 대하여 위치추적법이나 소년법에서 명시적인 규정을 두고 있지 아니하나, 소년법 제50조에서 소년부송치결정의 대상사건을 '피고사건'으로 특정하고 있는데, 부착명령 청구사건은 보안처분의 성격을 가지고 있는 별개의 청구라고 보아야 하는 점, 소년보호사건에서 위치추적 전자장치의 부착과 관련한 명시적 규정을 두지 아니하여 부착명령 청구사건을 소년보호사건에서 어떻게 취급하여야 하는지에 대한 제도적 장치가 마련되어 있지 아니하고, 위치추적법 제4조에서 만 19세에 이르지 아니한 경우 위치추적법에 의한 전자장치의 부착을 금하고 있는 점 등 제반 사정을 종합할 때, 부착명령 청구사건은 소년부송치결정의 대상사건에 해당한다고 할 수 없어 관할 법원이 피고사건에 대한 소년부송치결정과 동시에 판결을 선고하여야 할 사건에 해당하고, 특정범죄사건인 피고사건에 대하여 소년부송치결정을 한 이상 징역형의 종료 이후 전자장치 부착을 전제로 청구하는 부착명령 청구는 그 청구의 전제가 되는 '피고사건'이 존속하지 아니한 결과에 이르러 피고사건과 부착명령사건은 피고사건에 대한 소년부송치결정의 고지로써 자연적으로 분리된다는 이유로 부착명령 청구를 기각한 사례이다.

4. 관계 법령

■ 특정 범죄자에 대한 보호관찰 및 전자장치 부착 등에 관한 법률

제4조(적용 범위)
만 19세 미만의 자에 대하여 부착명령을 선고한 때에는 19세에 이르기까지 이 법에 따른 전자장치를 부착할 수 없다.

제5조(전자장치 부착명령의 청구)
① 검사는 다음 각 호의 어느 하나에 해당하고, 성폭력범죄를 다시 범할 위험성이 있다고 인정되는 사람에 대하여 전자장치를 부착하도록 하는 명령(이하 "부착명령"이라 한다)을 법원에 청구할 수 있다.
   4. 19세 미만의 사람에 대하여 성폭력범죄를 저지른 때

제9조(부착명령의 판결 등)
④ 법원은 다음 각 호의 어느 하나에 해당하는 때에는 판결로 부착명령 청구를 기각하여야 한다.
   1. 부착명령 청구가 이유 없다고 인정하는 때
   2. 특정범죄사건에 대하여 무죄(심신상실을 이유로 치료감호가 선고된 경우는 제외한다)·면소·공소기각의 판결 또는 결정을 선고하는 때
   3. 특정범죄사건에 대하여 벌금형을 선고하는 때
   4. 특정범죄사건에 대하여 선고유예 또는 집행유예를 선고하는 때(제28조제1항에 따라 전자장치 부착을 명하는 때를 제외한다)
⑤ 부착명령 청구사건의 판결은 특정범죄사건의 판결과 동시에 선고하여야 한다.

⑨ 제8항에도 불구하고 검사 또는 피부착명령청구자 및 「형사소송법」 제340조·제341조에 규정된 자는 부착명령에 대하여 독립하여 상소 및 상소의 포기·취하를 할 수 있다. 상소권회복 또는 재심의 청구나 비상상고의 경우에도 또한 같다.

■ 성폭력범죄의 처벌 등에 관한 특례법(2012.12.18. 법률 제11556호로 전부 개정되기 전의 것)

제7조(13세 미만의 미성년자에 대한 강간, 강제추행 등)
① 13세 미만의 여자에 대하여 「형법」 제297조(강간)의 죄를 범한 사람은 무기 또는 10년 이상의 징역에 처한다.

■ 소년법

제2조(소년 및 보호자)
이 법에서 "소년"이란 19세 미만인 자를 말하며, "보호자"란 법률상 감호교육(監護敎育)을 할 의무가 있는 자 또는 현재 감호하는 자를 말한다.

제50조(법원의 송치)
법원은 소년에 대한 피고사건을 심리한 결과 보호처분에 해당할 사유가 있다고 인정하면 결정으로써 사건을 관할 소년부에 송치하여야 한다.

제51조(이송)
소년부는 제50조에 따라 송치받은 사건을 조사 또는 심리한 결과 사건의 본인이 19세 이상인 것으로 밝혀지면 결정으로써 송치한 법원에 사건을 다시 이송하여야 한다.

■ 치료감호법

제7조(치료감호의 독립 청구) 검사는 다음 각 호의 어느 하나에 해당하는 경우에는 공소를 제기하지 아니하고 치료감호만을 청구할 수 있다.
1. 피의자가 「형법」 제10조 제1항에 해당하여 벌할 수 없는 경우
2. 고소·고발이 있어야 논할 수 있는 죄에서 그 고소·고발이 없거나 취소된 경우 또는 피해자의 명시적인 의사에 반(反)하여 논할 수 없는 죄에서 피해자가 처벌을 원하지 아니한다는 의사표시를 하거나 처벌을 원한다는 의사표시를 철회한 경우

3. 피의자에 대하여 「형사소송법」 제247조에 따라 공소를 제기하지 아니하는 결정을 한 경우

5. 1심 판단 이유

1) 부착명령 원인사실의 요지

검사는 피부착명령청구자가 별지 기재와 같이 피해자를 강간하여, 16세 미만의 사람에 대하여 성폭력범죄를 저질렀고, 성폭력범죄를 다시 범할 위험성이 있다는 이유로 특정 범죄자에 대한 보호관찰 및 전자장치 부착 등에 관한 법률(이하 '위치추적법'이라 한다) 제5조 제1항 제4호에 근거하여 위치추적 전자장치의 부착명령을 청구하였다.

2) 판 단

(1) 이 법원은 피고인 겸 피부착명령청구자에 대한 특정범죄사건인 2012고합384 성폭력범죄의 처벌 등에 관한 특례법 위반(13세 미만 미성년자 강간 등) 등 사건과 이 사건 2012전고24 부착명령 청구사건을 병합하여 심리한 다음, 위 특정범죄사건인 피고사건에 관하여 소년법 제2조에 정한 소년으로서 보호처분에 처함이 상당한 사유가 있어 소년법 제50조에 의하여 부산가정법원 소년부로 송치하기로 결정하였다.

(2) 그런데 특정범죄사건인 피고사건과 부착명령 청구사건의 관할법원이 피고사건에 대하여 보호처분이 상당하다고 판단할 경우 부착명령사건을 어떻게 처리하여야 하는지에 대하여 위치추적법이나 소년법에서 명시적인 규정을 두고 있지 아니하나,

① 소년법 제50조에서 소년부송치결정의 대상사건을 '피고사건'으로 특

정하고 있는데, 부착명령 청구사건(전고사건)은 보안처분의 성격을 가지고 있는 별개의 청구라고 보아야 하는 점,

② 소년보호사건에서 위치추적 전자장치의 부착과 관련한 어떠한 명시적 규정을 두지 아니하여 부착명령 청구사건을 소년보호사건에서 어떻게 취급하여야 하는지에 대한 제도적 장치가 마련되어 있지 아니하고, 위치추적법 제4조에서 만 19세에 이르지 아니한 경우 위치추적법에 의한 전자장치의 부착을 금하고 있는 점,

③ 위치추적법 제9조 제9항에서 "검사나 피부착명령청구자 등이 부착명령에 대하여 독립하여 상소 등을 제기할 수 있다"고 규정하고 있으므로, 소년보호사건의 심리과정에 사건의 본인이 19세 이상인 것으로 밝혀져 소년법 제51조에 의한 이송절차를 거쳐 다시 피고사건으로 취급될 경우를 상정한다 하더라도 당사자에게 이미 그 부분에 대한 불복의 기회가 주어진 바 있으므로, 자연적 사건분리를 통하여 별개의 사건으로 취급한다 하더라도 사건 당사자에게 불이익이 없는 점,

④ 검사가 청구한 근거조문이 징역형 종료 이후의 위치추적 전자장치 부착에 관한 것이어서 징역형의 선고·확정과 그 집행의 종료를 전제하고 있는데, 위치추적법 제9조 제5항에서 부착명령 청구사건의 판결은 특정범죄사건의 판결과 동시에 선고하도록 규정하고 있는 점,

⑤ 위치추적법 제9조 제4항이 판결로 부착명령 청구를 기각하여야 할 사유를 규정함에 있어, 특정범죄사건에 대하여 무죄·면소·공소기각 판결 또는 결정을 하거나 벌금형, 선고유예, 집행유예를 선고하는 때를 열거하고 있는데, 비록 위 법이 '특정범죄사건에 대하여 소년부송치결정을 하는 경우'를 '부착명령 청구를 기각하여야 할 사유'로 규정하고 있지는 아니하지만, 이 사건 특정범죄사건에 대한 재판은 판결이 아닌 소년부송치의 결정일 뿐만 아니라 향후 예상되는 보호처분

역시 결정에 의하여 처분될 것이므로, 특정범죄사건에 대하여 소년부송치결정을 하는 경우는 부착명령 청구를 기각하여야 할 사유에 해당된다고 봄이 상당한 점,

⑥ 우리 형사법 체계하의 보안처분 중 하나인 치료감호에 관하여는 치료감호의 독립청구(치료감호법 제7조)를 제도적으로 허용하고 있는데, 징역형 종료 이후의 전자장치 부착과 관련하여서는 독립된 청구를 허용하고 있지 아니한 점 등을 종합하면, 이 사건 부착명령 청구사건은 소년부송치결정의 대상사건에 해당한다고 할 수 없어 관할이 있는 이 법원이 피고사건에 대한 소년부송치결정과 동시에 판결을 선고하여야 할 사건에 해당하고, 특정범죄사건인 피고사건에 대하여 소년부송치결정을 한 이상 징역형의 종료 이후 전자장치 부착을 전제로 청구하는 이 사건 부착명령 청구는 그 청구의 전제가 되는 '피고사건'이 존속하지 아니한 결과에 이르므로 나머지 요건에 대하여는 더 나아가 살펴볼 필요 없이 이유 없다 할 것이다.

3) 결론

따라서 이 사건 피고사건과 부착명령사건은 피고사건에 대한 소년부송치결정의 고지로써 자연적으로 분리되는 바이므로 그 취지를 각 재판서에 분명히 한 다음, 이 사건 부착명령 청구에 대하여는 위치추적법 제9조 제4항 제1호에 의하여 이를 기각하기로 하여 주문과 같이 판결한다.

CHAPTER 5

실제 상담 사례

실제 상담 사례들을 가명으로 사용하였음을 알려드립니다.
www.lawyerbsh.com에서 더 많은 사례를 보실 수 있습니다.

01. 회사에서 지위를 이용한 성관계 사례

QUESTION

A는 유치원 원장이라는 신분을 이용하여 업무상 집 앞에 온 유치원 교사 B의 팔을 잡아당겨 안으려 하고, 개인 차량에 태우고 가다가 은밀한 장소에 이르러 강제로 키스를 하거나 유치원 내 다른 사람이 없는 틈을 이용하여 B의 허리를 양손으로 잡아 올리고, 발기된 성기를 B의 허벅지에 닿게 하고, 양손으로 어깨를 감싸고, 이에 놀라 비명을 지르는 B의 왼손을 잡아 쥐고 주무르고, 전화기 전달을 빙자하여 손을 B의 젖가슴 밑 부분에 닿게 하는 행위를 하였다. (피해자 B의 국선변호인으로 A의 처벌을 구한 사안)

COMMENTARY

유치원 원장이라는 우월한 지위를 이용하여 유치원 교사를 강제 추행한 사건이다. 유치원 교사 B씨는 원장에게 반항하였다가 취업에서 문제가 될까 두려워 할 수 없이 추행을 당하였다. 보통 추행보다 성관계를 요구하는 원장에 어쩔 수 없이 모텔까지 따라가 성관계를 당하는 경우도 있다.

위와 같이 여성으로서는 직장 상사의 물리적인 폭력이 없더라도, 직장 상사의 행동에 반항할 경우 인사상의 불이익을 받을 수 있다는 두려움 때문에 어쩔 수 없이 성추행을 당하는 경우가 있는데, 바로 이러한 두려움을 갖게 하는 무언의 힘이 바로 업무상 위력이라고 할 수 있다. 위력이라 함은 피해자의 자유의사를 제압하기에 충분한 세력을 말하고, 유형적이든 무형적이든 묻지 않으므로 폭행·협박뿐 아니라 사회적·경제적·정치적인 지위나 권세를 이용하는 것도 가능하다(대법원 1998.1.23. 선고 97도2506 판결).

따라서 A의 경우, 유치원 원장이라는 지위를 이용하여 B의 자유의사를 제압하였다고 할 수 있다.

그런데 우리 형법에는 이러한 위력을 사용하여 간음하는 경우만 규정되어 있다. 그런데 B는 단순한 신체접촉을 통한 추행행위를 당하였다.

이 경우에는 특별법으로서 성폭력범죄의 처벌 등에 관한 법률 제10조(업무상 위력 등에 의한 추행)에 의하여 2년 이하의 징역 또는 500만 원 이하의 벌금으로 처벌될 수 있다.

만약 A가 B에게 성행위를 요구하여 성관계를 맺은 경우에는 어떻게 될까.

이 경우에는 형법 제303조(업무상위력 등에 의한 간음)에 의하여 5년 이하의 징역 또는 1천 500만 원 이하의 벌금으로 처벌될 수 있다.

B가 미성년자(19세 미만)인 경우 강제추행은 아동·청소년 성보호에 관한 법률이 성폭력범죄의 처벌 등에 관한 법률보다 우선하여 적용되게 된다.

TIPS 만약 여성이 허위로 고소하였다면 피의자로서는 변호사와 상담하여 업무상 위력이 있었는지 여부부터 다투어 무죄를 주장해야 할 것이다.

02. 성인 남녀간 강간 사례

1. 연인 사이일 때 맺은 성관계를 이별 후 강간으로 고소한 사례

QUESTION

A(남)와 B(여)는 회사에서 서로 호감을 가지고 만나게 되었다. 두 사람은 교제를 시작한지 한 달 정도 지나서 부터 정기적으로 성관계를 가졌고, A는 B를 자신의 부모에게 소개를 시켜주었다. 결혼할 생각도 있었다. 그런데 B의 부모는 A와의 결혼을 반대하기 시작하였다. 그 와중에도 A와 B는 서로 사랑하기에 정기적으로 성관계를 가졌다. 그러던 중 말다툼이 일어나 A는 B를 폭행하였고, 약 3주간의 치료를 받게 되었다. 그래도 헤어질 수 없었던 B는 A와 평소처럼 만나기도 하고 휴대전화로 연락도 하였는데, B의 고민을 듣던 B의 친구는 자신의 외삼촌이 경찰공무원이니 상담해보라며 소개시켜주었고, 이 경찰공무원은 A를 고소하라고 B를 부추겼다. 이에 B는 A와 관계를 하였던 날짜를 특정하여 성폭행을 당하였다며 고소장을 제출하여 수사가 진행되었다. A는 연인 사이에서 일어났던 일이고 당시에는 합의하에 관계를 맺었는데 B가 자신을 강간으로 고소한 것이 믿기지 않았다. 수사기관에서도 A의 의견은 계속 무시되는 것 같아 결국 검찰에서는 B의 진술대로 강간혐의가 인정되어 기소되었다. A는 어떻게 이를 증명할 수 있을까? (A의 입장에서 상담하였던 사안)

COMMENTARY

헤어진 경우 여자친구가 남자친구를 강간으로 고소하는 사례가 종종 있다. 남자와 여자 모두 성인인 경우 형법에 의하여 강간죄가 적용된다.

이러한 사안에서 A는 피해자와 합의하에 성관계를 가진 사실이 있으나, B를 협박하거나 폭행하여 간음한 사실은 없다고 주장해야 한다. 이 경우 고소인과 피고인 사이에 진술이 일치하지 않게 되는데 그 경우 참고인이 없다면 대질조사를 하게 된다. 경찰에서는 거짓말 탐지기 조사도 하나 실제 거짓말 탐지기는 정확도가 떨어져 재판과정에서는 증거능력이 없다. 또 연인관계에서 헤어진 후 강간을 당하였다고 고소하는 경우에는 여자 측의 진술이 일관되지 않을 수 있다. 연인관계는 남녀 두 사람만 알기에 판사가 이를 유죄로 인증하려면 합리적인 의심이 없을 정도로 명확한 증거가 있어야 한다.

그렇다면 어떤 증거가 있어야 할까?

위와 유사한 사건에서 법원이 판단한 점이 있는바, 이를 요약하면 A와 같은 피고인이 준비해야 할 증거는 다음과 같다고 할 수 있을 것이다. 피고인이 피해여성과 일상적으로 주고받은 문자와 피해여성이 주장하는 강간 후에 같이 고속버스를 타고 지방에 갔다는 등 범행을 한자와 피해자 사이에서 쉽게 발생하기 어려운 행동을 취한 사정을 객관적으로 입증할 만한 증거가 있어야 한다. 또 피해 여성은 협박을 당하였다고 하였는데, 협박을 하였다 할지라도 그 협박을 행사하게 된 경위, 연인관계, 피고인의 사회적 신분이나 피해자와 성관계 전후 사정을 객관적으로 면밀하게 분석하여 협박으로 보기에 어려운 사정을 입증해야 한다. 또한 일반적인 상식을 가진 사람이라면 범행 후 할 수 없는 행동을 하였다는 것과 피고인이 경찰 조사부터 일관되게 범행을 부인한 사실 등을 변호인을 통하여 주장하여 한다. 결국 위 사안에서 법원은 검찰이 불충분한 증거에 기초하여 무리한 기소를 하였음을 인정하여, 피고인에게 무죄를 선고하였다.

실제 사안에서 여성은 남성이 사귀는 기간 중 어느 날짜를 특정하여 강간을 당하였다고 고소하였으나, 수사 기관에서부터 일부 강간 행위는 무혐의가 되었고, 재판 과정에서도 여성이 주장하는 강간행위로서 성관계가 합의하에 이루어 졌다고 판단되어 무죄가 선고되었다.

최근 법원은 강간의 피해자를 여성으로 보아 부부 사이라도 남편이 폭행, 협박을 이용하여 부인과 성관계를 가진 경우에도 강간죄를 인정하고 있다.

특히, 최근 법원은 강간의 개시인 폭행과 협박을 아주 넓게 인정하여 여성이 성관계를 하기 싫다고 하였는데도 여성의 자유의사를 억압하고 성관계를 무리하게 하였다면, 여성이 먼저 모텔에 가자고 하거나 성관계를 유도하였다 하더라도 강간죄로 인정하는 추세이다.

2. 여성이 모텔에 먼저 들어가자고 하여 성관계를 했는데 다음날 강간으로 고소한 사례

QUESTION

강남 유명 클럽에서 만난 철수(가명)와 영희(가명)는 클럽에서 춤을 추다가 자연스럽게 합석하여 술집으로 향하게 되었다. 술집에서 맥주와 소주를 몇 병 마신 뒤 취기가 오르자 영희가 더 적극적으로 손을 잡고 귀에 키스를 하였다. 새벽이 되자 영희는 자기 집이 머니 모텔에서 잠깐 쉬고 출근하는 것이 어떻겠냐고 제안하였다. 이에 철수는 집으로 가고 싶었지만, 영희가 마음에 안 들은 것은 아니기에 같이 모텔에 들어가게 되었다. 둘은 모텔에서 관계를 가지고 영희가 먼저 철수에게 전화번호를 알려준 뒤, 연락하라고 하면서 오후에 모텔에서 나와 서로의 집으로 갔다. 그런데 며칠 뒤 철수는 경찰서로부터 강간으로 고소되었으니 조사를 받으라는 전화를 받았다. 더욱 충격적인 것은 영희는 마약이 검출되었으니 마약 성분이 지워지기 전에 오라는 것이었다. 철수는 어떻게 무혐의 결정을 받을 수 있을까?

COMMENTARY

이러한 사안에서 고소인 영희는 진술을 마친 상태이기 때문에 조사하는 경찰관으로서는 남성의 진술을 듣기 전에 남성이 유죄라고 의심하는 상황이다. 심지어 영희는 마약검출검사에서 양성반응이 나왔다. 그런데 영희는 언제 마약이 투여되었는지 전혀 기억이 없고, 술을 많이 마셔서 정신을 잃었다고 주장하였다. 이렇게 마약이나 술에 취해 여성이 정신을 잃은 상황에서 남성이 성관계를 하였다면 준강간이 성립될 수 있다. 그렇다면 어떻게 해서 무혐의를 받아야 할 것인가.

우선 철수의 변호인은, 철수가 경찰 조사를 받기 전에 철수의 입장을 대변하는 변호인 의견서를 제출하는 것이 좋다. 이것은 경찰이 변호인 의견서를 토대로 철수에게 질문할 수 있도록 유도하는 효과가 있기 때문이다. 경찰조사과정에서 경찰은 피의자를 범죄인에 준하여 취급하는 경향이 있기 때문에, 처음 조사를 받게 되는 피의자 입장에서는 자신이 하지도 않은 성범죄를 하였다고 진술할 수도 있다. 따라서 피의자로서는 변호인과 동석하여 조사를 받거나, 적어도 변호인이 경찰과 면담한 이후에 조사를 받는 것이 아무래도 유리하다. 물론 이것이 100% 무혐의 처분이 나온다는 것을 보장하는 것은 아니다. 다만 조사 시부터 불리한 입장에서 시작하기 보다는 무기 대응의 원칙에서 시작할 수 있기에 이런 방법을 취하는 것이다.

그리고 객관적인 증거를 경찰 조사 전에 무조건 확보를 해야 한다. 특히 모텔의 CCTV는 보통 1주일 정도 후에는 구할 수 없으므로 이러한 사정이 있다면 무조건 모텔에 달려가야 한다. 그리고 목격자의 진술 특히 모텔에 들어가고 나올 때 과정을 지켜본 모텔 주인이나 종업원의 진술을 확보하는 것도 중요하다. 그 후 경찰 조사 시에는 이러한 분들에게 참고인 조사를 부탁해야 한다.

또 실제로 모텔에 들어갈 때 여자가 계산을 하였는지, 남자가 카드로 계산하면서 카드 서명을 여성이 하였는지, 여성이 먼저 들어갔는지, 모텔에서 나올 때 여성이 남자와 다정하게 나왔는지 등 증거확보도 필수이다(아마 모텔 직원이 증인이 되어 줄 수 있다).

다음으로는 조사 시에 고소인이 어떻게 고소하였는지 내용을 유추하거나 고소장을 변호인을 통하여 알아본 후, 고소인의 진술 중 거짓 진술이 있다면, 확보된 증거를 제출함으로써 거짓진술임을 입증해야한다.
이렇게 되면 남녀의 진술이 서로 엇갈리게 되어, 여자를 참고인으로 다시 불러남자와 대질신문을 할 수도 있다(고소한 여성의 경우, 고소 직후 경찰서에서 진술을 하게 되는데, 이 때 영상녹화를 함으로써 추가 진술을 하지 않도록 하는 것이 보통이다. 그렇기 때문에 여자를 또다시 참고인으로 불러서 남자와 대질조사하는 것은 매우 드물게 일어난다). 필요할 경우 남녀 모두에게 거짓말 탐지기 조사를 할 수도 있다. 거짓말 탐지기는 증거능력이 없으니 너무 걱정할 필요가 없다.

이러한 조사과정에서 여성의 진술 중 신빙성이 없는 부분이 나오게 되고, 경찰이 추궁하다 보면 결국 여성이 허위로 고소하였다고 자백하기도 한다. 또한 강간이라고 보기 어려운 사정 등이 드러나게 되어, 결국 남성은 무혐의가 나올 수 있다.

TIPS 위 사안은 실제 경찰에서 불기소 의견으로 검찰에 송치되어 마무리되었다. 무혐의 결정처분이 나오게 된 원인은 아무래도 성인 간의 성범죄였기 때문이었다고 판단된다. 여성도 성인이기에 남성의 말만 믿고 행동하지는 않기 때문이다. 그러나 피해자가 아동이나 청소년인 경우 수사기관의 조사가 더욱 엄격하므로 진지하게 접근해야 할 것이다.

03. 성인인줄 알고 성관계를 하였는데 알고 보니 청소년이었던 사례

QUESTION

미성년자 미희(가명, 16세)는 나이를 속이고 친구들과 강남 클럽 출입에 성공하였다. 클럽에서 미희를 만나게 된 영빈(가명)은, 미희가 클럽에 출입하였기에 당연히 성인이라고 생각하였다. 미희 자신도 20살이라고 말하였고, 영빈이 보기에도 미희가 화장을 한 모습이 얼핏 20살은 되어 보였다. 술을 어느 정도 마시고 나서 둘은 별다른 저항 없이 모텔에 들어가 성관계를 가지게 되었다. 이 과정에서 영빈은 어떠한 폭력이나 협박을 사용하지 않았다. 그런데 미희는 영빈을 강간으로 고소하였다.

COMMENTARY

최근 여성가족부의 관심은 만 16세 미만 아동·청소년 대상 성폭행(강간) 범죄 형량을 얼마나 강화시킬 것인지에 쏠려 있다. 아동·청소년은 성인보다 상대적으로 범죄에 더 취약하고, 이들을 대상으로 하는 성범죄는 병적 측면이 있어 재범 우려가 크기 때문이다.

이에 맞춰 실제 수사 시에도 피해자가 아동·청소년인 경우에는 경찰에서 객관적인 증거가 있어도 수사기관에서는 피의자에게 우호적이지 않는 경우가 많다.

피해자가 아동·청소년인 경우 '아동·청소년의 성보호에 관한 법률'(이하 아청법'이라고 함)에 의하여 강간의 경우 무기징역 또는 5년 이상 유기징역으로 처벌하도록 되어있다. 따라서 아동·청소년을 대상으로 한 범죄로 인정되느냐 여부가 남자입장에서는 매우 중요한 변수가 된다.

왜냐하면 일반 형법상의 강간죄의 형량은 "3년 이상의 유기징역"이기에, 아청법위반(강간)죄의 형량이 일반 강간죄의 형량보다 훨씬 높기 때문이다. 그러므로 피고인의 입장에서는 아청법위반(강간)죄의 적용을 받기 보다는, 일반 형법상의 강간죄의 적용을 받는 것이 훨씬 유리하다.

위와 같이 일반 형법상의 강간죄를 적용받기 위해서는, 피고인은 적극적으로 피해자가 19세 미만이었다는 점을 몰랐다는 사실을 주장하여야 할 것이다.

이렇게 일반 형법을 적용한다는 전제하에, 남성 측에서는 앞에서 이미 언급한 방식(「02. 성인 남녀간 강간 사례」 참조)을 이용하여 여성과 합의하에 성관계를 가졌음을 입증하여야 할 것이다.

TIPS 대법원에서는 남녀의 나이차이가 많이 나는 경우, 특히 남성이 37세, 여성이 16세와 같이 나이차가 확연하게 나는 경우에는 남성이 다른 물리력을 행사하지 않고, 피해자가 특별히 저항하지 않았다고 하더라도 위력으로 피해자를 간음하였다고 보아 유죄를 인정하였다. 미성년자에 대한 성범죄 사안에서는 법원도 신중을 기한 판단을 하기에 초기부터 대응을 잘하여야 한다.

04. 지하철 출근길에 억울하게 성추행범으로 몰린 사례

QUESTION

추운 겨울 출근길에 여느 때와 다름없이 지하철을 타러간 수영씨(가명). 지하철 승강장에 평소보다 사람이 많이 오는 열차를 여러 번 놓치고 다음 열차를 기다리다 승강장 뒤편의 가판대에서 신문을 보다가 들어오는 열차를 타게 되었다. 앞에 서 있던 긴 머리의 여성 미애씨(가명). 일부러 따라서 탄 느낌의 수영씨가 좀 불편하지만 출근길 지하철은 늘 사람이 많기에 그러려니 했다. 그런데 몇 정거장 지나니 미애씨 엉덩이에 뒤에 탄 남자의 손이 있는 것 같다. 설마 했는데 이번엔 딱딱한 물체마저 느껴진다. 미애씨는 다음 정거장에서 내려 뒤를 돌아보고 길을 가려던 순간, 경찰이 따라와서 "고소하시죠."라고 하며 지하철 성추행을 당하지 않았냐고 물어보아, 뒤에 서 있던 수영씨가 맞다며 고소하기로 하고 수사가 시작되었다. 수영씨는 출근길에 지하철 성추행범으로 몰려 조사를 받기 시작하였는데 기분이 좋지 않다. 본인은 만지지 않았으니 별 문제 없겠지 했는데, 경찰에서는 자신들이 찍은 영상이 있다며 무조건 유죄라고만 했고, 기소되어 실제 유죄의 판결이 나왔다. 이에 불복하고 항소를 한 수영씨는 과연 무죄를 받을 수 있을까.

COMMENTARY

실제로 지하철 성추행범으로 몰려 억울한 남성분들이 꽤 많다. 인터넷에 유사하게 올라오는 상담 사례도 많은데 보통 유죄라고 하며 벌금을 내고 끝내거나 합의를 하여 절차를 마무리하려고 한다.

지하철에서의 성추행은 성폭력범죄의 처벌 등에 관한 특례법 제11조(공중 밀집 장소에서의 추행)에 의하여 1년 이하의 징역 또는 300만 원 이하의 벌금으로 처벌된다. 보통의 경우 전과가 없다면 벌금으로 약식기소 되어 처벌된다. 정식재판을 청구하면 증거를 두고 유·무죄를 다투게 된다.

그런데 특이한 것은 지하철 성추행 범죄의 수사개시는 보통 피해자의 자발적 신고보다는 경찰이 같이 탑승하여 거동불상자로 의심되는 자를 핸드폰이나 카메라로 찍고 동행하면서 피해 여성에게 고소의사를 물어 고소하게 되는 형식이라는 것이다.

따라서 수사기관에서는 무조건 유죄라고 단정짓고, 수사를 시작하게 되는 것이다. 피의자가 처음 현행범으로 체포된 경우에는 우선 변호인의 조력을 받을 권리를 주장해서 경찰서에서 나와야 한다. 임의동행 형식으로 굳이 따라갈 필요가 없는 것이다.

그런데 이러한 경찰의 조사를 받으면 당황하기 때문에 경찰이 따라오라고 하면 자신도 모르게 따라가 피의자 신분에서 조사를 받게 된다. 또한 피의자는 당황하여 변호인을 선임해야겠다는 생각조차 하지 못하는 경우가 다반사이다. 그래서 많은 피의자들이 실수를 하게 되고, 간단한 조사와 경찰이 직접 찍은 영상을 통하여 유죄로 기소된다.

우리 형사법은 합리적인 의심이 없을 정도로 유죄가 증명되어야 함을 대원칙으로 삼고 있다. 그럼에도 불구하고 1심 법원은 경찰이 촬영한 동영상을 보지 않고, 캡쳐 사진에 의존하여 실제 사안에서 유죄를 선고하였다.

위 사안에서 필자는 항소심부터 담당하였는데, 해당 지하철에 동행하여 당시 상황과 비슷한 시간대에 약 3일간 연속 촬영하여 지하철 내부에 사람이 많고 밀리고 밀치는 장면과 사진을 재판부에 제출하는 한편, 경찰이 제출한 영상 전부를 확인하여(1심 변호사는 이 영상을 보지도 않았다) 그 영상만으로는 성추행이 이루어졌다는 사실을 확인하는 증거가 될 수 없다고 주장하였다. 그리하여 항소심 법원은 필자의 주장을 그대로 받아들여 피고인에게 무죄를 선고하였다.

필자는 다른 변호사들과 달리 우선 사건의 개요를 듣는다. 사건의 개요도 듣지 않고 무조건 이를 수임한다는 것은 일반적인 상식과 맞지 않기 때문이다(보통의 변호사들의 상담은 유죄를 인정하면 수임료 얼마에 성공보수 얼마, 무죄를 다툴 경우 수임료 얼마에, 성공보수 얼마로 하여 간단하게 상담하고 마무리 짓게 된다).

필자가 성범죄로 고소당한 남성들의 변호사를 하게 된 것도 허위고소로 가정이 파괴된 남성 때문이다. 여성에게 성적인 폭력을 행사한 경우에는 당연히 처벌받아야 한다. 그러나 한 사람의 억울한 범죄자가 나오지 않게 하는 것도 피해자를 보호하는 것만큼이나 중요한 것이라고 생각한다.

특히 지하철에서 경찰의 단속이 많고, 이때 단속되면 쉽게 유죄가 인정되므로 반드시 변호인의 조력을 받겠다고 하여 다음 조사 기일을 잡은 뒤, 변호사와 상담 후 조사에 임하기를 권한다.

05. 인터넷을 통한 옛 연인의 사진 유포 사례

QUESTION

연인과 행복한 희준씨(가명). 희준씨는 연인과 모텔에서의 추억을 찍어 혼자만 몰래 간직하고 싶었다. 그래서 합의하에 여자친구의 가슴이 보이는 사진을 찍었다. 그런데 여자친구는 얼마 후 다른 남자와 바람이 나서 헤어지게 되었다. 희준씨는 참을 수 없어 바람난 여자친구의 남자친구에게 자신과 찍었던 사진을 보내며 헤어지라고 협박하였다. 그 과정에서 여자친구의 알몸이 찍힌 사진도 보내게 되었고, 이를 안 여자친구가 희준씨를 고소하였다. 희준씨는 다음 중 어떤 죄로 처벌될 수 있을까? 1. 사진을 찍은 행위 2. 사진을 유포한 행위

COMMENTARY

연인관계에서 성행위 사진이나 동영상을 남기지 않도록 주의하도록 한다. 특히 여자친구의 경우 남자친구가 성행위 도중 사진을 찍자고 하면 거절할 수 없어 찍게 되는 경우가 많은데, 헤어지고 나서도 사진은 남기 때문에 이로 인한 문제가 발생할 수도 있기 때문이다.

성폭력범죄의 처벌 등에 관한 특례법 제14조(카메라 등을 이용한 촬영)에 의해서는 다른 사람의 신체를 그 의사에 반하여 촬영하거나 그 촬영물을 반포·판매·임대·제공 또는 공공연하게 전시·상영한 자는 5년 이하의 징역 또는 1천만 원 이하의 벌금으로 처벌된다고 규정되어 있다. 따라서 합의하에 찍은 사진은 법적인 처벌 규정이 없다.

그런데 사진을 찍을 때는 서로 좋아서 사진을 찍었다지만, 헤어진 후에

이를 유포하는 것까지 합의된 것은 아니지 않을까?

종전에는 이에 대한 처벌규정이 마련되어 있지 않았기 때문에, 여성에 대한 보호가 미흡했다는 지적이 있었다.

그래서 최근에는 촬영 당시 촬영대상자의 의사에 반하지 아니하는 경우에도 사후에 그 의사에 반하여 촬영물을 반포·판매·임대·제공 또는 공공연하게 전시·상영한 자는 3년 이하의 징역 또는 500만 원 이하의 벌금으로 처벌하는 규정을 새로 두었다.

따라서 연인과 이별 후 합의하에 찍었던 사진을 다른 친구에게 메신저로 보여주거나 인터넷 게시판에 올리는 경우에는 3년 이하의 징역 또는 500만 원 이하의 벌금에 처하게 된다.

TIPS 이러한 범죄는 여성과 합의하여도 유죄로 인정되기 때문에 주의하여야 하고, 경찰 조사시부터 대응을 잘해두어 재판진행시 양형에서 참작되도록 한다. 변호사와 반드시 상담하기를 권한다.

06. 길거리에서 옷을 벗고 활보하는 장애인 여성을 찍은 사례

QUESTION

정신질환을 가지고 있는 A는 자신도 모르게 알몸으로 거리를 활보하게 되었다. 이를 본 주위 남자들은 A가 옷을 벗고 있으니 무심코 카메라 셔터를 누르게 되었다. 과연 이 남자들은 처벌을 받게 되는 것일까?

COMMENTARY

언뜻 생각하기로는 여성이 스스로 신체부위를 노출하였으니 여성의 의사에 반하여 촬영한 것이 아니지 않느냐고 반문할 수 있을 것 같다.

그러나 본 사안에서는 찍은 행위 자체보다도 인터넷게시판 등에 올려 불특정 다수가 볼 수 있도록 한 행위가 더 문제가 되었다. 이러한 사안은 찍은 사람이 인터넷에 올리지 않으면 범죄가 발각되기 어려운 면이 있다. 통상은 경찰이 포털사이트 등을 압수수색하면서 게시물을 올린 사람을 찾아내, 범죄 수사가 시작된다.

위와 유사한 사안에서 재판부는 공공장소에서 노출된 모습을 찍어 유포했다 해도, 피촬영자에게 성적 모욕감을 불러일으키는 등의 피해를 안겨준 점은 처벌이 마땅하다고 하여 유죄를 선고하였다.

 이런 경우에는 자백하고 선고되는 형량을 선처 받는 것이 가장 좋다. 유죄가 명백한데도 부인하게 되는 경우에는 정상참작 사유에서 진심으로 반성하는 모습이 없어 불리한 양형으로 평가되기 때문이다.

07. 인적사항을 모르는 여성의 알몸을 찍어 인터넷에 게시한 사례

QUESTION

주말 오후 심심했던 승훈씨(가명). 여성과의 만남을 주선하는 어플을 살펴본다. 그러던 중 한 여성이 올린 "아직 성욕이 풀리지 않으니 ○○모텔로 오세요"라는 글을 보고 호기심에 모텔로 가보았다. 그런데 진짜 여성이 있었고 승훈씨는 그 여성과 관계를 마치고 여성이 샤워할 때 뒷모습을 찍었다. 그날 밤 승훈씨는 자주 가는 카페에 사진을 올렸다.

COMMENTARY

위 사안은 실제로 여성의 인적사항이 확보되지 않았다. 그래서 여성의 의사에 반하여 사진을 찍었는지가 명확하게 입증되지 않았다. 그럼에도 처음 경찰조사를 받게 된 승훈은 여성 몰래 찍었다는 자백을 하여 1심에서 유죄가 선고되었던 사안이다.

TIPS 형사사건에서는 유죄의 입증이 제일 중요하다. 특히 법 조항에 담은 의미구절 하나 하나가 모두 객관적 증거에 의하여 입증되어야 하는 것이 원칙이다. 위 사안의 경우 피해자의 인적사항이 특정되지 않았음을 이유로 경찰에서부터 무혐의를 주장했어야 한다. 변호사와 상담 후 경찰조사에 임하였어야 할 사안이었다.

08. 공중화장실에서 성추행 사례

QUESTION

동원(가명)은 늦은 시간 잠이 오질 않아 집 근처 용산역에 위치한 극장으로 영화를 보러 갔다. 영화표를 사고 기다리던 중 화장실이 가고 싶어 남자화장실에 갔다가 볼일을 보고 나오는 중 옆쪽 여자화장실에서 여성들이 이야기하는 소리가 들렸다. 이 밤에 여자끼리 영화를 보러 왔나 싶었는데 이들의 이야기가 재미있다. 동원은 궁금해져 여자화장실로 들어가려고 하였다. 동원이 여자화장실에 들어가려다가 입구에서 발각되어 도주한 경우에도 죄가 될까?

COMMENTARY

성적 목적으로 여자화장실에 들어가려고 하였다면, 여자화장실에 발만 들여놔도 성폭력범죄의 처벌 등에 관한 특례법 위반(성적목적 공공장소 침입)죄가 된다는 것이 우리 판례(울산지방법원 2013고단3548 판결)의 입장이다 그런데 이 사건에서 동원은 성적 목적이 아닌 여성들의 이야기를 듣고 싶어서 여자화장실로 들어갔기 때문에, 동원은 변호인의 도움을 받아 적극적으로 성적 목적이 없었음을 주장하여야 할 것으로 보인다.

> TIPS: 주거침입죄의 경우 추상적으로라도 평온을 깨뜨리는 불안감을 조성하기만 하면 기수가 되므로, 통상의 경우에는 범죄여부를 다투기보다는 양형을 줄여나가는 방향을 택해야 한다.

CHAPTER 6

반드시 알아두어야 할 법률지식

01. 형사사건의 개괄

형사사건 수사 및 재판 절차도

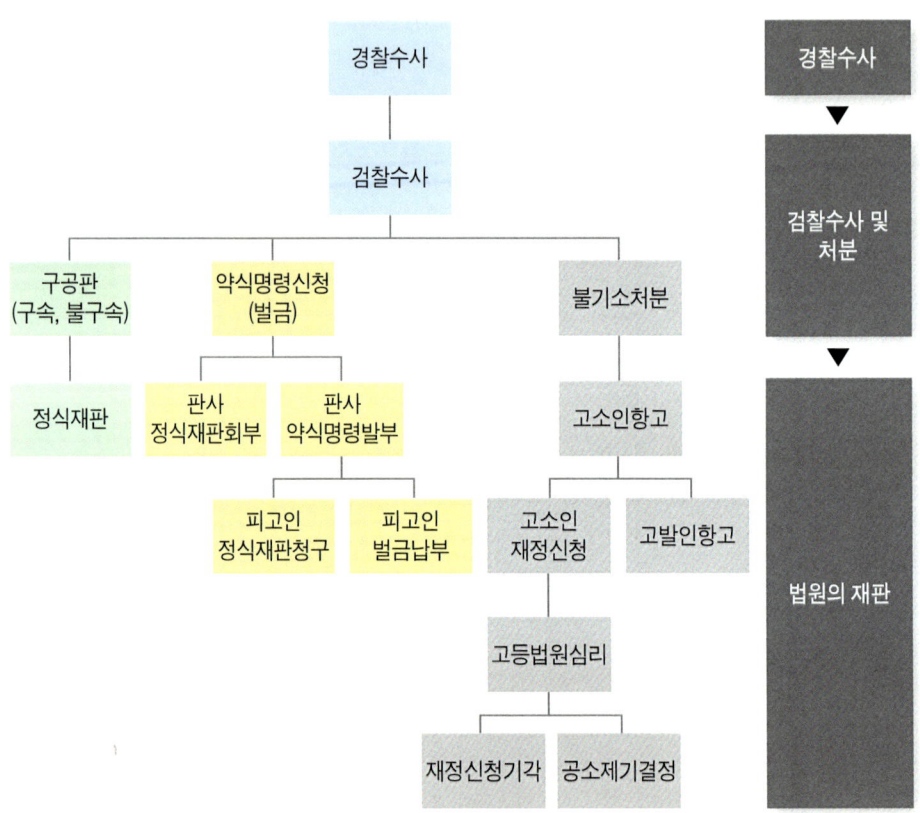

일반적으로 형사사건은 경찰에서 수사를 시작한 뒤, 수사종결권을 가진 검찰에 송치되어 종료된다.

형사공판 진행절차 흐름도

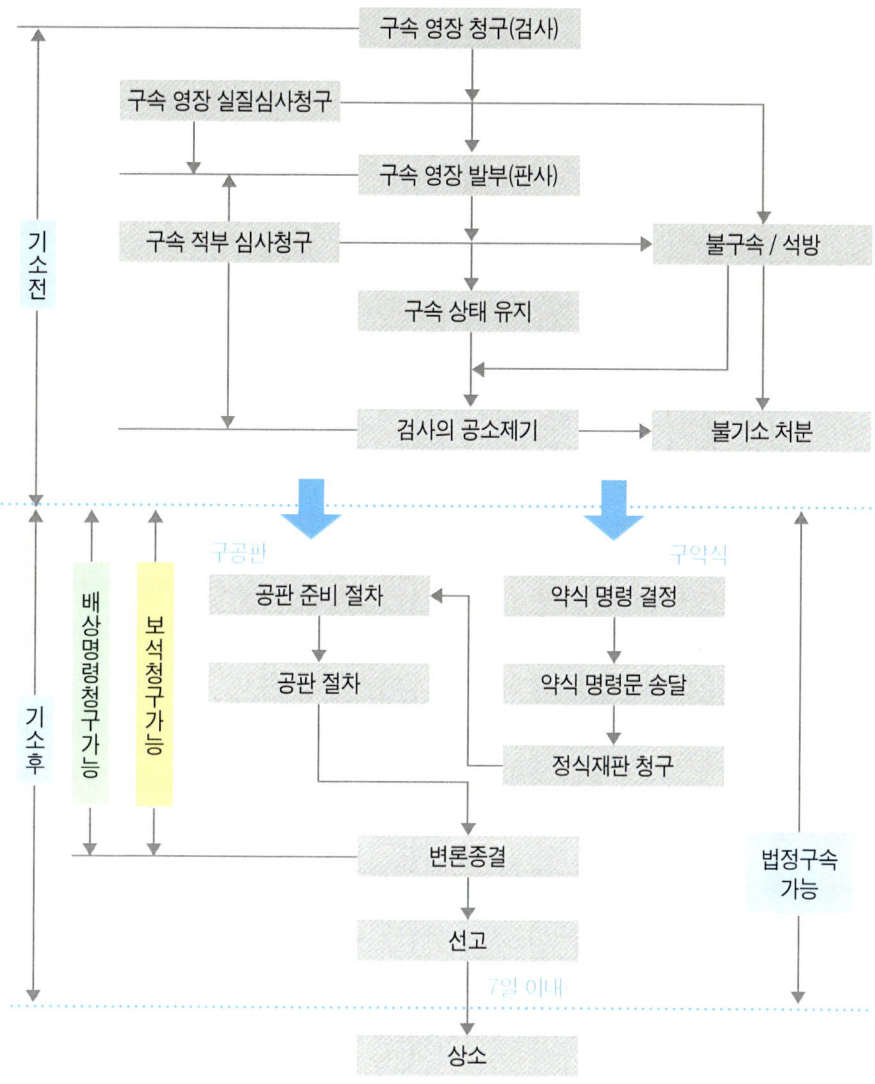

검사는 수사종결권을 가지고 있으므로, 불기소 혹은 기소 처분을 할 수 있다. 불기소처분에는 공소권없음, 죄가안됨, 혐의없음, 기소유예가 있는바, 이러한 불기소 처분을 하는 경우에는 검찰단계에서 절차가 종료된다. 다만, 기소유예의 경우에는 더 이상 다툴 수 있는 절차가 사실상 없어 오히려 피의자에게 불리한 경우도 종종 발생한다. 기소를 하는 경우에는 크게 구약식과 구공판으로 진행된다.

02. 성범죄 법적 구조

우리나라 성범죄 구조의 특징

범죄자의 연령과는 상관없이 피해자의 나이를 구분하여 일반형법, 성폭력처벌 등에 관한 특례법, 아동·청소년 성폭력에 관한 특별법 등으로 구분하여 처벌하며, 이 경우 범죄자의 행위가 해당 법률에 중첩적으로(상상적 경합관계) 해당될 수 있다. 수사기관 실무에서는 아래와 같이 구분하여 성범죄를 처리한다.

순번	범죄유형	Y < 13세		13 ≤ Y < 19세		Y ≥ 19세	
A	폭행·협박·간음	성특법 위반 (13세 미만 미성년자 강간 등) 비친고죄	성 7①, 형 297 P≧10	아청법 위반 (강간 등) 비친고죄	아 7①, 형 297 P≧5	강간	형 297 친고죄 P≧3
B	폭행·협박·추행		성 7③, 형 298 P≧5, 3,000~5,000		아 7③, 형 298 P≧1, 500~2,000	강제추행	형 298 친고죄 P≦10, ~1,500
C	폭행·협박·유사 성교 행위		성 7②, 1~2호 P≧7		아 7②, 1~2호 P≧3	준강간· 준강제추행 or	형 299 친고죄 ⇒A, B
D	심신상실· 항거불능· 장애인 이용		성 7④, ①~③-⇒A~C		아 7④, ①~③, ~⇒A~C	성특법 위번 (장애인에 대한 준강간 등)	성 6, 형 297~298 ⇒A, B

E	위계 위력 ⇒ A B C	간음	성특법 위반 (13세 미만 미성년자 강간 등) 비친고죄	성 7⑤, ①, 형 297 ⇒A	아청법 위반 (강간 등) 비친고죄	아 7⑤, ①, 형 297 ⇒A	<원 칙> 처벌 <예 외> ①미성년자 간음·추행 19≤Y≤20세 친고죄 형 302 / P≤5 ②심신미약자 간음·추행 형 302 / P≤5 친고죄 ③성특법 위반(업무상 위력 등에 의한 추행) 친고죄 업무, 고용 추행 성 10① / P≤2, ~500 ④성특법 위반(업무상 위력 등에 의한 추행) 장애인시설추행 성10③ / P≤2, ~500
		추행	유사 성교 행위		성 7⑤, ②, 1~2호 ⇒B		아 7⑤, ②, 1~2호 ⇒B	
			일반 추행		성 7⑤, ③, 형 298 ⇒C		아 7⑤, ③, 형 298 ⇒C	
F	미수 A~E		성특법 위반(13세 미만 미성년자 강간 등)미수 성 14, 7①~⑤, ~		아청법 위반(강간 등)미수 아 7⑥, ①~⑤, ~		A, B, C, D형 300 강간미수, 강제추행 미수, 준강간미수, 강제추행미수	
G	A~F + 상해		성특법 위반(강간 등 상해) (강간 등 치상)성 8①, 7①~⑤, ~ 무기, P≧7		A 강간상해·치상 B,C 강제추행상해·치상 D 준강간상해·치상, 준강제추행상해·치상 형 301, ~ / 무기, P≧5			
					E 아청법 위반 + 과실치상 형 266①		E 과실치상 형 266①	
H	A~F + 사망		성특법 위반(강간 등 살인) (강간 등 치사) 성 9①, 7①~⑤, ~ 사형, 무기		A 강간상해·치사 B 강제추행살인·치사 C 강제추행살인·치사 D 준강제추살인·치사, 준강제추행살인·치사 형 301조의2, ~ / 무기, P≧10			
					E 아청법 위반 + 과실치사 형 267		E 과실치사 형 267	
I	폭행·협박 없거나 매우 약한 간음·추행		미성년자의 제강간 미성년자의 제강간추행 미성년자의 제강간상해 미성년자의 제강간살인 형 305조,~비친고죄 ⇒강간, 강제추행 등		<원 칙> 강간·강제추행·준강간·준강제추행으로 처벌 <예 외> ① 성특법 위반(공중밀집장소에서의 추행) 성 11 / P≤1, ~300 친고죄 or 반의사불벌죄 ② 성특법 위반(업무상 위력 등에 의한 추행) 구금시설 추행 성 10② / P≤3, ~1,500			

순번	범죄유형		Y < 13세	13 ≦ Y < 19세	Y ≧ 19세
J	주거 침입 이주 철 특수 절도	+ 강간, 준강간, 강제 추행, 준강제 추행	성특법 위반(주거침입강간 등)·성특법 위반(절도강간 등) 성 3①, 형 ~ / 무기 P≧5		
			<상상적 경합> 성특법 위반(13세 미만 미성년자강간 등) 강간·준강간 P≧10강제추행· 준강제추행 P≧5, 3,000~5,000	<상상적 경합> 아청법 위반(강간 등) 강간·준강간 P≧5 강제추행· 준강제추행 P≧1, 500~2,000	
K	특수 강도	+ 강간, 준강간, 강제 추행, 준강제 추행	성특법 위반(특수강도강간 등) 성 3②, 형 ~ / 사형, 무기, P≧10		
			<상상적 경합> 성특법 위반(15세미만 미성년자강간 등)	<상상적 경합> 아청법 위반(강간 등)	
L	흉기, 위험한 물건 2인 이상	+ 강간, 준강간 + 강제 추행, 준강제 추행	성특법 위반(특수강간)·성특법 위반(특수준강간) 성 4①, 형 297·성 4③ / 무기, P≧5 성특법 위반(특수강제추행)·성특법 위반(특수준강제추행) 성 4②, 형 298·성 4③ / P≧3		
			<상상적 경합> 성특법 위반(15세미만 미성년자강간 등)	<상상적 경합> 아청법 위반(강간 등)	
M	친족 관계	+ 강간, 준강간 + 강제 추행, 준강제 추행	성특법 위반(친족관계에 의한 강간)·성특법 위반 (친족관계에 의한 준강간) 성 5①, 형 297·성 5③ / 무기, P≧7 성특법 위반(친족관계에 의한 강제추행)·성특법 위반 (친족관계에 의한 준강제추행) 성 5②, 형 298·성 5③ / P≧5		
			<상상적 경합> 성특법 위반(15세미만 미성년자강간 등)	<상상적 경합> 아청법 위반(강간 등)	

N	+ 상해	성특법 위반(강간 등 상해)·성특법 위반(강간 등 치상) A~F, J, L, M: 성 8① / 무기, P≧10 친족관계, 장애인: 성 8② / 무기, P≧7
O	+ 사망	성특법 위반(강간 등 살인)·성특법 위반(강간 등 치사)
P	사진촬영 등	성특법 위반(카메라 등 이용 촬영) 성 13① / P≦5, ~1,000 비친고죄

▼ ①~⑤에 따른 용어 해설

① 성 – 성폭력범죄의 처벌 등에 관한 특례법
② 아 – 아동·청소년의 성보호에 관한 법률
③ 형 – 일반 형법
④ 상상적 경합 – 하나의 행위가 여러 죄에 해당하는 경우
⑤ 실체적 경합 – 수개의 죄

부록

성범죄 용어해설

 성범죄 용어해설

① 강간죄

폭행 또는 협박으로 사람을 강간함으로써 성립하는 범죄(형법 제297조)를 말한다. 본죄의 보호법익은 성적 자기결정의 자유이며, 주체에는 제한이 없다.

본죄는 예전에는 부녀를 강간함으로써 성립하는 범죄였으나 개정법은 부녀를 사람으로 개정함으로써 본죄의 객체는 남녀를 불문하고 사람이면 다 본죄의 객체가 될 수 있다. 따라서 본죄는 음행상습의 유무를 불문하므로 행위자와 전부터 성적 관계를 가졌던 사람 역시 본죄의 객체로 된다. 자기 처에 대해서도 그 형태에 따라 강간죄가 성립하고 본죄의 미수범은 처벌한다(형법 제300조).

여기서 본죄의 착수시기와 기수시기가 문제시된다. 본죄는 사람을 간음하기 위하여 폭행, 협박을 개시할 때에 실행의 착수가 있다. 본죄의 기수시기에 대하여는 종래 삽입설과 만족설의 대립이 있었으나, 현재 남자의 성기가 여자의 성기 속에 들어가는 순간에 기수가 된다는 데 이론이 없다.

② 강도 강간죄

강도가 사람을 강간함으로써 성립하는 범죄(형법 제339조)를 말한다. 본죄는 강도가 사람을 강간하는 행위를 일반의 강도나 강간의 경우보다 가중처벌을 하려는 것으로 강도죄와 강간죄의 결합범이다. 가중처벌을 하려는 취지는 강도가 항거불능의 상태에 있는 사람을 강간하는 행위는 그 폭행, 협박의 정도가 클 뿐 아니라 재물탈취와 신체적 자유의 침해 이외에 성적 자유까지 침해하고 나아가서 수치심으로 말미암아 수사기관에의 신고를 지연시킬 가능성도 있기 때문이다. 본죄의 주체는 강도범인이라고 하는 일종의 신분범이다.

③ 강제추행죄

폭행 또는 협박으로 사람에 대하여 추행함으로써 성립하는 범죄(형법 제298조)를 말한다. 사람의 성적 자유 내지 성적 자기결정권의 자유를 보호하기 위한 기본적 구성요건이다. 본죄의 주체에는 제한이 없다. 남자는 물론 여자도 단독정범(직접정범, 간접정범)이나 공동정범이 될 수 있다. 또는 본죄는 남자와 여자 사이에만 범해지는 것이 아니고 동성애와 같이 동성 사이에도 범할 수 있다. 객체는 사람이다. 여기의 사람은 남녀, 노소, 기혼, 미혼을 묻지 않는다.

④ 미성년자, 심신미약자 간음추행죄

미성년자 또는 심신미약자에 대하여 위계 또는 위력으로써 간음 또는 추행을 함으로써 성립하는 범죄(형법 제302조)를 말한다.

위계라 함은 상대방을 착오에 빠지게 하여 정당한 판단을 못하게 하는 것을 말하며, 기망뿐만 아니라 유혹도 포함된다. 위력이란 사람의 의사를 제압할 수 있는 힘을 말한다.

폭행, 협박은 물론 지위, 권세를 이용하여 상대방의 의사를 제압하는 일체의 행위를 포함한다. 그러나 폭행, 협박의 경우에는 그것이 강간죄 또는 강제추행죄의 폭행, 협박에 이르지 않을 것을 요한다. 피해자 미성년자라 할지라도 강간죄에서 요구하는 정도의 폭행, 협박으로 간음한 때에는 본죄가 아니라 강간죄가 성립한다.

⑤ 아동·청소년 대상 성범죄

가. 아동·청소년에 대한 강간, 강제추행 등의 죄, 장애인인 아동·청소년에 대한 간음 등의 죄, 강간 등 상해치상의 죄, 강간 등 살인치사의 죄, 아동, 청소년 이용 음란물의 제작, 배포 등의 죄, 아동·청소년의 매매행위, 아동·청소년의 성을 사는 행위, 아동·청소년에 대한 강요행위 등, 알선영업행위 등의 죄

나. 아동·청소년에 대한 성폭력범죄의 처벌 등에 관한 특례법
특수강도강간 등, 특수강간, 친족관계에 의한 강간 등, 장애인에 대한 강간, 강제추행 등, 13세 미만의 미성년자에 대한 강간, 강제추행 등, 13세 미만의 미성년자에 대한 강간, 강제추행 등, 강간 등 상해, 치상, 강간 등 살인, 치사, 업무상 위력 등에 의한 추행, 공중밀집 장소에서의 추행, 성적 목적을 위한 공공장소 침입행위, 통신매체를 이용한 음란행위, 카메라 등을 이용한 촬영, 그 미수범죄

다. 아동·청소년에 대한 강간, 유사강간, 강제추행, 강간과 유사강간 및 강제추행의 미수범, 강간 등 상해치상, 강간 등 살인, 치사, 미성년자 등에 대한 간음, 업무상 위력 등에 의한 간음, 미성년자에 대한 간음, 추행, 강도강간의 죄

라. 아동·청소년에 대한 아동에게 음행을 시키거나 음행을 매개하는 행위, 아동에게 성적 수치심을 주는 성희롱, 성폭력 등의 학대 행위의 죄

⑥ 아동·청소년 대상 성폭력범죄

아동·청소년 대상 성범죄에서 제11조부터 제15조까지의 죄를 제외한 죄를 말한다.

⑦ 아동·청소년의 성을 사는 행위

아동, 청소년, 아동, 청소년의 성을 사는 행위를 알선한 자 또는 아동·청소년을 실질적으로 보호 감독하는 자등에게 금품이나 그 밖의 재산상의 이익, 직무편의제공 등대가를 제공하거나 약속하고 성교 행위, 구강 항문 등 신체의 일부나 도구를 이용한 유사 성교 행위, 신체의 전부 또는 일부를 접촉 노출하는 행위로서 일반인의 성적 수치심이나 혐오감을 일으키는 행위 자위행위를 아동, 청소년을 대상으로 하거나 아동·청소년으로 하여금 하게 하는 것을 말한다.

⑧ 아동·청소년

19세 미만의 자를 말한다. 다만, 19세에 도달하는 연도의 1월 1일을 맞이한 자는 제외한다.

⑨ 아동·청소년 이용 음란물

아동, 청소년 또는 아동·청소년으로 명백하게 인식될 수 있는 사람이나 표현물이 등장하여 성교 행위, 구강·항문 등 신체의 일부나 도구를 이용한 유사 성교 행위, 신체의 전부 또는 일부를 접촉 노출하는 행위로서 일반인의 성적 수치심이나 혐오감을 일으키는 행위, 자위행위를 하거나 그 밖의 성적 행위를 하는 내용을 표현하는 것으로서 필름, 비디오물, 게임물 또는 컴퓨터나 그 밖의 통신매체를 통한 화상영상 등의 형태로 된 것을 말한다.

⑩ 유사강간

폭행 또는 협박으로 사람에 대하여 구강, 항문 등 신체(성기는 제외)의 내부에 성기를 넣거나 성기, 항문에 손가락 등 신체(성기는 제외)의 일부 또는 도구를 넣는 행위를 유사강간으로 하여 형법 제297조의 2에 신설함으로써 이를 범한 사람은 2년 이상의 유기징역에 처하도록 규정하고 있다.

⑪ 준강간죄, 준강간추행죄

사람의 심신상실 또는 항거불능의 상태를 이용하여 간음 또는 추행함으로써 성립하는 범죄(형법 제299조)를 말한다. 본죄의 보호법익도 널리 성적자유를 갖지 못하는 사람을 성욕의 객체나 도구로 이용하는 것으로부터 보호하려는 데에 의의가 있다.

본죄의 객체는 심신상실 또는 항거불능의 상태에 있는 사람으로 남녀를 묻지 아니한다. 여기서 심신상실이라 함은 형법 제10조의 심신상실과 반드시 그 의미가 같은 것은 아니다. 즉 형법 제10

조의 심신상실이란 심신장애라는 생물학적 기초에서 사물을 변별하거나 의사를 결정할 능력이 없는 것을 말하지만, 본조의 심신상실은 심신장애라는 생물학적 기초에 제한되지 않는다. 따라서 수면 중의 사람이나 일시의식을 잃고 있는 사람도 여기에 해당한다.

항거불능이란 심신상실 이외의 사유로 인하여 심리적 또는 육체적으로 반항이 불가능한 경우를 말한다. 심신적으로 항거가 불가능한 경우로는 의사가 자기를 신뢰한 여자환자를 치료하는 것처럼 하면서 간음한 경우를 들 수 있으며, 포박되어 있거나 여러 회의 강간으로 기진되어 있는 부녀가 육체적으로 반항이 불가능한 경우에 해당한다.

그러나 행위자가 간음 또는 추행을 행하기 위하여 이러한 상태를 야기한 때(수면제나 마취제를 먹인 경우 등)에는 본죄가 성립하는 것이 아니라 강간죄 또는 강제추행죄를 구성하게 된다.

간음 또는 추행은 심신상실 또는 항거불능상태를 이용한다 함은 행위자가 이러한 상태를 인식하였을 뿐만 아니라, 그 상태 때문에 간음 또는 추행이 가능하였거나 용이하게 되었음을 뜻한다. 본죄의 미수범도 처벌한다(형법 제300조).

⑫ 피구금자 간음죄

법률에 의하여 구금된 사람을 감호하는 자가 그 사람을 간음함으로써 성립하는 범죄(형법 제303조 제2항)를 말한다. 본죄를 결정의 자유가 제한되어 있는 피구금된 사람의 성적 자기결정의 자유를 보호법익으로 하지만, 피구금자에 대한 평등한 처우와 감호자의 청렴성에 대한 일반의 신뢰도를 동시에 보호하는 것이라고 이해되고 있다.

본죄의 객체는 법률에 의하여 구금된 사람이다. 법률에 의하여 구금된 사람이란 형사소송법에 의하여 구금된 사람을 말하며, 여기에는 확정판결에 의하여 형의 집행을 받고 있는 자, 노역장에 유치된 자, 구속된 형사피의자 및 피고인이 포함된다. 주체는 이러한 사람을 감호하는 자이다. 이러한 의미에서 본죄는 신분범이라 할 수 있다.

본죄는 감호자가 피구금된 사람을 간음함으로써 성립하며 특별한 수단을 요건으로 하지 않는다. 피구금된 사람은 공포 또는 심리적 나약함 때문에 폭행, 협박 또는 위계나 위력의 수단에 의하지 않아도 성적 자유가 침해될 수 있음을 고려하여 법률이 특별한 보호, 감독관계를 규정한 것이라고 할 수 있다. 따라서 피해자의 승낙은 본죄의 성립에 영향을 미치지 아니한다.